国家社科基金后期资助项目
出版说明

　　后期资助项目是国家社科基金设立的一类重要项目，旨在鼓励广大社科研究者潜心治学，支持基础研究多出优秀成果。它是经过严格评审，从接近完成的科研成果中遴选立项的。为扩大后期资助项目的影响，更好地推动学术发展，促进成果转化，全国哲学社会科学工作办公室按照"统一设计、统一标识、统一版式、形成系列"的总体要求，组织出版国家社科基金后期资助项目成果。

全国哲学社会科学工作办公室

ADMINISTRATIVE PROCEEDINGS IN
REVERSE DIRECTION

"反向"行政诉讼研究

闫映全 著

北京

图书在版编目（CIP）数据

"反向"行政诉讼研究／闫映全著. -- 北京：法律出版社，2025. -- ISBN 978-7-5244-0123-0

I. D925.304

中国国家版本馆 CIP 数据核字第 2025NF9590 号

"反向"行政诉讼研究
"FANXIANG" XINGZHENG SUSONG YANJIU

闫映全 著

策划编辑 田　浩
责任编辑 田　浩
装帧设计 贾丹丹

出版发行　法律出版社	开本　710 毫米×1000 毫米　1/16
编辑统筹　法商出版分社	印张　15.75　字数　259 千
责任校对　裴　黎	版本　2025 年 7 月第 1 版
责任印制　胡晓雅	印次　2025 年 7 月第 1 次印刷
经　　销　新华书店	印刷　河北虎彩印刷有限公司

地址：北京市丰台区莲花池西里 7 号（100073）
网址：www.lawpress.com.cn　　　　　　销售电话：010-83938349
投稿邮箱：info@lawpress.com.cn　　　　客服电话：010-83938350
举报盗版邮箱：jbwq@lawpress.com.cn　　咨询电话：010-63939796
版权所有·侵权必究

书号：ISBN 978-7-5244-0123-0　　　　　　定价：68.00 元

凡购买本社图书，如有印装错误，我社负责退换。电话：010-83938349

基金项目
国家社会科学基金后期资助项目,项目批准号:21FFXB044

序

数日前接到本书作者,也是我的学生闫映全新书即将出版的消息,内心不胜欢喜。闫映全是我指导的第三位博士生,也是第一个从事学术工作的博士。这本书对映全的重要性自不待言,于我而言,又何尝不是学术生涯中的一个小小的标志性时刻呢!他邀请我为他的新书作序,但由于我是第一次为人作序,内心不免有些惴惴,觉得应当由一位更加德高望重的先生为他的书作序才更好些,因而一直犹豫不决。他反复劝说,我又想起他读书期间及本书撰写过程中的一些往事,于是在不安、感慨和愉悦交织的复杂心情中,草就这篇"序"。

本书是在映全的博士论文《"反向"行政诉讼研究》的基础上修改而来。尤记得那是个普通的下午,他再一次就博士论文选题来征求我的意见。我当时正在思考"反向"行政诉讼的相关问题,于是便建议他考虑一下这个题目。没想到,他略加思索便欢欣鼓舞地告诉我,自己想到了很多东西,对这个题目极为有兴趣,认定了这个题目。此后不过两天,他便把论文大纲列了出来,且已比较成熟,与最终的博士论文框架相差无几,让我颇有些惊讶。此后论文的写作和修改,都比较顺利。想来,那正是我们师徒之间最为默契的时候,相互之间只说几句话甚至几个字,便能完全理解对方的表意和期待。

时隔数年后,博士论文已经完善为学术专著。客观地讲,效率不算高,但反映了他对学术的谨慎态度,毕竟这是一个很有创意的题目和想法,而"创意"有时候也意味着"离经叛道"。我读本书的第一个感觉,便是本书完美地呈现了映全的学术气质:观点犀利,棱角分明,但又不失齐鲁人的宽厚和中庸分寸。映全拥有非常好的逻辑思维和文字运用能力,擅长思辨又精于表达。他写的文章和书籍,读起来毫不费力,很容易理解文字、段落、章节间的逻辑关系,语言表达精准独到,对读者极为友好。他有时戏谑地自诩为"法学白居易",指的主要就是这种论理精深但通俗易懂的文章风格。此外,映全什么都愿意学一点,这些年积累了很多"无用"的知识,对本书也有增光添彩的效果。

我读本书的第二个感觉,是看到了映全这些年来润物无声的进步。相较于博士论文,本书对"反向"行政诉讼的认识和阐发更加清晰精准,许多在思维层面的冲突也完全理顺了过来。"反向"行政诉讼作为对传统"民告官"诉讼的有益补充，在精神内核上与"民告官"诉讼一脉相承。"反向"行政诉讼虽然以行政机关为原告，但其仍然要审查行政行为的合法性，仍然由行政机关就其行为的合法性承担举证责任，仍然要监督控制行政权，且更有利于解决行政争议，保护相对人的合法权益。本书修改后，真正贯穿、内化了这一逻辑和取向，展现出"反向"行政诉讼的内在原理。此外，本书增加了"'反向'行政诉讼的实践：'官告民'的司法判例"一章，一定程度上弥补了其博士论文的缺漏，同样值得称道。其中的很多案例，引人注目，彰显了实务对"反向"行政诉讼的需要。

我读本书的第三个感觉，是对青年学者敢于和善于提出创新观点充满期待。一方面，"反向"行政诉讼并不是学界认识高度一致的观点，所以，自撰写博士论文起，映全每谈及此研究，都会战战兢兢，担心其鲜明主张和观点可能不易被接受。我觉得这不是什么大问题。开放、包容、进取、创新的学术，才是真学术，才符合"否定之否定"螺旋上升发展的规律。映全是一个极富创新精神和能力的人，在许多问题域内，都善于和敢于提出一些虽不一定成熟，但相当独特的观点。在我看来，这是一种可贵的品质。因此，恳请学界前辈同仁以欣赏、鼓励、包容、支持之心，从发现闪光点和引发思考的角度，阅读并批评指正其观点。另一方面，映全也是一个个性十足的"家伙"，刚性多于韧性，虽然随着年龄的增长已成熟了很多，但仍然可以在本书中看到一些个性鲜明但值得推敲，尚需进一步思考的观点和表达，希望这不要影响读者对相应学术观点的评价。而我，更希望大家看到一个独立、潇洒、有时难免会志得意满并忍不住高估自己的年轻学者，在用一片赤诚面对自己喜欢的学科和事业。

我以愉悦之心，将本书推荐给学术界同仁和实务界朋友，希望大家开卷有获！我也祝福映全，能够以本书出版为契机，昂扬向上，振翅而起，继续在学术和生活上充满激情！

映全痴迷《红楼梦》多年，甚至曾以红楼为理想中的生活方式，以至于扰乱了其对法学及法学研究的认知与节奏。因为这一点，曾多次被我批评。但今春他喜得千金，竟然自以为因果，想来是得偿所愿了。在此一并祝贺。

2025 年 6 月 1 日　于法大

目 录 Contents

导　　论 / 1
　　上篇:写于初稿创作之时 / 1
　　下篇:写于书稿修改之际 / 5

第一章　为何只能"民告官"——我国行政诉讼单向构造的成因 / 10
　　一、理论体系奠定行政诉讼单向构造基础 / 12
　　　　(一)行政法与行政诉讼法的对称性结构 / 12
　　　　(二)单向构造吻合传统行政法治要求 / 14
　　　　(三)单向构造平衡行政主体优势地位 / 15
　　　　(四)单向构造对应行政行为概念体系 / 17
　　　　(五)单向构造体现行政行为效力理论 / 18
　　　　(六)大陆法系其他国家为何存在"官告民"? / 20
　　二、立法考量形塑行政诉讼单向构造雏形 / 21
　　　　(一)行政机关"没有必要"告民 / 21
　　　　(二)行政诉讼的《宪法》依据不支持"官告民" / 22
　　　　(三)行政诉讼与民事诉讼的关系不认同"官告民" / 23
　　　　(四)"官告民"的实践需求被立法折衷处理 / 24

第二章　"反向"行政诉讼的可能:"官告民"的适用场域 / 26
　　一、行政协议中的相对人违约 / 27
　　　　(一)相对人违约:行政协议立法中的遗留问题 / 27
　　　　(二)相对人违约的现行处理方式及其弊端 / 30
　　　　(三)"反向"行政诉讼是解决相对人违约的最佳途径 / 37
　　二、行政非诉执行制度改革 / 41
　　　　(一)行政非诉执行的审查模式与审查强度 / 41
　　　　(二)对行政非诉执行制度的质疑 / 43
　　　　(三)以"反向"行政诉讼改革"非诉"执行制度 / 48

三、行政之债中的债权保障 / 53
　　（一）行政机关追究相对人侵权责任需要"反向"行政诉讼 / 55
　　（二）行政机关寻求不当得利返还需要"反向"行政诉讼 / 60
　　（三）行政机关无因管理支出补偿需要"反向"行政诉讼 / 64

第三章　"反向"行政诉讼的实践："官告民"的司法判例 / 71

一、行政协议纠纷解决实践及其问题 / 72
　　（一）程序空转 / 72
　　（二）程序回流 / 76
　　（三）程序悖论 / 82

二、行政侵权纠纷解决实践及其问题 / 87
　　（一）行政机关诉相对人名誉侵权的裁判争议 / 88
　　（二）现有名誉侵权纠纷解决机制无法触及真正问题 / 90
　　（三）现有名誉侵权纠纷解决机制存在"自己做自己的法官"之嫌 / 93

三、行政法上的不当得利纠纷解决实践及其问题 / 95
　　（一）行政法上的不当得利无法进入诉讼程序 / 95
　　（二）没有"反向"行政诉讼逼迫行政机关"自力救济" / 97
　　（三）民事诉讼程序越俎代庖判断行政行为合法性 / 99

四、行政法上的无因管理纠纷解决实践及其问题 / 102
　　（一）司法对行政机关为无因管理行为的承认 / 102
　　（二）司法对行政机关为无因管理行为的否定 / 107

第四章　"反向"行政诉讼的理论支撑："官告民"的正面证成 / 115

一、行政平权化趋势："反向"行政诉讼出现的重要契机 / 115
　　（一）行政机关的角色转变与治理模式变迁 / 115
　　（二）行政变革与"反向"行政诉讼 / 122

二、行政法基础性理论革新："反向"行政诉讼成立的直接依据 / 125
　　（一）"平衡论"的理论张力与"反向"行政诉讼 / 125
　　（二）对公定力的质疑与"反向"行政诉讼 / 128
　　（三）行政法律关系视角与"反向"行政诉讼 / 130

三、社会转型与变革："反向"行政诉讼生发的深厚土壤 / 134
　　（一）国家社会的分化与合作：社会结构的变迁 / 134

（二）权利权力的冲突与平衡：权利观念的革新 / 138
　　（三）虚拟现实的交融与弥合：公私对抗的转变 / 141
　四、立法修改与完善："反向"行政诉讼发展的大势所趋 / 143
　　（一）行政诉讼部分教义在修法中的松动 / 144
　　（二）立法修改对"反向"行政诉讼的启示 / 146

第五章　"反向"行政诉讼的质疑回应："官告民"的反面证成 / 148

　一、"反向"行政诉讼亦属于行政诉讼 / 148
　　（一）"反向"行政诉讼符合行政诉讼本质 / 149
　　（二）"反向"行政诉讼衔接行政诉讼主客观定位 / 151
　　（三）"反向"行政诉讼实现行政诉讼多重目的 / 153
　二、"反向"行政诉讼可以更好地控制行政权 / 157
　　（一）"官告民"比"官管民"更符合控权理念 / 157
　　（二）"反向"行政诉讼践行司法最终解决原则 / 161
　　（三）"反向"行政诉讼是司法监督的提前化 / 163
　三、"反向"行政诉讼比民事诉讼更适合解决争议 / 166
　　（一）相关争议的"行政"属性要求"反向"行政诉讼 / 166
　　（二）相关争议的"公益"要素要求"反向"行政诉讼 / 169
　　（三）行政法主体的"不对等"特点要求"反向"行政诉讼 / 171

第六章　"反向"行政诉讼的具体制度设计 / 175

　一、"反向"行政诉讼的受案范围 / 175
　　（一）影响行政诉讼受案范围的因素 / 176
　　（二）"反向"行政诉讼的例外适用原则 / 180
　　（三）"反向"行政诉讼的具体适用范围 / 183
　二、"反向"行政诉讼的原告资格 / 187
　　（一）"反向"行政诉讼原告资格的理论基础：诉权、行政诉权 / 190
　　（二）"民告官"诉讼原告资格的演变：确定原告资格的因素 / 194
　　（三）"反向"行政诉讼中"利害关系人"的原告资格 / 197
　　（四）"反向"行政诉讼原告资格与行政主体理论 / 202
　三、"反向"行政诉讼的审查对象 / 205
　　（一）审查行政行为也审查相对人行为 / 207

（二）审查客观行为也审查主观方面 / 209
　　（三）审查法律问题也审查事实问题 / 211
　　（四）审查合法性也审查合理性 / 213
四、"反向"行政诉讼的举证责任分配 / 216
　　（一）举证责任的概念及其分配理论 / 216
　　（二）"民告官"诉讼的举证责任及考量因素 / 220
　　（三）"反向"行政诉讼的特殊性及其举证责任分配 / 222
五、"反向"行政诉讼的判决类型 / 225
　　（一）准许判决——撤销、变更判决 / 226
　　（二）给付判决——履行、给付判决 / 228
　　（三）确认判决——确认判决 / 231
六、"反向"行政诉讼的其他制度建构 / 233
　　（一）管辖制度 / 233
　　（二）调解制度 / 236
　　（三）反诉制度 / 237

余　　论 / 241

后　　记 / 243

导　　论

不知不觉间,距离2014年11月1日第十二届全国人民代表大会常务委员会第十一次会议通过《关于修改〈中华人民共和国行政诉讼法〉的决定》已逾10个年头。《行政诉讼法》时隔25年后大修,为行政诉讼法学的研究注入了一针"强心剂",有力推动了行政诉讼研究进一步走向繁荣。彼时学界的欢欣鼓舞,至今想来仍历历在目。包括立案登记制、行政首长出庭应诉、行政滥诉等理论和实践的热点话题方兴未艾,短短两年半之后,《行政诉讼法》再次修改,增加"公益诉讼"条款,弥补了前次修法的最大遗憾之一。2018年,最高人民法院出台《关于适用〈中华人民共和国行政诉讼法〉的解释》,在修改、补充和完善的基础上将以往行政诉讼的多个司法解释统合为一。连续的几个"大动作",使整个行政法学界陷入一种踌躇满志又应接不暇的状态。行政诉讼法学似乎也有"从行政法学侍女一跃成为行政法学研究之执牛耳者"的趋势。中国行政法学研究历来存在的"立法导向"特点,[①]使学者越来越不能,也不会"仅以行政诉讼法学研究为'副业'"了。[②] 本书初稿,正是在这样的背景下创作完成的。

上篇:写于初稿创作之时

《行政诉讼法》短时间内的两次修改,在相当程度上回应了现实需求,吸纳了学界的相关研究成果,反映了党和国家对行政诉讼规律认识的加深,可谓亮点颇多。例如,修改《行政诉讼法》"立法目的"条款,增加"解决行政争议"一项而删除"维护"行政机关依法行使行政职权的表述,从立法目的层面上统一了认识:一方面否定了行政诉讼维护行政权的功能;另一方面也纠正了以往过于看重行政诉讼"监督控制"色彩的倾向,使行政诉讼的中立性更加凸显。与这一调整相对应,行政诉讼的许多制度发生了改变。行政行为程序轻微违法即被撤销的问题、行政诉讼适用调解范围过窄

[①] 参见何海波:《中国行政法学研究范式的变迁》,载姜明安主编:《行政法论丛》(第11卷),法律出版社2008年版。

[②] 章志远:《现实困境与路径选择:中国行政法学研究之省思》,载《河南省政法管理干部学院学报》2006年第1期。

的问题、行政机关承担过重举证责任的问题等都有了一定程度的修正。后续行政公益诉讼条款的加入,则不仅丰富了检察机关"法律监督"职能的意蕴,拓展了行政诉讼的功能,也在国家监察体制改革的大背景下为检察机关的职能转变提供了规范依据和有效路径。

但在一些争议较大的问题上,《行政诉讼法》的修改明显呈现审慎的态度,立法者只是稳妥地前行了"一小步",显示出行政诉讼在"进步与妥协""变革与守成"间的犹豫和徘徊。① 例如,对于行政诉讼能否审查行政行为合理性的问题,《行政诉讼法》一方面在总则中保留了"合法性审查"的条款;另一方面又在撤销判决中增加了"明显不当"一项,试图在合法性审查的原则下适度加入合理性审查,同时又避免合理性审查可能造成的对行政机关权力的过度侵犯。② 又如,学界在修法之前曾大量探讨过的"行政诉讼类型化"问题,立法者在保持现有行政诉讼框架的基础上,通过适度增加行政诉讼判决类型的方式来满足实践需求。③ 应当说,在理论研究尚不深入、实践经验也不充足的情况下,这种谨慎是可以理解的。

对"反向"行政诉讼的思考,既来源于作者(当时)作为青年行政法学人,面对行政诉讼的研究热潮毫无抵抗力地在欢呼雀跃之间便涌入其中,进而不假思索地将自身的研究方向锚定在行政诉讼领域,也源自当时《行政诉讼法》的重要修改——行政协议进入行政诉讼范围而引发的种种讨论。2014年《行政诉讼法》修改,行政协议正式被立法接纳。但立法仅规定了行政机关不依法履行、未按约定履行及违法变更、解除行政协议应当如何处理的问题,对相对人违反行政协议应当如何处理则语焉不详。显然,在行政协议的履行过程中,行政相对人同样可能违约。纵然行政机关拥有单方变更权、解除权,但这些权力的行使必须满足一定的程度和目的条件,许多时候不能用、不好用,甚至行政机关也不愿用。行政机关若以自身的强制权、处罚权制裁相对人,则行政协议的"协议性"或"合意性"将受到极大损害,若通过民事诉讼起诉相对人,则又因行政协议中难免涉及行政权运用因素而面临审判困难。此时,无论出于公共利益、对行政权的规

---

① 前者参见童卫东:《进步与妥协:〈行政诉讼法〉修改回顾》,载《行政法学研究》2015年第4期;后者参见郑雅芳:《在变革与守成之间——现行〈行政诉讼法〉修改的三组基础性矛盾及其消解》,载《政法论坛》2014年第1期。
② 参见梁凤云:《不断迈向类型化的行政诉讼判决》,载《中国法律评论》2014年第4期。
③ 在最高人民法院的修改建议稿中,曾经出现过以"行政诉讼类型化"为思路设计的"受案范围"章,但由于行政诉讼类型化将涉及一系列问题,对行政诉讼法体系变动太大,最终并未被立法者采纳。参见江必新、邵长茂、方颉琳编著:《行政诉讼法修改资料汇纂》,中国法制出版社2015年版,第34-35页。

范还是相对人权益保护的考虑,我们都会不禁思考:是否有可能通过行政机关提起行政诉讼起诉相对人的方式来解决争议?

所以,"反向"行政诉讼的提法看似有些离经叛道,甚至会被认为是在刻意地标新立异,但其并不是天马行空式的空想。事实上,学界关于行政诉讼"官告民"的讨论,在 1989 年《行政诉讼法》立法时就有过,[1]只是当时的政治、经济、文化和历史条件让我们选择了单向的"民告官"构造。在此后的时间里,仍有学者零星提及"官告民"的诉讼,散见于行政法研究的各个领域。

比如,余凌云教授在行政协议(行政契约)的相关研究中就深刻地认识到,行政协议本身的特点,决定了行政机关通过行政诉讼起诉相对人,可能是行政协议纠纷的最终也是最佳解决办法。他很早就指出,行政诉讼的单向性构造模式难以保障行政合同所期待的以特定行政目的之实现为目标的实体权利义务配置,要想彻底将行政合同纳入行政诉讼的范畴,还必须针对行政合同的特点对审判的规则及具体制度进行相应的增补与重构,在行政诉讼中专门建立解决行政合同纠纷的双向性构造模式。[2] 梁凤云法官也认为,行政协议纠纷的解决,不能不赋予行政机关以起诉权。[3] 余凌云教授甚至还以行政协议纠纷解决为着眼点,在后来的研究中初步考虑了行政诉讼"官告民"将不可避免地会涉及的原被告资格、举证责任、反诉、判决方式等具体问题。[4]

行政协议本身属于行政法上的"合同之债"。在合同之外的"行政之债"领域,同样有学者作出过"反向"行政诉讼的有益探讨。如在行政不当得利之债的讨论中,岳心、黄先雄、熊勇先等学者都提出,相对人不当得利的返还,需要以行政机关提起"官告民"诉讼的方式实现。[5]

此外,在讨论行政非诉执行制度改革问题时,部分实务界人士也曾委婉地指出,行政诉讼单向构造是造成行政非诉执行问题迟迟无法得到解决的根源之一;之所以坚持要"非诉"执行,当然有在"监督控制行政权"和

---

[1] 参见何海波编:《行政法治奠基时:1989 年〈行政诉讼法〉史料荟萃》,法律出版社 2019 年版,第 425 页;另可参见杨海坤:《对建立我国行政诉讼制度的思考》,载《法学》1987 年第 8 期;林莉红:《中国行政诉讼的历史、现状与展望》,载《河南财经政法大学学报》2013 年第 2 期。
[2] 参见余凌云:《论行政契约的救济制度》,载《法学研究》1998 年第 2 期。
[3] 参见梁凤云:《新行政诉讼法讲义》,人民法院出版社 2015 年版,第 79 页。
[4] 参见余凌云:《论对行政契约的司法审查》,载《浙江学刊》2006 年第 1 期。
[5] 参见岳心:《公法上不当得利返还请求权研究——救济途径和程序方式初探》,载《法学杂志》2011 年第 8 期;黄先雄:《论行政主体的不当得利返还请求权——从行政奖励被撤销后的利益追索说开去》,载《中南大学学报(社会科学版)》2014 年第 3 期;熊勇先:《公法不当得利及其救济》,载《法学杂志》2012 年第 6 期。

"保证行政效率"之间进行平衡的考虑,但也不能否认,这一安排是考虑到一旦行政机关提起"诉讼",这个诉讼就会变成"官告民",进而与行政诉讼的制度构造不符。在行政非诉执行制度的改革问题上,曾有不止一位学者提到过改"非诉"执行为"官告民"的诉讼执行的方案。例如,马怀德教授曾建议:"改革非诉执行制度,建立'官告民'的简易诉讼制度。"①杨立新等提出:"打破现行法律确定的行政机关在行政诉讼中只能作被告的观念",②在行政机关申请执行案件时适用诉讼程序。还有学者提出"执行诉讼"的观点,即"行政机关以原告的身份起诉拒不履行生效行政决定所确定义务的行政相对人,在人民法院审查行政决定的合法性的基础上,由法院判令并强制相对人履行义务"。③

可见,许多学者在研究行政法的某些议题时,已经感受到"官告民"的"反向"行政诉讼有其必要性和优势,只是因为研究的重点不在此处而没有系统展开论述。那么,是否可以将这些讨论所涉及的领域和问题整合起来,从中发现改变行政诉讼单向构造的可能,进而阐释一种系统的"官告民"的行政诉讼制度?

顺着这个疑问,更多的问题进入视野中来:对以"行政权"为核心的传统行政法学框架的反思、对行政行为公定力理论的质疑、行政协议的广泛运用与行政"平权化"趋势、"民营化"的兴起、以"行政之债"为代表的行政法与民法的结合、行政诉讼加入"解决行政争议"目的……甚至是社会结构的动摇、思想意识的更新、文化传统的改变等,都似乎与"反向"行政诉讼存在若隐若现的牵连。在这些背景或理论之下,"反向"行政诉讼越发显得不再突兀,反而有突破桎梏,挣扎生长之势。

首先,在民主、人权等核心价值的激发之下,行政管理学和行政法学中催生出参与行政、平等协商、协同共治等新兴治理模式。行政机关与相对人之间的地位悄然发生改变。行政机关越来越无法像"警察国"时代一样,拥有绝对的优势地位,其与相对人之间变得越来越平等。相应地,行政行为的核心效力——公定力逐渐发生动摇,行政机关可以单方制裁相对人的权力也变得不再那么顺理成章。在越来越多的情况下,行政机关由于这种地位上的平等性而只能通过起诉来寻求法院对行政争议的解决。

其次,现代社会施加给行政机关以给付行政、服务行政等新任务,行政机关从管理者向服务者过渡。一方面,这些任务的完成需要赋予行政机关

---

① 马怀德:《修改行政诉讼法需重点解决的几个问题》,载《江苏社会科学》2005年第6期。
② 杨立新、张步洪:《行政公诉制度初探》,载《行政法学研究》1999年第4期。
③ 李桂英:《执行诉讼的法律思考》,载《西华师范大学学报(哲学社会科学版)》2004年第1期。

更多权力,传统的严格控制行政权的思维渐渐发生改变,行政立法、行政裁量、行政司法等行政权扩张举动都呈不可阻挡之势;另一方面,这些任务的完成又不能依赖以往简单的"强制"手段,而需要行政机关更加谦和、有序、善意地行使权力,对行政权的规范要求反而更高。在此背景下,司法成为行政权运用是否得当的最后判断方式,成为公民权益保障的底线。尤其在实质意义的行政法治追求过程中,司法变得日益重要。

最后,新理念新任务又带来了公私合作、民营化等新的行政方式,行政法律关系的样态开始丰富起来。传统的行政法律关系以"高权行政"为特征,表面上包含行政机关和行政相对人两个主体,实际上则紧密地围绕着行政机关一方,以行政权及相应的"行政行为"理论为核心,忽视相对人的行为。现代社会中的行政法律关系日益展现出一种"类民事法律关系"的色彩,行政机关之外,相对人一方的行为也逐步被纳入行政法的视野范围。相应地,在部分领域,行政争议逐步脱离了"行政权"而开始在"双方法律关系"的层面上存在。行政争议的解决,很难像之前一样仅仅将目光放置在行政权的运用或行政行为的合法(合理、正当)之上,这势必带来行政诉讼理念与制度的更新。

所以,行政主体当原告的诉讼会产生,也应当产生。这不仅仅是实践的需求,也是理论变革的必然结果,更是整个行政法、行政诉讼法体系更新的契机。当然,"反向"行政诉讼本质上仍然是行政诉讼,而且只是"例外"的行政诉讼。它是在坚持目前行政诉讼基本理念、核心逻辑和价值追求的基础上,在某几个领域对行政诉讼构造的补充和完善。

下篇:写于书稿修改之际

距初稿完成至今已有5年,其间关于"反向"行政诉讼的讨论在行政协议领域仍时有出现。[①] 但没有证据表明,学界对"反向"行政诉讼的接纳程度在不断提高。毕竟,"官告民"的行政诉讼确实与行政法学人的传统认知存在较大差距。5年间,初稿收获了许多意见,当然更多的是质疑。对于这些问题在导论部分进行初步回应,既可以照应本书内容,也可能防止读者在阅读之前就在内心形成大山一般的成见,进而在哂笑和不屑中挑剔地否定本书种种哪怕是小心翼翼的尝试。

首先,"反向"行政诉讼与行政诉讼结构教义的冲突如何弥合?或者

[①] 参见江利红、张宇帆:《行政协议反向诉讼制度之逻辑机理》,载《北京行政学院学报》2022年第6期。

说,它是否能在法教义学层面上,找到哪怕一点点依据?

的确,无论从现行法律规范还是学术共同概念的层面,我国的行政诉讼都只是"民告官"。"官告民"本身就不是行政诉讼,"'反向'行政诉讼"的提法,似乎本身就是一个悖论。甚至,恰恰是在"反向"行政诉讼被提及最多的行政协议领域,有最为明确的法规范否定了"反向"行政诉讼的成立。2019年最高人民法院《关于审理行政协议案件若干问题的规定》第6条专门规定:"人民法院受理行政协议案件后,被告就该协议的订立、履行、变更、终止等提起反诉的,人民法院不予准许。"

法教义学是一种方法论层面的要求,更是一种尊重实在法的法治思维和法治理念。"它是一门关于现行法的科学,而非关于正法的科学;是关于实在法的科学,而非应有法的科学。"① 但是,法教义学并不意味着只能以现存实定法文本为基础去进行狭义的法律解释,法教义学还需要进行不断的建构和体系化。② 因为在客观上,无论我们如何努力,实在法都不可能形成完美无缺的法学大厦,诸多法教义之间也可能存在冲突,在面对新情况时尤其如此。在实定法的建构和体系化过程中,部分难以弥合的教义势必要有所改变。当然,这种建构,或者对原有教义改变不能是毫无根据的胡编乱造,它仍然要以规范文本或法的基础概念、基本原则等为基础,与上述材料之间具有法教义学承认的客观联系,并且要使整个法学大厦更加完备。

如果以此来观察"反向"行政诉讼的话,也许可以认为,"反向"行政诉讼也具有部分教义学层面的依据。例如,在诉讼法理上,"诉讼"本身只是一种三角结构的争端解决机制,相较于其他争端解决机制,其特殊性在于特定国家机关——司法机关的参与,并不要求制度发起权必须赋予特定方才是"诉讼"。在行政诉讼法理上,行政诉讼的本质追求,或者说其特色目标,便是借助行政争议的解决,在客观上形成司法权对行政权的规范和制约。这两点都是行政诉讼的"教义",如果"反向"行政诉讼同样符合这些要求,则不能认为"反向"行政诉讼违背基本的行政诉讼法理。在规范层面上,我国《行政诉讼法》第1条规定:"为保证人民法院公正、及时审理行政案件,解决行政争议,保护公民、法人和其他组织的合法权益,监督行政机关依法行使职权,根据宪法,制定本法。"作为立法目的条款,本条统摄整个《行政诉讼法》的规范和适用。如果可以证明,"反向"行政诉讼在某些

---

① [德]古斯塔夫·拉德布鲁赫:《法教义学的逻辑》,白斌译,载《清华法学》2016年第4期。
② 参见车浩:《法教义学与体系解释》,载《中国法律评论》2022年第4期。

时候更有利于"保证人民法院公正、及时审理案件",更有利于"解决行政争议",更有利于"保护公民、法人和其他组织的合法权益",更有利于"监督行政机关依法行使职权",则突破《行政诉讼法》第2条"诉权"条款的建构,或者说对"行政诉讼"概念的扩张,便不能被轻率地认为是对行政诉讼教义的违背。对此,本书在许多章节都有更加详细的展开,此处仅稍加提及,不再赘述。

其次,"反向"行政诉讼是不是在"维护"行政机关?"官告民"的设计,是否与《行政诉讼法》修改时,删除立法目的中的"维护"一词相矛盾?

这一问题与上述教义学层面的疑问一脉相承。"反向"行政诉讼极易给人这样的印象,就是它选择性地无视了行政机关与行政相对人之间的不对等地位,夸大了行政机关所面临的风险和损害,剥夺了相对人在后端的程序发起优势,试图让法院去"帮助"行政机关,因而同样违背行政诉讼的基础教义,与行政法的发展方向格格不入。

的确,在"反向"行政诉讼最为明显的适用场域——以行政协议为代表的行政之债领域中,行政机关提起"反向"行政诉讼,当然是希望借助司法机关的力量去维护自身利益(及自己代表的公共利益)。但是,"反向"行政诉讼的适用场域还包括行政非诉执行。将"非诉执行"改为"官告民"的执行,显然会更有利于相对人而非行政机关。即便抛开这一点,行政机关在行政之债中提起"反向"行政诉讼,也并不代表行政相对人的利益会受到损害,更不代表司法机关要帮助行政机关。事实上,如果行政机关在利益受损时不能提起诉讼,它并不会放任自己的利益受到损害,反而会被迫地使用自己的高权去制裁相对人。换言之,"反向"行政诉讼不是"允许"行政机关提起诉讼,而是"引导"甚至"要求"行政机关提起诉讼。在某些相较于传统行政法律关系明显更加平等的场域中,行政机关面对争议,要积极寻求司法机关的判决,主动迎接司法审查,不能把自己作为裁判。对于司法机关而言,诉讼程序虽然是由行政机关提起的,但"反向"行政诉讼同样要严格审查行政行为的合法性,这一点不因行政机关是被告还是原告而有所改变。所以,司法机关并不是在维护行政机关,而是在中立位置审查双方之间的法律关系,在客观上同样发挥监督和规范行政权行使的功能。关于这些内容,本书进行了尽可能详细的解释,希望可以避免读者对"反向"行政诉讼的误会。

再次,建构一整套"反向"行政诉讼制度,如此重大的法律修改是否有必要?又是否可行或值得?

考虑成本,当然是立法所必需。但这一问题与本书的讨论并不矛盾。

7

本书试图进行的,是论证"反向"行政诉讼的合理性、可行性,阐释其适用场域、内在机理和基本样态,进而尝试进行初步的制度建构。当然,既然是系统论述"反向"行政诉讼,本书确有义务去思考"反向"行政诉讼应当在何种契机、以何种方式入法的问题。但至少在目前的阶段,这尚不属于"反向"行政诉讼的最核心议题。况且,如何入法在很大程度上是一个"技术"而非理论问题。无论是将"反向"行政诉讼系统地列为"特殊程序",还是仅仅规定几个"但书条款",进而将《行政诉讼法》未规定的程序转而求诸《民事诉讼法》,抑或在《行政诉讼法》有所提及的情况下配套一个单独的司法解释,都不必对现行行政诉讼制度进行大范围的改造。正如行政协议、行政公益诉讼入法一样,"反向"行政诉讼若能在未来的某次立法修改中被"提及一笔",便已是巨大的成功了。其余的制度补充,则需要根据当时的现实情况和立法能力逐步进行。

最后,那些所谓的需要"反向"行政诉讼的场域,如今不是仍然在没有"反向"行政诉讼的情况下运转着吗?这是否本身就构成对"反向"行政诉讼的否定?

在教义、成本之外,现实是否真的需要"反向"行政诉讼,是一个十分重要的问题。当然,仅从逻辑层面回答这一问题并不困难——只要证明,现行制度在解决某些问题时效果不佳即可。但真正的困难,是后续必然会引申出的两个诘问:(1)现行制度的效果有多差,其真的到了需要改变的程度吗?(2)即使现行制度需要改变,改变方式就一定是"反向"行政诉讼吗?对此,笔者当然无法对制度的不完善程度进行精准量化,也并不排斥除"反向"行政诉讼外的其他制度完善方式。但尽可能地展现现有制度鞭长莫及之处并分析"反向"行政诉讼的优势,包括从司法判决中找到"反向"行政诉讼的相关实践并观察其效果,确属本书应做之事,在本书中也占据着重要的比重。

所以,本书的要旨可以表述为:随着行政任务的改变——由秩序行政转向给付行政、服务行政、预防行政,行政机关角色的转换——由守夜转向划桨、掌舵乃至共治,行政行为方式发生了极大改变。行政协议、公私合作、公众参与、协商治理等方式兴起。在这样的背景下,行政机关与相对人的地位在某些领域变得"平等且对等",传统行政法理论受到冲击。行政机关可以以单方决定形式制裁相对人以实现行政目的的权力,在某些场域显得不再那么"不言自明"。实践中出现的对"官告民"的需求,更证明了行政诉讼"民告官"的单向构造在特定情况下已力有不逮,甚至成为制度发展完善的障碍。为此,有限度地突破行政诉讼单向构造,建立"官告民"

的"反向"行政诉讼,渐渐具备了相当的合理性和可能性。本书试图系统考察我国行政诉讼单向构造的形成原因、立法考量,论述"反向"行政诉讼的适用场域、内在机理,证明"反向"行政诉讼的理论合理性和现实必要性,进行"反向"行政诉讼的初步制度建构,从而形成一套相对完整的"反向"行政诉讼的理论和制度雏形。

当然,学界对诸如行政协议、行政非诉执行等问题都有非常深入的研究,对行政诉讼相关理论和实践问题的讨论更可谓卷帙浩繁。初稿形成以来,多位师友反馈的意见都很有道理,极大地启发了笔者对稿件进行进一步的思考和完善。只是,以笔者的能力,哪怕是选择了这样一个热门方向的冷门题目,也不可能做出什么惊世骇俗,为常人所不能及的成绩。所希冀者,不过仗着初学的无知无畏而抛砖引玉罢了。

第一章　为何只能"民告官"——我国行政诉讼单向构造的成因

行政诉讼是由且只能是由相对人起诉行政机关的诉讼，在相当程度上是不言自明的。"民告官"的单向构造不仅是当前每一本行政诉讼法学教科书在界定"行政诉讼"时的必备要素，也是现行《行政诉讼法》的明文规定。追溯历史，自北洋政府1914年正式颁布中国历史上第一部《行政诉讼法》起算，行政诉讼至今已历百年。在此期间，行政诉讼制度虽历经波折，几乎改头换面，但其单向构造——只能由行政相对人起诉行政机关，却从未发生改变。回顾改革开放后行政诉讼制度恢复时的立法文本，1987年7月行政立法研究组写出《中华人民共和国行政诉讼法（试拟稿）》第一稿时便明确规定："人民法院审理公民和单位认为国家行政机关的具体处理决定损害其合法权利和利益的行政案件"。此后的"试拟稿修改稿"、全国人大常委会法工委"征求意见稿"、提交审议的各版本"行政诉讼法草案"直至1989年正式颁布的《行政诉讼法》，虽然对本条的表述进行了大幅度修改，但行政诉讼只能是"民告官"，却自始至终没有改变。[①]

但行政诉讼真的只能是"民告官"吗？答案似乎是否定的。英美法系自不待言："对于一项利益来说，如果是私方当事人具有原告资格，联邦行政机关可以具有主张自己利益的原告资格。"[②]即使是大陆法系国家，行政诉讼也允许"官告民"。在德国，行政机关面对行政协议中相对人违约的情况时，除非提前约定，"行政机关无权以行政行为方式确认或者强制实现其合同请求权。如果合同当事人拒不履行约定的给付义务，行政机关只能——像公民那样——向行政法院起诉"。[③] 在类型化的视角下，德国行政法上的"一般给付之诉"就可以"官告民"。[④] 在法国，行政机关试图废除

[①] 以上规范文本，参见何海波编：《行政法治奠基时：1989年〈行政诉讼法〉史料荟萃》，法律出版社2019年版，第3—126页。
[②] [美]理查德·J. 皮尔斯：《行政法》（第5版），苏苗罕译，中国人民大学出版社2016年版，第1190页。
[③] [德]哈特穆特·毛雷尔：《行政法学总论》，高家伟译，法律出版社2000年版，第381页。
[④] 参见刘飞：《行政诉讼类型制度探析——德国法的视角》，载《法学》2004年第3期。

"公用事业特许经营协议"时,也只能提请法院处理,不能由自己单方面进行。① 为何我国行政诉讼一直秉持"民告官"的单向构造,并未生发出"官告民"的诉讼?

学界已有个别学者关注到这一问题,但直接的讨论仍只是极少数。② 与此相关的研究,多存在于行政法制史领域。近年来,学界对行政诉讼制度史关注颇多。除何海波教授对1989年以来的行政诉讼立法史料进行了集中编纂外,③学界对清末民初行政诉讼的产生及民国行政诉讼制度运行史也越发关注,④对行政诉讼功能定位、审判体制、受案范围、审判依据的百年变迁都进行了梳理。⑤ 百密一疏的是,在历史研究中,行政诉讼"单向构造"的形成与演进成为视野盲点——我国行政诉讼一以贯之的"民告官"特征,反而遮蔽了对这一从根本上影响整个行政诉讼制度的问题的关注。另一方面,随着行政协议、行政非诉执行制度改革、行政之债等问题的研究深入,越来越多的学者开始思考行政诉讼单向构造的合理性及"官告民"的可能。⑥ 但在这类研究中,行政诉讼单向构造的"成因"又被功利主义下对"官告民"的制度需求冲淡。于是,中国行政诉讼一直是单向构造的"实然",与行政诉讼构造是否需要变革的"应然"之间,缺少了对"所以然"的观察和分析,产生了巨大的裂隙。这种裂隙,使学界目前对"官告

---

① 参见[法]让·里韦罗、让·瓦利纳:《法国行政法》,鲁仁译,商务印书馆2008年版,第570-571页。
② 参见于立深:《"民告官"理念与制度的形成史考证及反思》,载《法治社会》2023年第6期。
③ 参见何海波编:《行政法治奠基时:1989年〈行政诉讼法〉史料荟萃》,法律出版社2019年版。
④ 参见宋玲:《民国行政诉讼制度研究》,中国政法大学出版社2015年版;王贵松:《民初行政诉讼法的外国法背景》,载《清华法学》2015年第2期;吴欢:《民初行政审判实践中的"民告官"底色——以〈平政院裁决录存〉为素材的考察》,载《北方法学》2019年第1期;杨绍滨:《北洋政府平政院述论》,载《安徽史学》2003年第3期等。
⑤ 参见张生:《中国近代行政法院之沿革》,载《行政法学研究》2002年第4期;宋玲:《清末民初行政诉讼制度中的本土因素》,载《政法论坛》2009年第3期;林莉红:《中国行政诉讼的历史、现状与展望》,载《河南财经政法大学学报》2013年第2期;胡建淼、吴欢:《中国行政诉讼法制百年变迁》,载《法制与社会发展》2014年第1期;徐进:《民国时期行政审判法源问题研究——以国民政府行政法院判决为中心》,载《行政法学研究》2015年第6期;等等。
⑥ 行政协议领域,参见余凌云:《行政契约论》(第3版),清华大学出版社2022年版,第135页;闫尔宝:《〈国有土地上房屋征收与补偿条例〉第25条分析》,载《行政法学研究》2012年第1期;于立深:《行政契约履行争议适用〈行政诉讼法〉第97条之探讨》,载《中国法学》2019年第4期。行政非诉执行领域,参见马怀德:《修改行政诉讼法需重点解决的几个问题》,载《江苏社会科学》2005年第6期;肖金明:《政府执法方式变革:建立和完善"官告民"制度》,载《中国行政管理》2008年第1期。行政之债领域,参见岳心:《公法上不当得利返还请求权研究——救济途径和程序方式初探》,载《法学杂志》2011年第8期;黄先雄:《论行政主体的不当得利返还请求权——从行政奖励被撤销后的利益追索说开去》,载《中南大学学报(社会科学版)》2014年第3期;熊勇先:《公法不当得利及其救济》,载《法学杂志》2012年第6期。

民"的思考仅停留设想阶段，始终难以突破行政诉讼结构教义的束缚。时代变迁对制度改革提出需求之际，回顾历史源流，探寻内在机理，恰是学人在新旧之间评判取舍的必由之路。我国行政诉讼为什么只是"民告官"的问题，不应继续被忽视。

需要说明，诉讼法上的诉讼构造亦称诉讼结构，是指"由诉讼程序所体现的原告、被告、裁判者三方的法律地位和相互关系"。[①] 它包括诉讼的角色选择、角色定位、角色行为及其体现的角色关系等方方面面的内容，[②] 决定了各方主体在诉讼程序中的权利义务配置。[③] 所以，诉讼法上的"诉讼构造"，一般指诉讼各主体间权力结构的整体样态，而非仅仅指"谁告谁"。但鉴于"民告官"对行政诉讼制度设计的决定性影响，本书狭义化"诉讼构造"一词，以其专门指代"谁告谁"的问题。另外，本书所谓我国行政诉讼"只能"民告官，是在与"官告民"相对的层面上进行的表述。本书不将"官告官"纳入讨论范围。

一、理论体系奠定行政诉讼单向构造基础

行政诉讼的构造问题属于制度设计范畴，必然受到学理的指引和影响。由于行政法与行政诉讼法的特殊关系，行政法的诸多理论极大地影响了行政诉讼制度的设计，奠定了行政诉讼单向构造的基础。

（一）行政法与行政诉讼法的对称性结构

行政法与行政诉讼法之间的关系，远远不是实体法与程序法所能概括——这样的结论无疑太过表面化，甚至在某种程度上是错误的。试以民法与民事诉讼法的关系作为比较略加说明：《民事诉讼法》规定的，几乎全部是民事审判的实际流程。它本身不含有实体判断的内容，而是指导人们运用实体法的一套规则。所以，《民事诉讼法》是典型的"程序法"。但《行政诉讼法》并非如此。虽然在表面上，《行政诉讼法》也以行政审判流程作为体例，分为受案范围、管辖、起诉受理、一审二审、判决等章节，但其中却充斥着实体判断规则。事实上，在大量程序条款因与民事诉讼相同而没有规定的情况下，行政诉讼法仍然可以独立存在，依靠的正是其中的实体内容，这些实体内容才是行政诉讼法的要旨和精髓，是其发挥作用的基础。

---

① 宋炉安：《评我国行政诉讼结构》，载《中央政法管理干部学院学报》1997年第2期。
② 参见谭宗泽：《行政诉讼结构研究———种结构主义的考察维度》，载《南京大学法律评论》2009年秋季卷。
③ 参见刘善春、肖艳菲：《论行政诉讼结构》，载应松年、马怀德主编：《当代中国行政法的源流：王名扬教授九十华诞贺寿文集》，中国民主法制出版社2006年版，第748页。

例如,若没有《民法典》"合同编"中的具体规定,法院无法仅仅利用《民事诉讼法》来判断某个合同纠纷孰是孰非,但即使没有独立的《行政处罚法》,法院仍有很大可能仅根据《行政诉讼法》即判断出行政机关的行政处罚行为合法与否。因为行政行为是否合法的实体判断标准,许多就直接规定在《行政诉讼法》之中。

因为这一特质,行政法与行政诉讼法之间产生了民法民事诉讼法、刑法刑事诉讼法之间难以比拟的密切联系,体现为四个方面。

第一,产生了"大行政法学"概念,行政法在某种程度上包含了行政诉讼法。1978年至1989年,我国行政诉讼法学并没有独立的学术品格,其往往被并入行政法学中讨论。当时学术界认为,行政法同行政诉讼法不分,正是行政法区别于民法和刑法的一个特点。[①] 时至今日,行政法的经典概念仍然会将行政诉讼包含在内。[②] 在很多时候,行政诉讼只是被当作"行政法学"中的一部分来研究,无法像民事诉讼法及刑事诉讼法一样,与民法和刑法两大实体法并列。

第二,在某些时刻,行政诉讼制度可以先于行政法而存在,并在很大程度上替代行政法。1989年《行政诉讼法》出台,行政诉讼"后来居上",抓住行政法体系构建路径尚不明晰的契机,在很大程度上承担了行政法的功能。行政法中影响较大的《行政处罚法》《行政许可法》《行政强制法》等,都是在行政诉讼制度建立之后才制定的。但在单行法出台之前,行政诉讼就已经在对这些案件进行了审理。当然,有了这些法之后,对相应行政行为的规范更加完整和严格,在时间上也更加提前,这才是行政法的应有之态与应有之义。

第三,行政法与行政诉讼之间,产生了对称性结构。两法的内容高度一致,呈现一种镜像式的对应。[③] 比如,行政法中的行政行为、行政协议等概念,到了行政诉讼中则转化为受案范围的规定,行政法中的行政主体理论在行政诉讼中转化为了被告认定条款,行政法上行政行为的效力则决定了行政诉讼的审查标准及不同的判决类型,等等。

---

① 参见胡建淼:《中国行政法学理论体系的模式及评判》,载《中国法学》1997年第1期。
② 例如,认为行政法是"行政组织、作用以及处理与此有关的纠纷乃至行政救济的法"。[日]室井力主编:《日本现代行政法》,吴微译,中国政法大学出版社1995年版,第14页。或者认为行政法是"管理政府行政活动的部门法。它规定行政机关可以行使的权力确定,行使这些权力的原则,对受到行政行为损害者给予法律补偿"。[美]伯纳德·施瓦茨:《行政法》,徐炳译,群众出版社1986年版,第1页。
③ 参见余凌云:《行政诉讼法是行政法发展的一个分水岭吗?——透视行政法的支架性结构》,载《清华法学》2009年第1期。

第四，两法中一法之变化，往往对另一法产生极大的影响。2014年《行政诉讼法》改"具体行政行为"为"行政行为"，受案范围增加"行政协议"等，使传统行政法的"行政行为"理论面临重大调整。这一点在世界各国都是通例。德国行政法学者坦言："事实上，有关实体性公法（宪法和行政法）的高度专业化知识将毫无用处，如果它们不涉及行政诉讼法，并藉以获得相应解释和实现的话。"① 在日本，行政法学说与行政判例也形成了相辅相成的关系。行政判例依赖于学说，又对学说的不完备予以补充。② 类比之下，民法规范的调整，哪怕是新出台《民法典》这样的"大法"，对《民事诉讼法》的影响也微乎其微。

总而言之，行政法与行政诉讼法之间各自独立又互有交叉、融合，各有特色又相互对称、影响。这从整体层面上解释了一个前提性问题，即为什么前端的依法行政理念、行政行为概念、行政行为效力理论等行政法问题，会影响"远在"行政诉讼制度中的"诉讼构造"。

(二) 单向构造吻合传统行政法治要求

行政法治的核心意蕴在于行政权的法律控制，"现代意义上的法治国家……其基本含义是国家权力，特别是行政权力必须依法行使"。③

"从严格依法行政的角度上讲，无法律即无行政，所以一切行政关系都应变成行政法律关系。"④ 这在很大程度上成为行政法的理论基础和价值导向，使行政法从产生之日起就被灌注了规范行政权的思维——无论是英国强调"议会至上"，以越权无效原则和自然公正原则对行政权进行司法审查，还是美国推崇"正当程序"和"阳光政府"，对行政过程加以规范；无论是法国孜孜不倦追求公务行为与私人行为的区分，从而以独立行政法院审查公共行政的合法性，还是德国在"法治国"原则下坚守依法行政理念，发展出法律优位和法律保留原则，世界各国行政法治的表现形式和侧重点各有不同，但"任何国家，法治的重心都是制约和控制行政权力，防止其滥用和异化"。⑤

行政诉讼是行政法治的重要载体。且不必说司法的权威和公正本身就是行政法治的内涵或表现之一，即使从行政法治实现路径的视角，司法也不可或缺。"一个人如果想知道行政法治的内容，他就应当思考以下问

---

① [德]弗里德赫尔穆·胡芬：《行政诉讼法》，莫光华译，法律出版社2003年版，第4页。
② 参见杨建顺：《日本行政法通论》，中国法制出版社1998年版，第67页。
③ 姜明安：《论法治中国的全方位建设》，载《行政法学研究》2013年第4期。
④ 孟鸿志主编：《行政法学》，北京大学出版社2002年版，第27页。
⑤ 张文显：《建设中国特色社会主义法治体系》，载《法学研究》2014年第6期。

题:法律与司法的基础是什么……"①当然,在大陆法系,行政法治的实现路径涉及行政立法对实质正义的追求、行政组织与权限的科学、行政程序的制约、行政权的内外监督乃至行政机关的自我约束等多个方面。② 但行政救济在以上诸多路径中的关键地位和巨大价值是不可否认的。尤其在当下《行政组织法》《行政程序法》尚未出台的情况下,行政救济对我国行政法治建设的作用尤其巨大。

行政诉讼的单向构造,同样要从行政法治的视角去理解。在我国,控权理论虽受到种种挑战,但其始终是行政法最重要的基础和价值之一。行政诉讼是行政法治乃至法治国家建设的代表性制度。在诉讼构造上,单向的"民告官"代表着一种明确的倾向,即司法对行政权的控制。若是结构反转,行政机关也有行政诉讼程序的启动权,行政诉讼权力控制的色彩将大大减弱。当然,这或多或少是由于我们还未意识到,"行政机关告相对人"也是对行政机关的监督和控制,对此暂不论述。总而言之,行政诉讼的单向构造,是传统行政法治理念的直接体现。

当然,现代行政法治理念正在不断发展和演变,许多新理念、新实践不断产生。私人主体开始进入行政领域,包括民营化在内的公私合作越来越普遍,行政合同、行政指导等新型行政方式不断出现。甚至,在传统的行政处罚、行政强制等高权行政领域,行政机关也越来越注重公众参与。行政法已经不仅仅限于"命令—服从"模式,而逐步发展到"参与—合作"模式。相应地,行政法治虽然仍以权力控制为核心,但也开始将行政机关的多重积极义务纳入视野,行政法治的价值取向从狭窄的个人权益不受侵犯逐步拓展到公共利益、实质正义等更为根本性的目标。此时,行政诉讼的单向构造是否依然是行政法治理念的当然结果,已经有了可以思考的余地。

(三)单向构造平衡行政主体优势地位

与民事法律关系主体的"平等性"特点相对照,早期行政法理论认为,在行政法律关系中,行政主体相较于行政相对人处于优势地位,两者是一种"不平等"的关系。后来,学界逐渐承认了行政主体与相对人法律地位平等,但指出行政主体与行政相对人在行政法律关系中存在权利义务的

---

① [瑞]托马斯·弗莱纳:《两大法系中的行政法治与司法的作用》,冯军译,载《环球法律评论》2002 年第 1 期。
② 关于行政法治的实现路径,学界讨论众多,但大部分集中于笔者所言的范畴,参见何海波:《行政法治,我们还有多远》,载《政法论坛》2013 年第 6 期;沈岿:《行政自我规制与行政法治:一个初步考察》,载《行政法学研究》2011 年第 3 期;崔卓兰、于立深:《行政自制与中国行政法治发展》,载《法学研究》2010 年第 1 期。

"不对等"。这种观点当然是有道理的,因为在大部分情况下,行政活动都呈现德国行政法上的高权行政样态。① 行政权的单方性,使行政主体不必经对方同意即可通过行政行为引起行政法律关系的产生、变更与消灭;行政权的强制性,又使行政主体可以凭借强制力,在违背对方意思的情况下实现行政行为所欲达到的目标。随着福利国家的产生和"生存照顾"等义务的担负,行政权不仅没有削弱,反而在不断地增强。"行政国家"之下,行政权甚至有入侵立法权和司法权的危险,遑论与相对人进行比较。至于行政方式从"命令—服从"到"服务—合作"的转化,则被部分学者认为"只是一种观念形态的变化,并未改变行政主体对相对人的优益地位和行政主体意思表示的先定力和公定力,以及行政行为的单方面性和强制性"。②

在这种情况下,要保持行政法律关系主体之间的权利义务平衡,势必要求在行政救济环节赋予原本弱势的相对人更加优势的地位。换言之,正是由于诉讼双方在行政决定作出过程中的不平等性,决定了行政诉讼也相应出现权利主体与权力主体的不平等。③ 行政诉讼的价值,就在于"通过赋予法院司法审查权,修正原告处于弱势地位的权利结构,在司法这一层面上创造出均衡的新的权利结构状态,从而使得相对人合法权益得到弥补和矫正"。④

为了实现这一目标,行政诉讼做了一系列制度安排。其中最突出的,还在于行政诉讼的单向构造:一方面,将起诉权单方赋予行政相对人,使行政相对人拥有了发起行政诉讼程序的完全主动权;另一方面,这意味着行政相对人只有成为原告的可能,法院的审查视野天然指向了行政行为。虽然这不代表法院不审查行政相对人的行为,但的确在很大程度上避免了行政主体借助司法权进一步侵害相对人的可能。所以,行政诉讼"民告官"的单向构造,与行政法律关系中行政主体与行政相对人权利义务的不对等有着密切的关系。它既是这种不对等的体现,也是对行政过程前端行政主体优势地位的平衡。

但应注意的是,行政权的运用除了体现为传统的"高权行政"样态外,还有法国学者狄骥所言的"所有的意志都具有同等的效力,并不存在一种意志之间的等级关系"的平权行政。⑤ 换言之,在某些场域中,行政主体并

---

① 参见[德]哈特穆特·毛雷尔:《行政法学总论》,高家伟译,法律出版社2000年版,第15页。
② 叶必丰:《20世纪的西方行政法治理论》,载《行政法学研究》1998年第3期。
③ 当然,按照现在的学界通说,应当是"不对等性",但限于引用,不加修改。参见宋功德:《行政法哲学》,法律出版社2000年版,第118页。
④ 谭宗泽:《行政诉讼目的新论——以行政诉讼结构转换为维度》,载《现代法学》2010年第4期。
⑤ 参见[法]莱昂·狄骥:《公法的变迁》,郑戈等译,春风文艺出版社、辽海出版社1999年版,第13页。

不当然地比相对人具有更高的地位。随着行政法治理念的变迁和行政方式的改变,行政主体在某些情况下的优势地位已经开始动摇。行政主体与行政相对人之间"地位只是相对的,无论哪一方都不是绝对的主动者或被动者"。① 在这些特殊情况下,继续严守行政诉讼的单向构造,似乎已经不能协调双方主体的地位,反而有可能引发一种新的不平等。

(四)单向构造对应行政行为概念体系

"行政行为"概念,虽然由于学界当初不成熟的理解而"成了中国行政法中最大的概念谜团和陷阱",②但不可否认,它一直是大陆法系行政法理论体系的核心。1989年《行政诉讼法》以规范形式固定了"具体行政行为"的表述使中国语境下的"行政行为"上升一个层级,在实然层面撑起了整个行政诉讼制度体系,并将学理讨论与法律规范以一种相对直接的方式联系在一起。"行政行为"一词于是"一方面是一个具体的被解释的统括性的实定法律概念,另一方面又属于具有一定抽象性的法学概念"。③ 行政主体是作出行政行为的主体,行政程序是约束行政行为的程序,行政救济是针对行政行为的救济,包括新兴的行政立法、行政契约、行政指导等,也被尝试归入广义的"行政行为"之中。自1989年以来的三十余年,重要的行政法律规范几乎全部是行政行为法,目之所及的教材也都以行政行为为核心设置篇章体例,整个行政法都围绕行政行为而展开。

以"行政行为"为支撑的行政法概念和理论体系,在很大程度上决定了行政诉讼的单向构造。立法者依据当时学界有所误解的"行政行为"理论,在《行政诉讼法》中创造了"具体行政行为"概念,并以此确定行政诉讼的审查对象和审查范围。随后,最高人民法院在《关于贯彻执行〈中华人民共和国行政诉讼法〉若干问题的意见(试行)》(已失效)中解释:"'具体行政行为'是指国家行政机关和行政机关工作人员、法律法规授权的组织、行政机关委托的组织或者个人在行政管理活动中行使行政职权,针对特定的公民、法人或者其他组织,就特定的具体事项,作出的有关该公民、法人或者其他组织权利义务的单方行为。"首先,具体行政行为必须是有行政职权的行政主体作出的,换句话说,相对人不可能作出具体行政行为,也永远无法成为行政诉讼被告。其次,具体行政行为的针对对象只能是"公民、法人或其他组织",所以行政机关即使成为某个行为的对象且权益受损,这一

---

① 王景斌、蔡敏峰主编:《行政法原理》,北京大学出版社2016年版,第57页。
② 赵宏:《法治国下的目的性创设——德国行政行为理论与制度实践研究》,法律出版社2012年版,第50页。
③ 朱芒:《中国行政法学的体系化困境及其突破方向》,载《清华法学》2015年第1期。

行为也不可能是"具体行政行为",不可能属于行政诉讼受案范围。最后,这一解释直接指明具体行政行为为"单方行为",从而排除了对行政协议等领域的司法审查。在双方并不互享权利、不互负义务的情况下,行政机关没有理由,也没有场域起诉相对人。"官告民"于是被彻底以基础概念的形式排除在行政诉讼之外。

2014年《行政诉讼法》修改,删除了"具体行政行为"的表述,统一改为"行政行为",同时将行政协议纳入司法审查范围。可见,立法者有以"行政行为"统领行政立法(抽象行政行为)、行政处分(具体行政行为)、行政协议及其他类行政行为的倾向。这一"行政行为"概念虽然仍与德、日等国有所区别,但相较于以往,逻辑上顺畅了许多。核心概念的变动,随之带来的势必是整个行政法体系的进一步理顺。在本次修法过程中,个别立法者已经提出在行政诉讼内加入"官告民"的主张,但因概念体系、思维体系及制度体系的历史惯性,这种修改令人望而生畏,最终并未被采纳。① 实务界也已有人提出以"公法争议"取代"行政行为"作为行政诉讼的审查对象,从而为行政诉讼构造的变化扫清概念障碍的观点。② "官告民"是否仍然与行政法核心概念相抵触,值得进一步思考。

(五)单向构造体现行政行为效力理论

行政行为效力是指行政行为因符合法定要件而获得的、国家保障其内容实现的力量,是法律对行政行为的一种保护。③ 关于行政行为效力的内容,学界可谓众说纷纭。章志远教授认为,行政行为效力的内容可以概括为公定力、不可变更力、执行力、不可争力。④ 章剑生教授则更加推崇存续力概念,认为行政行为效力为存续力、执行力、构成要件效力、确认效力。⑤ 叶必丰教授则将行政行为效力概括为先定力、公定力、确定力、执行力、存续力。⑥ 目前来看,学界对行政行为效力的内容,最常见的一种观点是公定力、确定力、拘(约)束力、执行力。⑦ 还有学者将拘束力合并到确定力和

---

① 出自何海波教授对江必新大法官的访谈。参见何海波编:《行政法治奠基时:1989年〈行政诉讼法〉史料荟萃》,法律出版社2019年版,第502页。
② 参见张士河:《行政协议纠纷救济机制探析——单向性诉讼结构向双向性诉讼结构的蜕变》,载《山东审判》2017年第1期。
③ 参见叶必丰:《行政行为的效力研究》,中国人民大学出版社2002年版,第19页。
④ 参见章志远:《行政行为效力论》,中国人事出版社2003年版,第51页。
⑤ 参见章剑生:《现代行政法基本理论》,法律出版社2008年版,第146-151页。
⑥ 参见叶必丰:《行政行为的效力研究》,中国人民大学出版社2002年版,第25页。
⑦ 在一定程度上,这可以说是学界通说,或者行政行为效力内容的经典表述,多见于各类教材。参见莫于川主编:《行政法与行政诉讼法》(第4版),中国人民大学出版社2012年版,第113-115页;沈开举主编:《行政法学》(第2版),郑州大学出版社2009年版,第277-279页;江利红:《行政法学》,中国政法大学出版社2014年版,第182-183页。

执行力中,从而将行政行为效力概括为公定力、确定力、执行力。①

学术界对行政行为效力的讨论各有建树,同时也有许多共通之处。第一,行政行为的核心效力是"公定力"。通说认为,公定力是行政行为最具特色的效力,最能彰显行政法、行政权和行政行为的特点,公定力也是受到讨论最多的效力。第二,涉及信赖利益保护的内容,无论表述为"确定力""不可变更力",还是作为"拘束力"的一部分,其实并没有太大区别。第三,学界对行政行为"执行力"的认同度很高,毕竟,这涉及行政行为实际效果的转化问题。由于本节要探讨的是行政行为效力与行政诉讼单向构造的关系,因此反而有条件"求同存异",集中考察以上三个效力对行政诉讼单向构造的影响。

行政行为公定力,是指行政行为作出后,无论是否合法,除当然无效的情况外,都应当被推定为合法有效的效力。公定力作为行政行为的核心效力,与行政诉讼单向构造的关系早已被学界注意到。有学者指出:"行政行为的公定力使得行政机关的预期能够通过其本身的决定实现,不需要求助于司法力量,而相对人则必须通过行政诉讼才能解决权利的救济问题,这决定了行政诉讼上的原告恒定——只能是相对人。"②公定力要求被拘束对象负担一种尊重义务,对相对人而言体现为先行的服从或配合,即使相对人对行政行为有异议,也应当通过事后的诉讼渠道寻求救济。所以,由于公定力的存在,起诉权利必然要赋予行政相对人,因为在此之前,他们原则上不能抗拒行政行为。相较而言,行政行为是行政机关自己作出的,当然不会损害自身的利益,行政机关几乎没有危险,也就没有赋予其起诉权的必要。

行政行为确定力与信赖利益保护相关的部分,是指行政行为生效后,行政机关非依法定事由并经过法定程序则不可任意改变,即使因公共利益而需依法改变,也应对相对人进行补偿的效力。行政行为确定力与行政诉讼单向构造的关系与公定力有类似之处:确定力之所以存在,或者说,之所以要限制行政机关任意改变自己作出的行政行为,就是因为在大部分时候,行政机关作出行政行为都不需要经过相对人同意。此时,权益更有可能受损的是"意见不必须被听取"的相对人而非行政机关,将提起行政诉讼的权利单方赋予行政相对人就显得合理许多。

行政行为执行力,是指生效的行政行为要求行政主体与行政相对人对

---

① 何永红:《现代行政法》,浙江大学出版社 2014 年版,第 131－132 页。
② 余凌云:《行政诉讼法是行政法发展的一个分水岭吗?——透视行政法的支架性结构》,载《清华法学》2009 年第 1 期。

其内容予以实现的效力。按照学界观点,行政行为的执行力体现为"自行履行力"和"强制执行力"。其中,自行履行力被认为是"行政行为本身的当然要求",若不承认"自行履行力",则不仅与行政活动的连续性原理相悖,且不符合立法规定及行政法制运行的实际状况。① 我国《行政诉讼法》规定的"起诉不停止执行"原则,就是行政行为公定力与执行力共同起作用的结果。执行力的存在,使行政机关可以依靠自身力量实现行政目标。换言之,至少在传统行政法学理论中,且不必说行政机关权益受损的可能性很低,即使存在相对人不配合的情况,行政机关也可以依靠自身的强制权、处罚权等权力实现行政目标。在包括行政协议这样的特殊场域,行政机关同样享有单方解除权、变更权等行政优益权,也不需要寻求诉讼救济。所以,行政诉讼的起诉权不必赋予行政机关一方。

(六)大陆法系其他国家为何存在"官告民"？

我国行政法理论体系源于大陆法系,是理论移植的结果。但大陆法系的德国、法国,皆存在"官告民"的行政诉讼。在一脉相承的行政法治要求、行政主体优势地位、行政行为概念、行政行为效力理论之下,为何我国并未产生出"官告民"的行政诉讼？这是否证明,行政诉讼单向构造与前述理论体系之间并无那么紧密的关联？

如德国、法国等国家所展现的那样,大陆法系行政法理论仅仅会使行政诉讼以"民告官"为"原则",并不会彻底阻碍"官告民"的产生。我国至今未有"官告民"的行政诉讼,是因为我国行政法理论体系一方面源自大陆法系,另一方面又存在自身的特殊情况:这一体系以"控权"为理论基础,但"拨乱反正"背景下的痛心疾首造成了对权力滥用的过度担心,"法典替代"功能又使行政诉讼要在没有其他制度配合的情况下独立承担重任,以至于行政诉讼未敢留丝毫余地、丝毫可能给"官告民"的诉讼模式,这与德、法等国借助其国家体制在行政权控制时的游刃有余截然不同。这一体系以"行政行为"概念为核心,强调行政主体的优势地位,但由于行政强权的传统及基础概念移植时的理解错误,将行政行为"单方性"推向极致,搁置了行政协议造成的理论龃龉,阻断了"官告民"出现的最直接场域。② 这

---

① 参见章志远:《行政法学总论》,北京大学出版社2014年版,第180页。
② 在1989年《行政诉讼法》出台之前,实践中已有行政协议,且类型众多,但当时立法及相应司法解释仍选择谨守"具体行政行为"概念及其单方性特征,将行政协议排除在外。参见张启江:《"行政"与"协议"的融合与冲突——行政协议制度研究三十年》,载《时代法学》2016年第5期。

与德、法等国很早形成的"公法之债"思维大相径庭。① 这一体系移植了大陆法系的行政行为效力理论,但因自身发展阶段的限制,行政模式转换缓慢,行政平权化、公定力松动、执行之诉等理论变革虽被学界注意,却迟迟难以转换到行政诉讼实践中。这与德、法等国行政法理论日臻成熟,与行政实践形成良性互动的局面不可同日而语。质言之,大陆法系行政法理论被移植入我国后,迅速与我国本土的社会背景和法治建设需求联系在一起,其中的一些部分被扩张和极端强调,相应地,有些部分则萎缩或发展迟滞,在客观上造成了我国行政诉讼并未如德国、法国一样,演化出"官告民"的诉讼构造。

总而言之,我国行政法秉持以控权为基础的行政法治理念,追求法律关系各主体间权利义务的平衡,以"行政行为"为核心建立概念体系,又以行政行为效力理论贯穿整个行政过程,这一切都对行政诉讼的单向构造产生了重大影响。当然,反过来讲,随着行政法治理念不断更新,行政法主体间的地位不断转变,行政法概念体系更加完善,行政行为效力的相关理论逐步修正和发展,行政诉讼的单向构造在学理上已然不是那么牢不可破。"官告民"的"反向"行政诉讼也正逐步获得越来越多的理论支撑。

二、立法考量形塑行政诉讼单向构造雏形

立法中某一具体制度、具体条款的确定,纵有再多的社会背景、功能定位和理论支撑,也不可能是一个完全水到渠成的过程。某一规范成为其颁布时的样子,除宏观的必然因素外,同样源于许多细节性乃至偶然性的考量取舍。这些细微之处同样重要,甚至在某些时刻更有决定性。得益于学者对1989年《行政诉讼法》立法资料的整理,可以看到,《行政诉讼法》起草之初,已有学者和立法者提出了"官告民"的诉讼构造,但立法并未采纳,甚至连最早的一稿"试拟稿"也并未将这一建议写入其中,背后的考量值得深究。

(一)行政机关"没有必要"告民

许多学者和立法者认为,行政诉讼不设计"官告民"的结构,除因其不符合行政诉讼的目的、功能及我国行政法理论外,更直接的原因是行政机关"没有必要"告民,这一点前文已多次提及。所以,在行政诉讼中设计"官告民"是"画蛇添足",甚至是"助纣为虐"。应松年教授当时便强调:

---

① 参见汪厚冬:《公法之债论———一种体系化的研究思路》,苏州大学2016年博士学位论文。

"必须把行政诉讼限制在行政机关作为被告,即民告官的范畴内。"因为行政机关有管理权和相应的强制手段,"无须通过诉讼来解决自己和相对人之间的纠纷"。① 时任全国人民代表大会常务委员会委员也认为:"行政机关手中有权,行使职权一向都是受到很好的保障和维护的,问题只在于滥用还是依法使用。"②

这一认识虽不准确,但完全可以理解。不必说20世纪80年代《行政诉讼法》制定之时,即使在今天,官"没有必要"告民仍然是许多人的第一反应。当然,"官告民"的目的并不在于或者并不仅仅在于维护行政机关利益,其同时也是要司法机关审查行政机关的行政行为,防止行政机关"自力救济",进而监督控制行政权。这种"没有必要"的思维虽然简单却影响巨大。因为它使行政诉讼"官告民"的构想陷入"不合实际"的攻评中,犯了立法工作的大忌。行政诉讼"官告民"的想法因此被立法者迅速抛弃。

(二)行政诉讼的《宪法》依据不支持"官告民"

《行政诉讼法》作为以《宪法》为统领的国家法制体系的重要组成部分,必然要有《宪法》层面的规范依据作为其生发源头。当时学界公认,行政诉讼的宪法依据是《宪法》第41条:"中华人民共和国公民对于任何国家机关和国家工作人员,有提出批评和建议的权利;对于任何国家机关和国家工作人员的违法失职行为,有向有关国家机关提出申诉、控告或者检举的权利。"1987年行政立法研究组拟出的第一稿《中华人民共和国行政诉讼法(试拟稿)》第1条"立法依据"便直接写明:"中华人民共和国行政诉讼法根据宪法第四十一条的规定,结合我国行政案件审判工作的实际情况制定。"此后经多次修改,提交全国人民代表大会常务委员会审议的"行政诉讼法草案",在这一问题上变为"根据宪法,制定本法"的笼统表述。但在《关于〈中华人民共和国行政诉讼法(草案)〉的说明》中,第一段仍明文引用了《宪法》第41条的规定。③ 可见,行政诉讼的这一宪法渊源已得到官方认可。

既然行政诉讼是由"国家机关和国家机关工作人员的违法失职行为"引起,由公民"申诉、控告、检举"的宪法权利衍生出来,当然只有"民告官"

---

① 应松年:《论行政诉讼的几个理论问题》,载《政治与法律》1987年第3期。
② 《第七届全国人大常委会第四次、第六次会议对行政诉讼法(草案)提出的意见》。参见何海波编:《行政法治奠基时:1989年〈行政诉讼法〉史料荟萃》,法律出版社2019年版,第82页。
③ 以上"试拟稿""草案""草案的说明"三处立法资料,参见何海波编:《行政法治奠基时:1989年〈行政诉讼法〉史料荟萃》,法律出版社2019年版,第3、33、40页。

一种构造。当时,还有学者认为,既然我国行政诉讼制度是由公民的宪法权利衍生出来的,则任何公民都可以在认为行政机关及其工作人员有违法失职行为时提起行政诉讼,而不必是受到行政行为侵害的人。[①] 由此可见这一依据对行政诉讼影响之深。宪法不是保护行政机关的,行政机关没有"宪法权利",所以"官告民"没有宪法上的规范依据,因而也就成了无源之水、无本之木。质言之,宪法因"公民权利保障书"的性质而天然具有的单向性,被直接平移到行政诉讼法中,压制了立法者构建"官告民"诉讼的冲动。

(三)行政诉讼与民事诉讼的关系不认同"官告民"

改革开放后的行政诉讼制度首先出现在单行法律法规中,后又被统一规定在1982年《民事诉讼法(试行)》里。在这个意义上,行政诉讼是从民事诉讼的母体中诞生出来的,与民事诉讼关系密切。于安教授指出,在制度发生学或法制沿革意义上,民法和民事诉讼法对当时《行政诉讼法》的影响根深蒂固,"达到了可以决定行政诉讼基本取向的程度","不了解与民法的关系……就无法完整理解我国的行政诉讼制度"。[②]

民法、民事诉讼对行政诉讼的影响体现为两个方面。其一,民法、民事诉讼法对公民个体权利的强调,被一以贯之地纳入行政诉讼制度之中,使整个行政诉讼制度全心全意地考虑保护相对人权利的问题,其他内容如行政协议等,在这种情况下缺乏提出的条件和依据。[③] 相应地,"官告民"的诉讼构造就不会受到重视。其二,行政诉讼脱胎于民事诉讼,却也有一种追逐自身独立性的倾向。制定《行政诉讼法》的契机在于《民事诉讼法(试行)》修订,彼时需特别强调行政诉讼与民事诉讼的不同,因为这是《行政诉讼法》能够单独立法的基础。江必新法官曾回忆道:"行政诉讼是'民告官'的诉讼,这样一个观念的确立也是刻意'找不同'的结果……本来我们研究的时候注意到了,英美国家'官告民'的案例也很常见。但要说服立法机关制定《行政诉讼法》,就要特别强调三大诉讼的区别:民事诉讼是'民告民',刑事诉讼是'官告民',行政诉讼是'民告官'。"[④]这两个影响在

---

① 参见汪世荣:《我国行政诉讼的特点》,载《政治与法律》1987年第4期。
② 何海波编:《行政法治奠基时:1989年〈行政诉讼法〉史料荟萃》,法律出版社2019年版,第455页。
③ 参见何海波编:《行政法治奠基时:1989年〈行政诉讼法〉史料荟萃》,法律出版社2019年版,第455页。
④ 参见何海波编:《行政法治奠基时:1989年〈行政诉讼法〉史料荟萃》,法律出版社2019年版,第501-502页。

行政诉讼构造问题上殊途同归,有意无意地极端化了行政诉讼"民告官"的特点,甚至使其成为行政诉讼的教义学要件。立法者因此放弃了设计"官告民"的行政诉讼制度的尝试。

(四)"官告民"的实践需求被立法折衷处理

1989 年《行政诉讼法》立法之初,确有学者从实践出发,构思了"官告民"的行政诉讼。但当时所说的"官告民",既不是目前学界逐步探索,建立在更加平等的行政法律关系(如行政协议)基础上的"官告民",也不是笔者思维下仍建立在规范行政权力基础上的"官告民",而是建立在"维护"行政机关行使职权基础上的"官告民"。这种"官告民"以行政相对人不履行行政决定为前提,条件如今天的"行政非诉执行"。[①] 行政决定的强制执行机制涉及行政诉讼是否应当维护、又如何维护行政机关依法行使职权的问题,对此,正反两方面意见分歧很大。在综合考虑各方意见的基础上,立法者集合英美法系和大陆法系解决相对人不执行行政决定的经验,在《行政诉讼法》中创造出"以申请法院执行为原则,以自己执行为例外"的"行政非诉执行"制度。这一制度在当时的情况下平衡了公正与效率、公共利益与个人利益,体现了相当的立法智慧。但从另一个角度,其实际上是将"官告民"的"诉讼执行"转变为"非诉执行",从而将当时最有可能演化出"官告民"的场域消弭于无形。

另外,1985 年《最高人民法院公报》中曾经刊登过"蛇口案"。这是一起典型的"官告民"案例,引发了学界和实务界的广泛关注。但从结果看,这一案例并未对后来的行政诉讼立法产生决定性影响,原因为何,如今已难以知晓。考虑到该案发生在深圳市蛇口区政府与一家我国香港特别行政区的企业之间,当地政府可能出于敏感因素的考虑,才没有贸然对企业直接进行处罚或强制,而是试图寻求司法机关的帮助。因此,"蛇口案"只能是少数地方的孤例。

总之,我国的行政法采取大陆法系模式,以行政法治和权力控制为基础,以行政行为为核心概念,以行政行为效力理论贯穿其中,加之立法过程中的某些特殊考量,使我国行政诉讼最终形成只能"民告官"的单向构造。但沧海桑田,时过境迁,行政诉讼如今所处的社会背景和现实状况已与其建立、恢复之时大不相同。2014 年后《行政诉讼法》的历次修改,也明确指

---

① 参见姜明安、刘凤鸣:《行政诉讼立法的若干问题研究(续)》,载《法律学习与研究》1988 年第 4 期;郑钟炎:《论行政诉讼法律关系》,载《政治与法律》1988 年第 3 期。

出行政诉讼在新的历史阶段要回归本真,以解决行政争议作为其最重要的功能之一。同时,我国行政法理论体系不断更新和完善,学界和实务界对行政诉讼规律的认识也不断加深。这一切,都使行政诉讼的单向构造已不像之前那样无可置疑。

第二章 "反向"行政诉讼的可能："官告民"的适用场域

随着时代的发展，在行政法治实践中，出现了一些新情况、新问题，行政诉讼单向构造的不适应、不妥当之处逐步显现出来。对这些问题进行提炼和分析，一来可以探索"反向"行政诉讼的主要适用领域，二来也可以通过比较"反向"行政诉讼在解决这些问题上的优势，在一定程度上论证"反向"行政诉讼的合理性。

这样的场域主要有三个：一是在行政协议中，行政相对人违约，行政机关仅仅凭借"单方解除权""变更权"难以处理，以其他方式处理同样存在局限的情况；二是在行政非诉执行过程中，相对人难以参与到程序中，造成行政非诉执行的一系列问题，囿于行政诉讼的单向构造，制度改革又难以推动的情况；三是行政法与民法理论相互结合，出现了"行政之债"的相关讨论。在行政相对人侵犯行政机关权利、相对人存在公法上的不当得利或行政机关对相对人的事务进行行政法上的无因管理时，行政机关也有了起诉相对人以维护自身权益的需求。在这些情况下，传统的无论是行政还是民事的争议解决途径都捉襟见肘，而运用"反向"行政诉讼则具有相当的合理性，这便是本章论述的逻辑所在。

值得专门指出的是，"反向"行政诉讼适用于上述情况，并不完全是功利主义下优先解决问题的选择，其本身也有相当的理论合理性。换言之，"反向"行政诉讼并不仅仅是出于便利或效益而被运用——它不只是"可以"适用于这些问题，而且是内在地"应当"适用于这些问题。因为这些场域或问题的背后，往往蕴含着行政法学理的变革和发展。例如，行政协议的出现，使行政行为的"单方性"出现例外，动摇了行政诉讼单向构造的最重要基础之一，因此才有了"反向"行政诉讼适用的基础。所以，本章讨论"反向"行政诉讼的适用场域，既要从现实需要层面体现制度的合理性，也试图在一定程度上揭示制度背后的理论源头，从而为后续进一步论证打下基础。

一、行政协议中的相对人违约

行政协议中相对人违约,是"反向"行政诉讼的第一个适用场域。根据最高人民法院《关于审理行政协议案件若干问题的规定》第1条的规定,行政协议是行政机关为了实现行政管理或者公共服务目标,与公民、法人或者其他组织协商订立的具有行政法上权利义务内容的协议。在学界,有学者刻意区分"行政契约""行政合同""行政协议",认为:"行政契约又可以分为对等性行政契约和不对等性行政契约,不对等性行政契约指的是行政合同,而对等性行政契约就是行政协议。"① 行政协议因此成为"现代行政领域解决跨部门与跨地区行政合作问题而出现的新形式",即政府与政府之间签订的契约。② 这一理论后来并未被立法采纳。最高人民法院《关于审理行政协议案件若干问题的规定》第3条规定,行政机关之间因公务协助等事由而订立的协议,不属于人民法院行政诉讼的受案范围。换言之,公务协助等协议,至少在当前不属于规范层面的"行政协议"。本书同样不采取这一分类,仍以最高人民法院的解释为准进行讨论。

(一)相对人违约:行政协议立法中的遗留问题

2014年,"行政协议"借《行政诉讼法》修改之机正式进入行政诉讼受案范围。在被民法学界否定并被《合同法》及后来的《民法典》"残忍抛弃"之后,行政协议终于在《行政诉讼法》里拥有了容身之地,由此脱离了近四十年"有实无名"的尴尬处境。但短暂的欣喜过后,《行政诉讼法》中关于行政协议相关规定的"谨慎"也带了一些隐忧。

《行政诉讼法》第12条规定,公民、法人或其他组织认为行政机关不依法履行、未按照约定履行或者违法变更、解除政府特许经营协议、土地房屋征收补偿协议等协议的,可以提起行政诉讼。最高人民法院《关于审理行政协议案件若干问题的规定》第4条第1款规定:"因行政协议的订立、履行、变更、终止等发生纠纷,公民、法人或者其他组织作为原告,以行政机关为被告提起行政诉讼的,人民法院应当依法受理。"显而易见的问题是,行政协议是典型的双方行为,行政协议中相对人一方也有可能"不依法履行、未按照约定履行"行政协议,此时行政机关应当如何处理?对此,《行政诉讼法》语焉不详,最高人民法院《关于审理行政协议案件若干问题的规定》第6条则专门明确:"人民法院受理行政协议案件后,被告就该协议的订

---

① 何渊:《论行政协议》,载《行政法学研究》2006年第3期。
② 参见高秦伟:《美国法上的行政协议及其启示——兼与何渊博士商榷》,载《现代法学》2010年第1期。

立、履行、变更、终止等提起反诉的,人民法院不予准许。"

　　立法和司法解释的规定,一方面是由于在立法者的观念里,行政协议纠纷主要由行政机关一方引起;①另一方面也显然考虑到了行政诉讼的单向构造问题:若允许行政机关提起行政诉讼或提起反诉,对行政诉讼制度的整体结构改变太大,不可避免地还要涉及原被告资格、举证责任、审查方式、判决类型等方方面面问题,当前进行规定的条件尚不成熟。但立法暂时搁置,并不代表在实践中不会出现相对人违约的情况,更不代表立法者不了解现实的需求。立法者如此处理,似乎是在暗示,行政机关在遇到相对人违约的情况时,可以直接以自己拥有的"变更权""解除权"来变更或解除行政协议。相对人若因此认为行政机关违法,恰恰可以按照《行政诉讼法》及相关司法解释的规定提起诉讼,因而"行政主体对相对人的违约,无需通过诉讼解决"②。

　　但这一逻辑并不周延。行政机关拥有对行政协议的单方变更权、解除权,并不代表只要相对人违约,这些权力就会被使用。首先,单方变更权、解除权的使用是有条件的。在履行行政协议过程中,只有"可能出现严重损害国家利益、社会公共利益的情形"时,行政机关才能单方变更、解除行政协议。如果相对人的违约行为只对公共利益造成了轻微损害,行政机关并不能轻率地行使单方变更权和解除权,因为反而是变更、解除行政协议会对公共利益或相对人的信赖利益造成更大的损害。其次,即使相对人的违约行为已经严重侵犯到国家利益、社会公共利益,行政机关因此可以行使变更权、解除权,行政机关也不一定"愿意"变更或解除合同。因为行政协议是行政机关履行职责的一种手段,往往与一定的行政管理或公共服务目标相联系。行政机关变更、解除行政协议,对自身行政目标的完成将产生极大影响,有时甚至会"满足"相对人一方的愿望。比如,在土地、房屋征收补偿协议的履行过程中,相对人一方在签订协议后期望值提高,不再满足协议约定的补偿数额,继而不履行协议中的搬迁义务。此时,相对人一方恰恰希望行政机关"变更"或"解除"协议,哪怕因此要退还已经获得的补偿款也在所不惜。行政机关非到万不得已,则当然不愿意运用这两项权力。

　　另有部分学者认为,行政机关在行政协议中拥有的"行政优益权"并不仅仅体现为"变更权"和"解除权",还包括一系列其他的法定权力。如

---

① 参见袁杰主编:《中华人民共和国行政诉讼法解读》,中国法制出版社2014年版,第44页。
② 叶必丰:《行政合同的司法探索及其态度》,载《法学评论》2014年第1期。

应松年教授认为,行政机关在行政协议中可以保留某些"特权",包括监督、指挥合同履行,单方变更权,认定对方违法并给予制裁权。① 江必新教授则认为行政协议中的行政优益权包括协议履行过程中的指挥、检查、监督权,单方变更权和解除权,命令相对人继续履行约定权,强制执行与处罚权,协议解释权。② 还有部分学者将选择当事人、决定合同标的权与上述权力一并列入行政优益权中。③ 最高人民法院《关于审理行政协议案件若干问题的规定》第 24 条第 2 款规定:"法律、行政法规规定行政机关对行政协议享有监督协议履行的职权,公民、法人或者其他组织未按照约定履行义务,经催告后不履行,行政机关可以依法作出处理决定。公民、法人或者其他组织在收到该处理决定后在法定期限内未申请行政复议或者提起行政诉讼,且仍不履行,协议内容具有可执行性的,行政机关可以向人民法院申请强制执行。"这里的"作出处理决定"就包括作出某些行政处罚的决定。例如,《中华人民共和国城镇国有土地使用权出让和转让暂行条例》第 17 条规定:"土地使用者应当按照土地使用权出让合同的规定和城市规划的要求,开发、利用、经营土地。未按合同规定的期限和条件开发、利用土地的,市、县人民政府土地管理部门应当予以纠正,并根据情节可以给予警告、罚款直至无偿收回土地使用权的处罚。"

  这种理解虽有道理,但也面临一些限制或质疑。首先,行政机关在行政协议中享有的"优益权"作为一种学理概念,其被立法所概括性承认的内容,仅仅包含"单方变更"与"解除"权。协议履行的"监督权"仅仅在法律、行政法规有专门规定的情况下行政机关才享有。换言之,并不是在所有类型的行政协议中,行政机关都自然地拥有协议履行监督权。其次,即使行政机关按照法律、行政法规的规定享有监督协议履行的权力,在相对人不按约定履行行政协议时,其也只能"依法"作出处理决定。此即,行政机关可以作出什么样的处理决定,是否可以对相对人施以处罚,可以给予何种处罚,取决于法律法规的具体规定。不能认为,行政机关在各类行政协议中都普遍地享有各类制裁权。再次,即使行政机关按照法律法规的规定享有对相对人的"处罚权","强制权"仍然不属于行政机关。行政机关在相对人不按约定履行行政协议时,可以经一系列程序后向人民法院申请强制执行,但不能自行强制执行。最后,前述条文清楚规定,"监督协议履行"的权力是一项"职权"。此时的行政机关,很难认为是以协议一方主体

---

① 参见应松年:《行政合同不可忽视》,载《法制日报》1997 年 6 月 9 日,第 1 版。
② 参见江必新:《中国行政合同法律制度:体系、内容及其构建》,载《中外法学》2012 年第 6 期。
③ 参见步兵:《行政契约履行研究》,法律出版社 2011 年版,第 83 - 89 页。

的身份在行使自己的权力,不能轻易认定"监督权"及其后续的"处罚权"是"行政优益权"的体现。一个有力的论据是,行政优益权可以被行政主体选择性地使用,但包括行政处罚权在内的"职权"同时是行政机关的"职责",对职权的选择性使用,则会引发行政机关的违法或失职。①

所以,认为监督、处罚权等是行政机关在行政协议中拥有的普遍的优益权,有过度抬高行政协议行政性,无视其协议性的嫌疑——难道行政机关在行政协议中,不仅无差别地享有原本的行政"权力",还多了行政协议中约定的"权利"？在实践中,确有行政机关使用处罚、强制手段推动协议履行的情况,但那只是在纠纷无法处理的情况下,人为地将"协议纠纷"转化为"单方行政行为纠纷"。② 背后体现出的,恰恰是行政机关在解决相对人违约问题上的困境与艰难。

诸如"单方解释权""协议履行指挥权"等也是同理。如果行政机关在与相对人就行政协议的条款理解不同时,可以当然地拥有"单方解释权",那行政协议的"合意性"将荡然无存。况且,行政机关行使这项权力后,相对人若不信服,也很难按照《行政诉讼法》寻求救济,只能无视行政机关的解释,继续不履行行政协议,再演化为处罚行为或者强制行为。如果行政机关在对相对人履行义务的方式有异议时,可以直接拥有"履行指挥权",那么行政协议中的相对人与其说是协议的一方"主体",不如说是行政机关的下级机关或机构。况且,"指挥权"也相当于让没有强制执行权的行政机关通过"协议"拥有了某种意义上的强制执行权,这显然是不合理的。

总之,行政协议中相对人违约的复杂性,决定了行政机关没有办法仅仅依靠简单的"变更、解除权"处理纠纷,而将行政优益权范围扩大,又会引发各种各样的合法性或合理性问题。所以,行政协议中相对人违约到底应当如何处理,只能依靠理论和实践继续探索。

（二）相对人违约的现行处理方式及其弊端

面对行政协议中相对人违约的情况,在不能或不愿行使法定的变更、解除权时,行政机关通常采取三种方式加以应对,但这些方式各有不适宜之处。

1. 转化为单方行政行为

转化为单方行政行为,即行政机关在行政相对人违约时,为促使其履

---

① 参见莫于川:《行政职权的行政法解析与建构》,载《重庆社会科学》2004年第1期。
② 参见杨解君、陈咏梅:《中国大陆行政合同的纠纷解决:现状、问题与路径选择》,载《行政法学研究》2014年第1期。

行行政协议以实现行政目标并保护公共利益,而对相对人施以行政处罚等单方行政行为。这一方式体现了行政协议主体的特殊性,若真能起到敦促作用,相较于其他纠纷解决方式而言效率也更高。并且,这种方式有效规避了行政诉讼的单向构造问题,使后续纠纷可以进入行政强制执行和行政诉讼的框架中,因而在实践中被广泛运用。前文已述,在部分单行法律法规中,立法者的确赋予了行政机关在特定行政协议下,对不按约定履行行政协议的相对人施加处罚的权力。

但若将这一手段作为一种常用的行政协议纠纷处理方式,则会存在许多问题:首先,合法性不足。《行政处罚法》第4条规定,公民、法人或者其他组织违反行政管理秩序的行为,应当给予行政处罚的,依照本法由法律、法规、规章规定,并由行政机关依照本法规定的程序实施。所以,行政机关在何种情况下拥有何种处罚权,本身就要以法律法规规章有明确规定为前提。另外,某种行为应当给予行政处罚,按照《行政处罚法》的规定,其内在原理是行为人"违反行政管理秩序"。行政协议履行过程中出现的某些"纯违约"行为,如迟延交付、标的物质量瑕疵、数量与协议不符等,是否可以被认为违反了"行政管理秩序",值得怀疑。

其次,适用行政处罚等手段的合理性不足。行政协议是"以一致的意思表示设立、变更、消灭行政法上的权利义务关系"的行为,[①]它与单方行政行为最大不同就在于双方的"合意"。若相对人与行政机关产生争议时,行政机关可以单方对行政相对人进行处罚,本质上就成了协议一方对协议另一方的处罚,这完全违背了协议的合意性。即使行政机关此时不以合同一方主体的身份出现,而以管理者的身份对相对人进行处罚,这种"来回切换"也会破坏协议的稳定和公平。行政协议之所以为行政法所推崇,是因为在现代行政管理法律关系中,相对人一方已经"不仅仅是行政行为的客体,而可以作为行政行为的共同创造者"[②]。行政协议从诞生之日起"便肩负着增进行政管理的'柔性',提升相对人参与公共事务管理的广度与深度等历史任务"[③]。行政机关若有权因为相对人违约就直接制裁相对人,将会在很大程度上破坏行政协议的这些价值追求。

再次,行政处罚等手段,在多数情况下并不能彻底解决纠纷。一方面,出于对行政主体的畏惧,实践中的相对人往往出于某种"强烈的"理由,如

[①] 参见江必新:《中国行政合同法律制度:体系、内容及其构建》,载《中外法学》2012年第6期。
[②] 李艳丰、雷建国:《行政合同救济的反思与重构》,载《行政与法》2007年第5期。
[③] 张启江:《"行政"与"协议"的融合与冲突——行政协议制度研究三十年》,载《时代法学》2016年第5期。

巨大的困难或利益诱惑才会在行政协议中违约,行政处罚及后续的行政强制行为很容易加剧矛盾,而非促成协议履行;另一方面,如果以行政处罚、行政强制等为理由进入行政诉讼,法院的审查对象将是行政行为的合法性。即使法院在审查过程中,不可避免地要涉及相对人是否违约的事实,但法院作出的仍然是驳回诉讼请求或撤销违法行政行为的判决,这并不会真正解决"协议纠纷"。

最后,与单方变更权、解决权一样,行政机关并不一定"愿意"以行政处罚、行政强制手段来制裁违约的相对人。例如,行政协议中"政府特许经营协议""特评权(BOT)协议"等,是地方政府建设基础设施、履行基本公共服务职能所必需的。在协议履行发生纠纷的情况下,部分地方政府受制于本身资金、条件的不足,更希望相对人一方可以承担继续履行、采取补救措施、修理、更换、重作等违约责任,而不是对相对人进行处罚。另外,在实践中,行政机关考核的一个重要指标即为行政诉讼被告的次数。行政相对人违约后,行政机关此时(大概率)处于"有道理"的位置,或者说处于"受害者"的位置。但为了让相对人履行协议,却还要自己去作出单方行政行为,把自己推到被告的位置上。这就出现了"协议一方违约,另一方却要做被告"的悖论。

总之,行政机关将行政协议纠纷转化为单方行政行为,在诸如土地开发、使用等特定领域内有一定的合理性,但不适宜推而广之。行政机关在相对人违约时对相对人施以制裁,并不是"行政主体将合同自我规制之外的行政管理权力带入了行政合同履行当中"[1]。这种理解"未能关照到现行当事人制度对行政主体借助单方行政行为实现合同履行或解除状态的逼迫效应"[2]。行政机关在做的,只是一种"我告不了你,所以你来告我吧"的无奈转化。对此,行政诉讼的单向构造要负主要乃至决定性的责任。

2. 提起民事诉讼

行政机关在相对人违约时提起民事诉讼,以规避行政诉讼只能"民告官"的制度障碍的情况,在实践中同样很多。行政协议作为一个"协议",在司法审查中不可避免地涉及民事法律规范的适用。所以,提起民事诉讼具有一定的合理性。事实上,在《国有土地上房屋征收与补偿条例》等法律法规中,确实规定了行政机关在相对人不履行行政协议时可以提起民事

---

[1] 于立深:《通过实务发现和发展行政合同制度》,载《当代法学》2008年第6期。
[2] 郑春燕:《大陆行政合同的审查现状与困境》,载《浙江社会科学》2014年第11期。

诉讼。① 最高人民法院也曾经在 2011 年颁布的《民事案件案由规定》中，将包括房屋拆迁安置补偿合同在内的大量行政协议纠纷纳入民事诉讼程序予以审理。但以民事诉讼方式解决行政协议纠纷，同样存在一些问题。

第一，在民事诉讼中无法适用《行政诉讼法》等法律法规，部分争议的审理面临困难。行政协议不仅仅是一个协议，其中还包含了"签订、履行、变更、解除行政协议等一系列行政行为"②。行政协议进入民事诉讼，民事法庭显然无法照顾到其"行政性"，而只能依据一般的合同法原理审理。一旦协议纠纷涉及行政机关在行政法上的行为的合法性问题，民事诉讼就会因法律适用限制而一筹莫展。

第二，民事诉讼对行政权的监督作用有限，行政机关极易"遁入私法"，频繁地借助民事诉讼渠道规避自身在行使职权中的违法。美国学者早就发现行政协议在某些情形下会使得政府能够通过委任逃避宪法审查。③ 允许行政机关提起民事诉讼，行政机关可以在面临行政协议争议时抢先将案件提交到民事诉讼程序中，自己即使败诉，最多也只是承担"违约责任"，进而逃避自己因行政行为"违法"而产生的责任。

第三，以民事诉讼审理行政协议，极易违背"私法约定不能变更公法规定"原则，或者违背"契约不能束缚行政机关行使自由裁量权"原则，④造成行政机关大量违约。行政机关在行政协议中享有的行政优益权并不为《民法典》所承认，也无法在民事诉讼中予以充分审查。一旦行政机关出于国家利益和社会公共利益的考虑而单方变更或解除行政协议，即使相对人有过错，只要该过错不属于民事法律规范视野下另一方可以解除合同的情况，行政机关也会被认定为违约。"公益"与"私益"的矛盾在民事诉讼中会扩大。

第四，完全适用民事诉讼规则审理行政协议纠纷，将造成协议双方地位的不平衡。根据最高人民法院《关于审理行政协议案件若干问题的规

---

① 国务院《国有土地上房屋征收与补偿条例》第 25 条规定："房屋征收部门与被征收人依照本条例的规定，就补偿方式、补偿金额和支付期限、用于产权调换房屋的地点和面积、搬迁费、临时安置费或者周转用房、停产停业损失、搬迁期限、过渡方式和过渡期限等事项，订立补偿协议。补偿协议订立后，一方当事人不履行补偿协议约定的义务，另一方当事人可以依法提起诉讼。"
② 郭修江：《行政协议案件审理规则——对〈行政诉讼法〉及其适用解释关于行政协议案件规定的理解》，载《法律适用》2016 年第 12 期。
③ 参见[美]朱迪·弗里曼：《合作治理与新行政法》，毕洪海、陈标冲译，商务印书馆 2010 年版，第 494 页。
④ 参见王名扬：《英国行政法》，中国政法大学出版社 1987 年版，第 238 页。

定》的相关规定,行政协议纠纷进入行政诉讼后,可以参照适用民事法律规范关于民事合同的相关规定,对行政诉讼法没有规定的事项,也可以参照适用民事诉讼法的规定。但这与行政协议纠纷直接进入民事诉讼程序审理并不一样。民事诉讼规则建立在民事法律关系主体地位完全平等的基础上,这决定了其难以像行政诉讼规则一般,借助特殊的制度设计起到平衡行政机关和相对人地位的作用,甚至行政机关的优势会由于民事诉讼的审查对象等规定,而获得相当程度的扩大。以举证责任为例,在民事诉讼"谁主张,谁举证"的原则下,行政机关可以凭借自己拥有的检查权等权力,记录相对人违约的事实,收集固定相对人违约的证据,但相对人想要从行政机关处取得有利于自己的证据就要困难得多,行政机关极易借助诉讼程序对相对人的利益造成损害。在实践中,不乏行政机关作为原告,就行政协议纠纷提起民事诉讼的案例。① 各级各地法院对于以民事诉讼审查行政协议的不妥之处,渐渐有所认识,这也是 2014 年《行政诉讼法》修改时,立法者将行政协议纠纷纳入行政诉讼的原因之一。②

更根本的问题在于,行政机关提起民事诉讼解决行政协议中相对人违约的问题,会造成一个巨大的悖论:同一个协议的两方当事人,A 违约时 B 提起的是行政诉讼,但 B 违约时 A 提起的却是民事诉讼,哪怕仅仅从观感上,这也违背了法律的基本逻辑。而且,这样处理也会使双方签订的"协议"是什么性质陷入模糊不清、左右为难的境地,不利于行政协议的推广。提起民事诉讼,很多时候是行政机关在立法不允许"官告民"的情况下,作出的无奈之举。

3. 申请法院强制执行

面对行政协议中相对人的违约行为,行政机关还会申请法院强制执行,即以行政非诉执行的方式来实现协议的履行。这种方式通过法院的非诉审查弥补了行政机关不能主动提起行政诉讼因而没有救济途径的问题,又连带着将"执行"问题一并解决(至少获得了准予执行的裁定),还在一定程度上防止了行政机关自身违法,可算是一举多得。梁凤云法官在 2014 年《行政诉讼法》修改后第一时间便建议:"行政机关对相对人不履行协议的,可以通过行政非诉执行程序解决。"③2019 年最高人民法院出台的

---

① 参见王学辉、李桂红:《行政合同司法审查的制度供给——以重庆公租房租赁合同纠纷为样本的实证分析》,载《福建行政学院学报》2015 年第 1 期。
② 参见全国人大常委会法制工作委员会行政法室编:《行政诉讼法立法背景与观点全集》,法律出版社 2015 年版,第 90—91 页。
③ 梁凤云:《行政协议案件的审理和判决规则》,载《国家检察官学院学报》2015 年第 4 期。

《关于审理行政协议案件若干问题的规定》,同样采纳了这一意见。该规定第 24 条明确:"公民、法人或者其他组织未按照行政协议约定履行义务,经催告后不履行,行政机关可以作出要求其履行协议的书面决定。公民、法人或者其他组织收到书面决定后在法定期限内未申请行政复议或者提起行政诉讼,且仍不履行,协议内容具有可执行性的,行政机关可以向人民法院申请强制执行。法律、行政法规规定行政机关对行政协议享有监督协议履行的职权,公民、法人或者其他组织未按照约定履行义务,经催告后不履行,行政机关可以依法作出处理决定。公民、法人或者其他组织在收到该处理决定后在法定期限内未申请行政复议或者提起行政诉讼,且仍不履行,协议内容具有可执行性的,行政机关可以向人民法院申请强制执行。"

在当前的制度供给下,这一方式的确是最为妥当的处理方式。甚至于,考虑到学界关于"行政协议能否成为行政非诉执行的执行对象"的争议,[1]最高人民法院还明确规定,在相对人不按约定履行协议义务时,行政机关要先作出一个"要求其履行协议的书面决定"或"处理决定",从而给了行政非诉执行一个明确的、无争议的"执行对象"。但即便如此,这一处理方式仍然存在一些问题。

首先,行政非诉执行的前提是"公民、法人或者其他组织收到书面决定后在法定期限内未申请行政复议或者提起行政诉讼"。但在实践中,除相

---

[1] 在最高人民法院《关于审理行政协议案件若干问题的规定》出台之前,学界就有以行政非诉执行解决相对人不履行行政协议问题的建议,在实践中,也有大量行政机关采取了这一方式。但是,我国《行政强制法》第 2 条第 3 款规定,"行政强制执行,是指行政机关或者行政机关申请人民法院,对不履行行政决定的公民、法人或者其他组织,依法强制履行义务的行为。"可见,行政强制执行的执行对象必须是"行政决定"。按照行政法学界的通说,行政决定指行政机关依照法定职权对可确定的行政相对人作出的,旨在形成个别性的权利和义务关系的单方行为,单方性是其基本属性。据此,行政协议显然不属于行政决定。对此,有学者申辩认为,随着《行政诉讼法》改"具体行政行为"为"行政行为",《行政诉讼法》第 97 条非诉执行的条款随之变为:"公民、法人或者其他组织对行政行为在法定期限内不提起诉讼又不履行的,行政机关可以申请人民法院强制执行,或者依法强制执行。"这里的"行政行为"可以包括行政协议这种"双方行政行为"。因为从体系解释的角度看,在受案范围条款中已经存在行政协议一项,证明《行政诉讼法》上的"行政行为"可以囊括行政协议。但是,行政非诉执行的条件是相对人"对行政行为在法定期限内不提起诉讼又不履行"。若此处的"行政行为"中包含"行政协议",则会出现以下矛盾:第一,行政协议确实可以被"履行",但不可以被"提起诉讼"——真正可以被提起诉讼的,是协议的订立、履行、变更、终止行为,即行政机关不履行、未按照约定履行或者违法变更、解除行政协议的行为,而非行政协议本身;第二,行政协议没有办法在"法定"期间内履行——尚未见立法对某种行政协议的履行规定"法定"期间的。因此,从严格的文义解释出发,"在法定期间内不提起诉讼又不履行"这一定语修饰下的"行政行为",很难包含"行政协议"。关于以上讨论,可以参见章剑生:《现代行政法总论》,法律出版社 2014 年版,第 146 页;裴蕾、易欣:《行政协议相对人不履行协议之救济困境与选择——以行政机关申请非诉执行为出路》,载《中国人民公安大学学报(社会科学版)》2017 年第 1 期。

对人对法律一无所知的情况外,绝大部分相对人在收到行政机关要求其履行行政协议的书面决定后,都会提起复议或诉讼,案件很难到达非诉执行程序。当然,这样处理,恰好使行政协议纠纷进入"民告官"诉讼中,但这并不代表其中的制度梗阻得到了理顺。一是,行政机关因为"对方的违约行为"成为"被告",这在诉讼法理上难言公正,甚至是不正常的。行政机关出于考核压力,也会倍感委屈。换言之,这一方式本质上还是行政机关将相对人不履行行政协议的争议,转化为了自己的单方决定争议。二是,一旦相对人提起诉讼,即使法院判决行政机关胜诉,也只会驳回原告诉讼请求。后续行政机关书面决定的执行,很可能还是要走非诉执行程序。因为《行政诉讼法》确定的行政协议判决,是"被告不依法履行、未按照约定履行或者违法变更、解除本法第十二条第一款第十一项规定的协议的,人民法院判决被告承担继续履行、采取补救措施或者赔偿损失等责任",根本没有涉及原告即行政相对人的问题。所以,法院无法在行政诉讼判决中直接对相对人苛以义务,只能确认行政机关要求相对人履行协议的决定合法。经历了(很可能是多重的)诉讼程序,其实才走出了协议履行的第一步。

其次,即使相对人不提起复议和诉讼,行政协议中的非诉执行也必须以"协议内容具有可执行性"为条件。实践中的行政协议,其内容涉及如金钱给付等问题的部分,当然具有可执行性。但还有大量的问题,与特定相对人的人身或行为有关,因而没有可强制执行性。例如,相对人与行政机关签订的是特许经营协议,或政府招商引资协议。此时,相对人的义务是兴办企业、建设厂房、运作流水线、发展特定产业等。在相对人不履行行政协议的情况下,无论是行政机关自身还是法院,都无法强制要求相对人履行这些义务;行政非诉执行也就没有办法达到真正的效果,最多只能挽回些许政府前期投入的损失。

最后,以行政非诉执行方式解决行政协议争议,严重倾斜了行政协议双方的地位,导致行政协议的"合意性"大大降低。行政机关违约,相对人需要提起行政诉讼并经过法院审理后才能获得救济。但行政相对人违约,行政机关却可以经过"非诉"审查就直接进入"强制执行"程序,这将导致官民关系的进一步失衡。[①] 行政协议作为行政机关行政管理方式的创新,本身就试图通过"协议"淡化传统行政管理的高权性,借助公私合作更加顺畅地实现行政目标。所以,它的运用应当产生这样一种效果:相对人在

[①] 参见王小金、洪江波:《行政相对人不履行行政协议的救济规则》,载《公安学刊(浙江警察学院学报)》2017年第1期。

一定程度上与行政机关更加平等,而非更加不平等,行政非诉执行路径则似乎与此相悖。

综上,行政机关面对行政协议中相对人违约的情况,目前可能采取的手段都存在一定问题。无论是转化为单方行政行为,或是提起民事诉讼,抑或申请法院强制执行,都面临一些共性问题,如无法平衡行政协议的"行政性"与"协议性"、加重相对人一方义务因而与行政协议的适用初衷不符、产生诉讼法理上的悖论等。所以,在相对人违约时找寻新的行政协议纠纷解决方式,仍然任重而道远。

(三)"反向"行政诉讼是解决相对人违约的最佳途径

通过"反向"行政诉讼,允许行政机关在行政诉讼程序中作为原告起诉相对人,是解决行政协议中相对人违约问题的最佳方案。虽然这一路径面临突破行政诉讼单向构造的挑战,因而势必困难重重,但其符合行政协议的基本原理,有助于实现行政协议的价值目标,具备其他方式无法比拟的优势。

1. 司法介入可以有效弥合行政协议与传统行政法理论的冲突

"命令—服从"的传统行政模式下,为保证行政目标顺利达成,行政行为往往是单方的、单向的,且具有公定力。行政机关作出行政行为不仅不必与相对人协商,还可以要求相对人履行先行服从义务,非因极端情况不可行使"抵抗权"。但随着时代的发展,我们渐渐处在"一个混合式行政的时代,在一个对公权力和私权利的创造性相互作用极其依赖的时代"①。公私协作成为行政管理的重要方式,合作治理成为新的国家治理模式,行政行为开始更多地建立在"参与—合作"的基础上。行政协议,便是其中最为突出的表现形式之一。

行政协议具有的双方性、平等性、合意性,使其不可避免地与传统行政法理论产生冲突,许多原本行之有效的行政法规则因而面临调整,争端解决制度便是其中之一。行政协议既然是一个"协议",当然要建立在(相对)平等主体的共同意思表示之上。同理,与协议的签订、履行、变更或解除等有关的争议,也应优先由双方协商解决,或者由司法机关居中裁判。行政机关作为协议的一方主体,虽然较相对人一方具有一定优势地位,但将"高权行政"中的争端解决逻辑和制度无差别地运用到"平权行政"中,试图依靠相对人的"义务性服从",或者自己的"强制力"来实现行政协议

---

① [英]卡罗尔·哈洛、理查德·罗林斯:《法律与行政》(下卷),杨伟东等译,商务印书馆2005年版,第554页。

履行,却是万万走不通的。

　　此外,在传统行政领域中,行政机关对绝大多数行政管理事项都拥有更多的专业知识,因而更加权威。这是除保证行政效率外,行政行为的单方性,包括被推定合法的公定力存在的主要依据之一。但行政协议并非如此。行政协议针对的事项,往往是那些用传统手段很难实现,更不必说保证行政效率的事项,所以,采取协议方式,本身就有追求效率的考虑。在行政协议中,确实也存在行政机关更加专业的方面,如公共利益的判断等。这也是为什么,立法者会在特定情况下赋予行政机关以单方变更权和解除权。但不可否认,行政协议中还有大量行政机关并不必然比相对人更专业的事项,如对协议条款的理解、标的物质量的认定等。在这些问题上,允许行政机关单方作出行为,而且还要将行政机关的行为"推定合法",在合理性上就大打折扣。此时,只有中立第三方即司法机关的介入,才能保证争议解决的公正。

　　2. "反向"行政诉讼能更好地实现行政协议"行政性"与"协议性"的平衡

　　行政协议兼具"行政"属性与"协议"属性,"在所有的政府合同中,都需要在公共利益……与政府订立合同的另一方当事人的利益之间做出平衡"①。行政性和协议性不可偏废,是行政协议的精髓。以"反向"行政诉讼处理行政协议中相对人违约的问题,进而与传统"民告官"诉讼处理行政机关违法、违约的问题相结合,可以使行政协议争议在行政法体系和行政诉讼框架内得到充分、完整的解决,并通过救济机制较好地平衡行政协议的行政性和协议性。

　　行政协议的"行政性"是行政协议的根本属性,"公权力的作用是行政协议与民事合同区别的核心标准"②。按照行政法治的要求,既然涉及公权力,行政协议纠纷就不能仅仅依照民事诉讼的标准去审查,不能将行政协议双方完全等同于私人主体。其核心区别在于,必须通过行政诉讼机制,审查行政机关的行为在行政法上的合法性,进而使行政协议纠纷的解决同时成为一个"控权"过程。最高人民法院《关于审理行政协议案件若干问题的规定》第11条第1款规定:"人民法院审理行政协议案件,应当对被告订立、履行、变更、解除行政协议的行为是否具有法定职权、是否滥用职权、适用法律法规是否正确、是否遵守法定程序、是否明显不当、是否履行相应法定职责进行合法性审查。"行政协议"既是政府用来加强经济干

---

① [美]Daniel J. Mitterhoff:《建构政府合同制度——以美国模式为例》,杨伟东、刘秀华译,载《行政法学研究》2000年第4期。
② 于立深:《行政协议司法判断的核心标准:公权力的作用》,载《行政法学研究》2017年第2期。

预的手段,又是公民对政府权力进行限制的方式"①,这一点需要行政诉讼程序予以保证。

"反向"行政诉讼虽然是由行政机关起诉相对人,但其监督控制行政权的逻辑并不会因此改变——行政机关只是"启动"诉讼程序的主体,成为原告不代表其行为的合法性不需要审查,这在民事诉讼和刑事诉讼中也是同理。何况,行政协议中相对人之所以违约,很有可能是行政主体的违法或不当行为所致,不审查行政主体的行为,则不可能真正对相对人的违约行为进行认定和归责。

行政协议的"协议性"也是行政协议不可忽视的属性,忽视协议性将导致行政协议与传统的单方行政行为没有本质区别。所谓"协议性",也即一种"契约理念",其中包括平等理念、自由意志理念、诚信理念、义务责任理念以及和解理念等。合同的基本价值取向是意思自治,"实质就是由平等的当事人通过协商决定相互间的权利义务关系"②。行政协议虽然不完全是"私法"自治,但不能丧失"协商一致"的契约自由内核。"反向"行政诉讼避免了行政机关将自己的意志强加于相对人,使法院有机会从中立角度,以更加可信任的标准公正判定争议结果,吻合了协议的基本原理。所以,"反向"行政诉讼既照顾到了行政协议的"行政特色",又保持了行政协议的"协议底色",平衡和协调了行政协议的内在价值冲突,具有相当的合理性。

3. "反向"行政诉讼是域外解决相对人违约的共同经验

发达国家对行政协议更加广泛的使用,决定了其必然更加频繁地遇到行政相对人违约的情况。无论是大陆法系的德国、法国,还是英美法系的英国、美国,由行政机关起诉相对人,都是解决这类纠纷的共同选择。

在德国,行政协议作为明确的法律概念被规定在《德国行政程序法》中。在救济方式上,"行政机关无权以行政行为方式确认或者强制实现其合同请求权。如果合同当事人拒不履行约定的给付义务,行政机关只能——像公民那样——向行政法院起诉"③。按照《德国行政程序法》的规定,如果行政机关想要不通过起诉就强制相对人履行协议,必须在行政协议中提前约定。换言之,若双方约定相对人不履行协议义务时,行政机关

---

① 孙笑侠:《契约下的行政——从行政合同本质到现代行政法功能的再解释》,载《比较法研究》1997年第3期。
② 王利明:《侵权责任法与合同法的界分——以侵权责任法的扩张为视野》,载《中国法学》2011年第3期。
③ [德]哈特穆特·毛雷尔:《行政法学总论》,高家伟译,法律出版社2000年版,第381页。

可以直接强制执行,则行政协议本身便可以作为行政机关强制执行的依据,相对人不服的,可以就行政强制行为向行政法院起诉。所以,德国行政机关面对行政协议中的相对人违约,采取的是以起诉为原则,以提前约定后强制执行为例外的解决方式。

法国的行政合同制度非常发达。在法国,行政机关享有法律规定的优益权,这种权力被认为是行政权力在行政协议中的当然体现,是绝对的。所以,法国行政机关面对行政协议中相对人违约的情况,可以直接对相对人进行制裁,不需要向法院提起诉讼。但即便如此,法国行政机关在面对相对人违约,因而需要废除"公用事业特许经营协议"等特定行政协议时,也只能提请法官处理,不能由自己单方面进行。① 可见,法国行政机关面对相对人违约的情况,采取的是以直接施加制裁为原则,在特殊情况下提起诉讼的解决方式。

英国、美国作为普通法国家,虽然由行政机关和相对人签订的合同有专门的名称即"政府合同",但两国并不认为这种合同与一般的合同有何不同。所以,无论是相对人还是行政机关,如果在行政协议中违约,另一方主体当然可以通过司法程序来解决纠纷。在他们看来,"对于一项利益来说,如果是私方当事人具有原告资格,联邦行政机关可以具有主张自己利益的原告资格"②。解决纠纷时适用的法律也是与普通协议纠纷一样的私法规则。"找不到什么理由认为,当立法机关要通过建造一座桥梁、一条收费公路或者任何公用设施来促进公共利益时,它所颁发的特许状,去适用不同于支配私人之间契约的规则。"③可见,英美两国面对行政协议中相对人违约的情况时,认为行政机关当然地应当起诉到法院。当然,德、法、英、美等国并非只采取诉讼或制裁二元的方式解决行政协议纠纷。在这些国家,调解、协商、仲裁等方式运用得也十分广泛。但行政机关可以起诉相对人,是这些国家的通例。

事实上,在行政协议刚刚进入行政诉讼受案范围时,就有学者提出"民告官"的《行政诉讼法》定位和结构能否解决"官告民"问题的质疑。④ 也有学者看到了这一问题的最大症结即行政诉讼单向构造:"在行政合同案件

---

① 参见[法]让·里韦罗、让·瓦利纳:《法国行政法》,鲁仁译,商务印书馆2008年版,第569—571页。
② [美]理查德·J. 皮尔斯:《行政法》(第5版),苏苗罕译,中国人民大学出版社2016年版,第1190页。
③ [美]J. 格里高利·西达克、丹尼尔·F. 史普博:《美国公用事业的竞争转型:放松管制与管制契约》,宋华琳等译,上海人民出版社2012年版,第131—132页。
④ 参见童卫东:《进步与妥协:〈行政诉讼法〉修改回顾》,载《行政法学研究》2015年第4期。

中仅仅赋予公民、法人或者其他组织的原告资格而排除行政机关,不仅违反了合同的相对原则和平等原则,也不利于法院对行政合同进行全面审查。"①还有学者在讨论某些具体的行政协议时,明确提出了行政机关提起行政诉讼解决纠纷的办法。② 可见,想要合理合法、顺畅协调地解决行政协议纠纷,尤其是行政协议中相对人违约的情况,最根本的方法还是在制度设计上改目前只对相对人进行救济的单向性模式为包括对行政主体进行救济的双向性模式,③"借助于行政诉讼法的修改,认可行政主体一方提起行政诉讼的可能性"④。

二、行政非诉执行制度改革

行政非诉执行,是指"人民法院以行政机关的申请,对未经诉讼审查而已经生效的具体行政行为进行受理、审查和执行的活动"⑤。行政机关作出行政决定后,相对人在法定期间内既不履行行政决定,也不提出行政复议或行政诉讼,没有强制执行权的行政机关申请人民法院强制执行的行为就是行政非诉执行。这一制度早在1989年《行政诉讼法》中就已规定,后被《行政强制法》继承下来。由于在2000年最高人民法院《关于执行〈中华人民共和国行政诉讼法〉若干问题的解释》(已失效)第93条中,最高人民法院使用了"非诉行政行为"的概念,学界习惯于将这种行为称为"行政非诉执行"并一直延续至今。

我国的行政强制执行"以申请法院强制执行为原则,以行政机关自行强制执行为例外和补充"⑥,行政非诉执行在行政强制执行中占很大比重。据学者统计,我国涉及行政强制执行的法律法规中,行政非诉执行占了大约70%。⑦ 大量的行政非诉执行案件暴露了这一制度的许多问题,引发了学界对如何改革这一制度的讨论,"反向"行政诉讼的另一适用场域逐步显现出来。

(一)行政非诉执行的审查模式与审查强度

行政非诉执行的"审查模式",是指法院以何种方式审查行政机关申

---

① 梁凤云:《新行政诉讼法讲义》,人民法院出版社2015年版,第79页。
② 参见闫尔宝:《〈国有土地上房屋征收与补偿条例〉第25条分析》,载《行政法学研究》2012年第1期。
③ 参见余凌云:《行政契约论》,中国人民大学出版社2000年版,第172-173页。
④ 闫尔宝:《行政诉讼受案范围的发展与问题》,载《国家检察官学院学报》2015年第4期。
⑤ 傅士成:《行政强制研究》,法律出版社2001年版,第279-280页。
⑥ 应松年:《论行政强制执行》,载《中国法学》1998年第3期。
⑦ 参见杨海坤、刘军:《论行政强制执行》,载《法学论坛》2000年第3期。

请的问题,即"非诉"的含义问题。在行政非诉执行过程中,行政机关向法院提交的是"申请书"而非"起诉书",行政机关的身份相应是"申请人"而非"原告"。法院的审查对象是行政机关的行政决定,在审查后对于行政机关的申请作出准予执行或不准予执行的"裁定"。这是"非诉"执行最突出的表现。

在行政非诉执行的审查模式中,最值得关注的是行政非诉执行"是否接触当事人"的问题。根据《行政强制法》第57条、第58条的规定,法院对行政机关的强制执行申请进行书面审查,即以书面审查为原则。在某些特殊情况下,如人民法院发现有明显缺乏事实根据,或明显缺乏法律、法规依据,或其他明显违法并损害被执行人合法权益的情形,在作出裁定前"可以"听取被执行人和行政机关的意见。2014年《行政诉讼法》修改后,2018年最高人民法院《关于适用〈中华人民共和国行政诉讼法〉的解释》第160条第2款规定:"人民法院在作出裁定前发现行政行为明显违法并损害被执行人合法权益的,应当听取被执行人和行政机关的意见,并自受理之日起三十日内作出是否准予执行的裁定。"可见,立法修改后,在行政非诉执行审查中听取当事人意见仍然是例外。只是在符合条件的情况下,人民法院听取当事人意见由"可以"变为"应当",成为法定的程序性义务,不再可以选择。

但令人疑惑的是,按照法律概念的惯常用法和含义,与"书面审查"相对应的是"开庭审理"而非"听取意见"。换言之,"书面审查"本身并不排斥听取意见,只是不必按照"两造对抗"的方式听取意见。但若如此理解,《行政强制法》第58条将毫无意义。因为在这种解读下,法院在一般情形下(由第57条规定)可以听取意见,在特殊情形下(由第58条规定)还是可以听取意见,特殊情况之"特殊性"将无法体现。相应地,修改后的《行政诉讼法》及其司法解释应理解为,在一般情况下"可以"听取当事人意见,在特殊情况下"应当"听取当事人意见。即便是这种解读,在行政非诉执行审查过程中,除非有特殊情况,法院也不必听取双方当事人的意见,可以仅凭借对行政机关申请执行材料的审查来作出是否执行的裁定。

行政非诉执行的审查强度,指法院对于行政机关的申请强制执行的行政决定,按照何种标准审查到何种程度的问题,即行政决定违法到什么程度,法院才可以作出不予执行的裁定的问题。关于这一问题,最高人民法院《关于适用〈中华人民共和国行政诉讼法〉的解释》第161条第1款规定:"被申请执行的行政行为有下列情形之一的,人民法院应当裁定不准予执行:(一)实施主体不具有行政主体资格的;(二)明显缺乏事实根据的;

(三)明显缺乏法律、法规依据的;(四)其他明显违法并损害被执行人合法权益的情形。"这一规定与之前裁定不予执行的规定一脉相承。在很久之前,学界就对相关规定背后的审查标准进行了讨论。第一种理解是,这一规定中的情形说明,法院应采"重大明显违法"标准对行政决定进行审查。[1] 按照这种说法,行政非诉执行的审查标准实际上颇类似于行政行为无效的标准。换言之,只要行政机关的行政决定没有到近乎无效的程度,法院就应当裁定准予执行。第二种理解是,行政非诉执行的审查标准是"适度审查标准",即将上述条文规定的"明显"理解为违法程度的明显,对于一般性的瑕疵,或者不影响行政决定合法性的部分错误,不能裁定不予执行。[2] 这一标准似乎比第一种标准对行政机关的要求更严格一些,但实际上很难与第一种标准相区别。第三种理解是,行政非诉执行审查应当采取"卷面无错误"标准。[3] 如果法院从行政决定的卷面上看不出行政机关存在主体不适格、事实认定不清、法律适用错误、程序违法、滥用职权、明显不当等情况,那么就应当裁定准予执行。[4] 这种标准更加靠近实务操作,显然是将行政非诉执行中的"书面审查"理解为不必听取双方意见的含义,故而认为该法条所谓的"明显",是与书面审查成体系的一种卷面效果。无论何种意见,行政非诉执行的审查强度都是较低的,即更加照顾行政机关,对法院裁定不予执行的要求很高。

(二)对行政非诉执行制度的质疑

自1989年《行政诉讼法》规定行政非诉执行制度以来,学界和实务界对这一制度的质疑一直存在。从行政非诉执行的三方主体——行政机关、相对人和法院的视角,对这些争议进行归纳和讨论,可以看到"反向"行政诉讼适用于行政强制执行领域的必要和可能。

1. 行政机关质疑:影响行政效率

行政非诉执行之所以采取"非诉"审查模式,着重考虑的就是确保行政效率。但即便如此,行政机关一方仍然认为行政非诉执行影响了行政效率。

在世界范围内,行政强制执行一般有"行政强制执行"模式和"司法强

---

[1] 参见江必新:《行政强制司法审查若干问题研究》,载《时代法学》2012年第5期。
[2] 参见赵贵龙:《行政强制执行的司法控制》,载《人民司法》2001年第12期。
[3] 参见甘文:《行政诉讼法司法解释之评论——理由、观点与问题》,中国法制出版社2000年版,第224页。
[4] 参见甘文:《新司法解释答疑(七)关于行政诉讼执行的若干问题》,载《行政法学研究》2002年第1期。

制执行"模式两大类。"行政强制执行"模式通行于德国、日本等大陆法系国家。在这些国家,行政强制执行权被认为是行政权的当然延伸,不需要有法律的特别规定。换言之,只要法律规定了行政机关的行政决定权,那么也就相当于规定了对不履行行政决定义务的相对人的强制执行权。"司法强制执行"模式则截然相反,这种模式认为,行政机关对于相对人不履行行政决定的情况,应当通过法院对相对人强制执行,行政机关无权直接强制执行。当然,这是一种粗略的分类,其他国家和地区的行政强制执行,也包括由税务机关强制执行、[1]由专门机关强制执行,[2]抑或直接施以行政刑罚等方式。[3] 随着行政事务的复杂化,大多数国家采取的,其实是多种行政强制模式并存的"混合模式"。

我国的行政强制执行以申请法院执行为原则,或多或少偏向"司法强制执行"模式,大多数行政机关并没有自行强制执行行政决定的权力。这种模式相较于"行政强制执行"模式,好处是经过司法审查可以更加有效地监督控制行政权,但毕竟在效率上要低一些。考虑到提高效率的需要,部分学者曾提出将行政强制执行权全部赋予行政机关,从而建立行政机关自力强制执行体制的设想,[4]并认为司法执行模式有"割裂行政机关的执行与其一般行政职能,妨碍了行政的整体性和连续性"[5]之嫌。行政机关同样希望可以将强制执行权更多地赋予自己,从而减少阻碍,提高行政效率。

在实践中,由于大部分行政机关没有强制执行权,行政机关在作出行政决定后,自己"主导"的行政过程就已宣告结束,剩下的只有"被动"等待——或者相对人自觉履行,或者相对人提起复议或者诉讼。相对人如果什么也不做,行政机关也没有办法。按照现行法律规定,行政机关要具备申请非诉执行的条件,必须等待被执行人的法定起诉期限届满,这一期限至少为 6 个月。存在恶意的相对人有充分的时间采取各种措施逃避接下来的执行,甚至直接下落不明。即使 6 个月后行政机关向法院申请强制执行,法院采取的也确实是较为高效的"非诉"审查模式,但裁定的作出毕竟还需要耗费时间方可完成,这在行政机关看来都影响了行政效率。虽然法律规定了财产保全制度、加处罚款或滞纳金制度、紧急情况的立即执行制

---

[1] 参见杜玉韬:《国外行政强制执行主体比较》,载《前沿》2008 年第 7 期。
[2] 参见胡建淼主编:《行政强制》,法律出版社 2002 年版,第 182 页。
[3] 参见王名扬:《法国行政法》,北京大学出版社 2016 年版,第 135 页。
[4] 参见石佑启:《论我国行政强制执行的模式选择及其运作》,载《河北法学》2001 年第 2 期;章志远:《重构我国行政强制执行体制的理论思考》,载《南京社会科学》2001 年第 5 期。
[5] 刘国乾:《非诉行政执行模式的制度目标:以其司法审查为线索展开》,载《云南大学学报(法学版)》2010 年第 5 期。

度等,但提高效率的作用并不明显,有时甚至会出现反效果。① 因此,行政机关对行政非诉执行制度一直颇有微词。在行政非诉执行改革中,行政机关一方希望可以更多地赋予自己直接的强制执行权。

2. 法院质疑:审查难以平衡制度价值,执行扬短避长

行政机关之外,法院对于行政非诉审查制度也存在一些质疑。这种质疑主要集中在两点:其一,法院审查行政决定时的价值平衡困难;其二,法院从事行政执行工作存在各种弊端。

一方面,法院在进行非诉执行的审查时,面临两难的选择:我国的强制执行模式,之所以以申请法院强制执行为原则,为的就是借助法院对行政决定进行司法审查,从而提高行政行为的合法性,追求公平正义的价值。在目前地方政府依法行政水平有待提高的情况下,这种设计十分有必要。尤其对于征地拆迁等利益诱惑巨大且容易引发社会矛盾的行政决定,将强制执行权直接赋予行政机关是不可想象的。但同时,申请法院执行时采取的是"非诉"审查模式,且裁定不予执行的标准较高,这显然是为追求效率。在行政任务日渐繁重而社会发展十分迅速的背景下,这种处理也具有相当的合理性。

公正与效率的平衡和兼顾,使法院在行政非诉执行审查中困难重重。从审查模式来看,如果法院将"书面审查"理解为不必听取相对人意见,确实可以提升审查效率,但这样的审查很难发现行政决定的违法之处。并且,不听取相对人意见而直接作出准予执行的裁定,也可能会引起相对人的抵触,增加执行难度,反而降低行政效率。如果以听取相对人意见为原则,又违背了现行法律的内在逻辑体系,没有区别明显违法的案件。从审查强度来看,一旦法院严格按照重大明显违法等标准审查行政决定,在这么宽松的违法审查标准下,裁执率势必过高,法院最终只能成为"行政机关的'橡皮图章'和执行机器",②更多地起到为行政行为背书的作用。在以往的实践中,部分法院因为这样的审查标准,连续数年的裁执率都在90%以上,最高甚至到99%。③ 但如果法院严格按照《行政诉讼法》对被诉行政

---

① 比如,《行政强制法》第45条规定,"行政机关依法作出金钱给付义务的行政决定,当事人逾期不履行的,行政机关可以依法加处罚款或者滞纳金"。但在实践中,加处罚款后,罚款数额往往是处罚数额的数倍,执行难度反而更大。参见贾庆霞:《行政非诉执行案件审查与执行若干问题》,载《法律适用》2006年第7期。

② 参见北京市高级人民法院:《关于行政非诉执行案件的情况分析》,载《人民司法》2007年第1期。

③ 参见李景春:《恢复失衡的平行四边形——谋求行政非诉执行对行政诉讼的正向支撑》,载《山东审判》2013年第6期。

行为的审查标准审查行政决定,则又要耗费巨大精力,且可能会使裁执率过低,阻碍行政权的行使和行政目标的实现。在这样的现实情况下,法院只能"选择性司法",更多地根据法律规则之外的因素来决定行政诉讼案件是否受理,如何判决和怎样执行。①

另一方面,法院也并不愿意从事行政非诉执行中的"执行"工作。法院作为中立的裁判机构,主要的功能在于明辨是非,而不在于实际执行,尤其不在于实际执行"行政"决定。因为这将使法院"在公益的维护中丧失其最为根本的超然中立的判断力"②,并引发人民群众对于法院与行政机关"沆瀣一气"的误会,将认同程度本就不高的司法机关进一步推至矛盾的第一线,牺牲了司法的尊严。③ 另外,行政非诉执行的实际执行环节极大地耗费法院的精力,在一定程度上影响了法院审判案件的质量。在实践中,行政非诉执行成为许多基层法院的"主业"。据统计,1990 年至 2012 年,全国法院受理行政非诉执行案件的数量是行政诉讼收案量的 2.5 倍,④部分年份更是已经突破 30 万件。⑤ "这种在维护行政机关依法行使职权方面表现出来的超级能动主义与在受案范围、审查强度等直接涉及行政诉权保护方面所表现出来的过分消极主义形成了鲜明的反差,是行政审判制度目的严重错位的典型表现。"⑥最后,法院的执行部门并没有足够的资源去执行所有的行政决定,尤其在那些社会矛盾激烈的场合更是如此。⑦ 例如,在出台之初颇受好评的"司法强拆"制度就让法院苦不堪言。最高人民法院只得在征收补偿决定的强制执行问题上,以司法解释的形式确立了"裁执分离"模式,把实际执行这一"烫手的山芋"重新扔还给行政机关。但这种做法又被认为是"司法机关为行政机关设定职权","由司法解释来作行政强制执行的具体制度安排,总起来说是讲不通的"⑧。

---

① 参见汪庆华:《政治中的司法:中国行政诉讼的法律社会学考察》,清华大学出版社 2011 年版,第 41 页。
② 温晋锋、王楠:《论行政强制执行主体的理念与实践》,载《南京工业大学学报(社会科学版)》2006 年第 3 期。
③ 参见李彬:《我国非诉行政执行制度的改革与完善》,载《学海》2009 年第 2 期。
④ 参见王华伟:《试论非诉行政执行体制之改造——以裁执分离模式为路径》,载《政治与法律》2014 年第 9 期。
⑤ 参见信春鹰:《我国的行政强制法律制度》,载《中国人大》2005 年第 18 期。
⑥ 高家伟:《公正高效权威视野下的行政司法制度研究》,中国人民公安大学出版社 2013 年版,第 54 页。
⑦ 参见袁曙宏主编:《行政强制法教程》,中国法制出版社 2011 年版,第 170 页。
⑧ 杨建顺:《行政强制法 18 讲》,中国法制出版社 2011 年版,第 135 页。

3. 相对人质疑:咎由自取也不该完全丧失机会

按照法律规定,在行政非诉执行的审查过程中,法院并不一定要听取当事人的意见。这使得在很多时候,非诉执行裁定的作出过程并没有相对人参与,相对人因此也对这一制度有所怨言。

当然,立法如此安排有充分的理由。我国的行政非诉执行以相对人不提起复议和诉讼为前提,如果此时仍然为相对人提供完整的程序参与机会,"则无异于大大削弱了行政诉讼和行政复议的制度价值"[1],相当于变相鼓励相对人不提起复议和诉讼。众所周知,法律不保护躺在权利上睡觉的人。相对人在非诉执行审查过程中无法参与,是其自身怠于行使权利的代价。何况,其不提起复议和诉讼的举动,在一定程度上也可以理解为默认了行政决定的合法性。

但行政非诉执行的最终目的在于"执行",即将一个合法的行政决定真正实现。相对人不行使复议和诉讼的权利,显然对行政决定有一种"消极抵触"情绪,这已经为后续的执行困难埋下了伏笔。如果在非诉执行审查过程中允许乃至主动要求相对人参与,尚有可能出现减少或消除障碍的契机,若不听取其意见,行政决定后续执行的困难只怕会进一步加大。此外,我国《行政复议法》、《行政诉讼法》和《行政强制法》的"立法目的"条款都强调"保护公民、法人、其他组织的合法权益"。在行政非诉执行过程中,真正能够维护相对人合法权益的,自然是更加充分地保障相对人的参与权,听取他们的意见,而不是拒绝他们参与。如果司法机关为了维护所谓"复议和诉讼的制度价值"而不允许相对人参与非诉执行的审查过程,则无异于本末倒置,反而放弃了上述法律所追求的目标。

从法理来看,相对人怠于行使权利,"这并不能说明该行政行为就一定是合法的"[2]。行政非诉执行审查,审查的是行政决定的合法性,是一种客观标准,与相对人是否行使复议和诉讼权利没有直接联系。相对人不行使复议、诉讼权,只是阻挡了行政决定在这些场合被审查的可能,并不代表执行过程的审查可以被刻意减轻,反而因为该行政决定没有在复议、诉讼中被审查,在执行过程中的审查应当更严格。换言之,相对人不提起复议和诉讼的行为,即使要承担责任,也只是丧失了主动发起该程序的资格(丧失起诉权),而没有丧失实体权利本身,更不能排除相对人被动地进入程序的资格。何况,鉴于行政机关申请法院执行的过程采取"非诉"审查,恰恰可

---

[1] 莫于川主编:《行政强制操作规范与案例》,法律出版社2011年版,第169页。
[2] 黄学贤:《非诉行政执行制度若干问题探讨》,载《行政法学研究》2014年第4期。

以合乎逻辑地推论出：相对人丧失"起诉权"并不必然丧失"非诉"执行审查中的参与权。

最后，在实践中，相对人不履行行政决定，又不提起复议和诉讼的原因是非常复杂的。既有可能是法律意识淡薄，以为自己拖延便可侥幸过关，也有可能是对复议、诉讼程序有畏难情绪，还有可能是受限于自己的经济状况、认知水平等无法提起复议、诉讼。因此，不能轻易地将相对人不提起复议和诉讼的行为认定为一种法律意义上的"自认"。甚至，在实践中出现过极端情况，即相对人其实已经提起了复议或诉讼，只是案件被拒之门外，形成了相对人不提起复议和诉讼的"假象"。如果在后续的行政非诉执行审查中不允许相对人参与，则不仅无助于改变这一情况，还会给相对人一种司法与行政形成一股合力来对付自己的感觉，将大大降低行政机关和司法机关的权威。所以，如果行政非诉执行审查程序没有相对人的参与，则司法机关作出的裁定的公正性、合理性都会存在瑕疵。

（三）以"反向"行政诉讼改革"非诉"执行制度

虽然行政非诉执行因其"非诉"特征而与行政诉讼存在明显区别，但从制度的基本构造来看，它却与行政诉讼有极大的相似性：首先，两个制度的主体都是行政机关、法院、相对人；其次，两个制度的核心都在于法院对行政决定的合法性进行司法审查；最后，两个制度的目的都在于监督控制行政权，并更好地保护相对人的合法权益——行政诉讼自不待言，大部分行政机关没有强制执行权，需要通过行政非诉执行方式申请法院强制执行，就是出于这样的考虑。唯一的不同在于，行政诉讼是由相对人"告"行政机关，而行政非诉执行是行政机关向法院"告"相对人。从这个角度来看，与其说"反向"行政诉讼是在"改革"非诉执行制度，不如说是还非诉执行制度以"本来面目"。

对于行政非诉执行与"反向"行政诉讼的相似性，学界早有察觉。有学者为了将行政非诉执行与法院的诉讼执行相对照，直接将前者称为"官告民"的执行，将后者称为"民告官"的执行。[1] 还有学者在讨论行政非诉执行制度改革的问题时，提出了类似"反向"行政诉讼的制度设计。例如，有学者认为，对于相对人不履行行政决定的，行政机关应当提起"行政公诉"，"打破现行法律确定的行政机关在行政诉讼中只能作被告的观念"[2]，在行政机关申请执行案件适用诉讼程序。还有学者提出了"执行诉讼"的

---

[1] 参见王华伟：《试论非诉行政执行体制之改造——以裁执分离模式为路径》，载《政治与法律》2014年第9期。

[2] 杨立新、张步洪：《行政公诉制度初探》，载《行政法学研究》1999年第4期。

概念,即"行政机关以原告的身份起诉拒不履行生效行政决定所确定义务的行政相对人,在法院审查行政决定的合法性的基础上,由法院判令并强制相对人履行义务的诉讼类型"①。

行政非诉执行制度改革作为"反向"行政诉讼适用的另一个场域,确实有其合理性和可行性,表现在以下方面。

1. "反向"行政诉讼与法院定位相吻合

在行政非诉执行程序中,法院主要应当起到的是"审查"而非"执行"作用。至少在行政决定的执行上,行政机关所拥有的人力、物力、财力都优于法院。对于自己作出的行政决定,行政机关实际上不太需要法院帮助自己"执行"。立法者要求行政机关向法院提出申请,也并不是为了让法院代替行政机关执行,而是需要获得执行的"正当性",因为该行政决定在执行之前,并没有经过法院的审查。老一辈法学家早已认识到:"行政强制执行权是行政权的自然组成部分,只是由于它本身具有较危险的扩张性,所以许多国家对行政强制执行权加以一定限制或转移到法院等机关。"②尤其在征地拆迁等容易引发社会矛盾的领域,司法更不可能在实际执行上帮助到行政机关,其需要做的,是审查行政决定的合法性,"意图通过司法的公平正义为房屋强拆提供一种保护性的制度设置"③。

不过,出于保证效率等因素的考虑,在行政机关申请法院强制执行时,《行政诉讼法》《行政强制法》等又设计了"非诉"审查制度。这种追求平衡的设计在实践中极难拿捏:既然法律专门规定不以诉讼方式审查行政决定,则无论是程序还是实体审查标准,都不必完全对照司法。但若在程序和实体上有所宽松,又如何保证审查的有效性?若不能使审查真正发挥作用,将法院拉入行政执行程序中就显得没有太大意义了。所以,"非诉"审查实际上与法院在行政强制执行中的定位、角色相冲突,降低了法院发挥作用的能力。

与此相比,"反向"行政诉讼是一个真正意义上的"诉讼",法院承担的正是居中裁判,即判断行政行为合法性的角色。改"非诉"为"诉讼",可以从制度上保障法院在行政强制执行中的"审查者"地位,从而充分发挥法院自身的优势,实现"申请法院强制执行"的目的,真正实现法院进入行政强制执行程序的作用。

---

① 李桂英:《执行诉讼的法律思考》,载《西华师范大学学报(哲学社会科学版)》2004年第1期。
② 张尚鷟主编:《走出低谷的中国行政法学——中国行政法学综述与评价》,中国政法大学出版社1991年版,第252页。
③ 王锡锌:《司法强拆:挑战还是机遇?》,载《中国审判》2011年第8期。

2."反向"行政诉讼为行政非诉执行制度改革扫清障碍

在实践中,司法机关早已认识到行政非诉执行制度的种种问题,并尝试在实际操作时对这一制度进行职权范围内的调整。在审查模式上,部分法院不顾体系解释上的矛盾,将"书面审查"理解为仍要听取当事人尤其是相对人的意见。比如,北京市部分法院坚持每个强制执行案件都传唤相对人到庭陈述意见,对于重大复杂案件,甚至传唤双方当事人到庭进行一定程度的辩论。① 在审查标准上,法院在实践中早已突破了立法规定的界限,对申请非诉执行的行政决定,也按照行政诉讼的标准对其职权、认定事实、适用法律、法定程序等进行全方位审查,甚至还在一定程度上审查行政决定的合理性,这可以说比普通的行政诉讼审查还严格。② 可见,法院有心更加严格地审查行政非诉执行案件中的行政决定,但囿于立法规定,只能以"打擦边球"的方式进行。

但以上种种,似乎都没有打动立法者。自1989年《行政诉讼法》确立行政非诉执行制度的基本框架以来,无论2000年最高人民法院《关于执行〈中华人民共和国行政诉讼法〉若干问题的解释》,还是2011年颁布的《行政强制法》、2014年修改的《行政诉讼法》、2018年出台的最高人民法院《关于适用〈中华人民共和国行政诉讼法〉的解释》,立法者一次又一次地在这一制度的修改问题上犹豫不前,只是对部分内容进行了微调。这种犹豫,绝不可能是立法者不知晓行政非诉执行制度的种种问题。立法"固执"地保留这一框架,原因在于制度改革将面临无法突破的障碍:在我国现行的行政法治水平下,确立行政机关自行强制执行模式显然有很大风险,但若改"非诉"为"诉讼"方式审查行政决定,又会破坏行政诉讼"民告官"的基本教义——行政非诉执行是行政机关主动向法院提起的,一旦设计成诉讼审查模式,则相当于行政机关"起诉"了相对人,这与我国行政诉讼的单向构造是相互矛盾的。

可见,行政诉讼单向构造是行政非诉执行改革迟迟无法推动的症结。一旦确立了"反向"行政诉讼,行政非诉执行制度完善的最大障碍就会迎刃而解。申请法院强制执行的行为,不必再因为是行政机关提起,就死死坚守"非诉"审查方式,也不必再刻意强调审查模式和审查标准与一般行政诉讼的不同。这对整个强制执行制度都是一种理顺,对立法者、学界和

---

① 参见北京市高级人民法院:《关于行政非诉执行案件的情况分析》,载《人民司法》2007年第1期。
② 参见李景春:《恢复失衡的平行四边形——谋求行政非诉执行对行政诉讼的正向支撑》,载《山东审判》2013年第6期。

实务界都是一种"解脱"。改变行政机关不能告相对人的理念,整个行政非诉执行制度就有了修改的基础,就不会再面临不可调和的结构性矛盾。

3. "反向"行政诉讼有利于实现行政强制执行目的

我国《行政强制法》第1条规定:"为了规范行政强制的设定和实施,保障和监督行政机关依法履行职责,维护公共利益和社会秩序,保护公民、法人和其他组织的合法权益,根据宪法,制定本法。"可见,行政强制法的目的有三项:规范、保障、监督行政权依法行使,维护公共利益与社会秩序,保护相对人合法权益。循着以上几个立法目的观察,"反向"行政诉讼的合理性便凸显出来。

就规范、保障、监督行政权而言,"反向"行政诉讼的效果无疑优于"非诉"执行。立法之所以尽量限缩行政机关自行强制执行的范围而扩大其申请法院强制执行的范围,就是要确保司法权对行政权的监督与制约。① 但"非诉"审查制度因其审查模式和审查强度容易流于形式,无法达到将违法的行政行为阻隔在强制执行程序之外的目的。② "反向"行政诉讼则可以借助"诉讼"模式下当事人的参与和审查标准的提高,使法院真正地发挥司法审查功能,从而更好地监督控制行政权。

就维护公共利益与社会秩序而言,已有研究指出,行政非诉执行不仅会使执行的技术成本和法治成本大大增加,而且无法起到保证公共利益的作用。③ 相较而言,"反向"行政诉讼可以更有效地化解行政争议,避免在执行过程中的阻碍,从而为行政决定的顺利执行打下基础,保障行政目的的实现,进而维护公共利益。此外,对公共利益的维护,不仅仅体现在对行政决定的支持上,更体现在对违法或严重不合理的行政决定的否定上。对行政决定进行严格的司法审查,排除那些显然存在问题的行政决定的强制执行,就是在维护公共利益,这一效果甚至比保证合法行政决定顺利实现更加明显。

就保护相对人合法权益而言,"反向"行政诉讼属于"诉讼",当然要给当事人尤其是相对人足够的参与和表达意见的机会,这无疑更加有利于对相对人利益的保护。况且,对行政决定的强制执行涉及强制措施的运用,比一般的行政行为更易侵害相对人权益,因而需要更严格的实体和程序控制。在将维护个人权利奉为圭臬的英美法系,就根本不存在"非诉"即可

---

① 参见沈福俊:《非诉行政执行裁执分离模式的法律规制》,载《法学》2015年第5期。
② 参见熊蕊、易夕寒:《非诉行政执行对策研究——以司法强制搬迁为切入点》,载《东南大学学报(哲学社会科学版)》第S1期(增刊)。
③ 参见王伟奇:《行政强制执行模式的成本分析》,载《求索》2006年第4期。

执行的情况。当事人不履行行政决定将会引发"履行争议",由法院管辖,按照诉讼程序处理。① 行政机关原则上不得自行采取行政强制措施,只能向法院提起诉讼。② 可见,在有争议的前提下,诉讼是维护相对人合法权益的不二法门。

4."反向"行政诉讼并不必然影响执行效率

改"非诉"执行为诉讼执行,不可避免地会引发降低行政效率的担心。但是,高效率不是简单的快或耗时少,而是"有用功"在"总功"中所占的百分比更高,这一点在法学等社会科学中同样适用。③ 行政执行的实践一再表明,当相对人不履行行政决定,也不提起复议、诉讼的时候,大概率存在行政争议。不解决背后真正的争议,执行过程势必受到干扰,执行效果也很难保证。此时,执行效率不是提高而是降低了。所以,只有公正地解决行政争议,才是真正提高效率之法。当然,通过一系列制度设计提升"反向"行政诉讼审查行政决定的效率,同样必不可少。

首先,在采取"反向"行政诉讼模式审查行政决定后,为保证行政效率,可以对"行政执行"和"司法执行"之间的比重进行重新分配,适度提升行政机关自行强制执行的事项比重。关于两者的分配标准,有学者主张从专业性角度进行分类,即专业事项应由行政机关执行,其余由法院执行;④ 还有学者则认为,应当由法院承担涉及财产决定的执行,如罚款、没收等,由行政机关负责其他事项;⑤ 另有观点从重要性角度考虑,认为对于某些重大的、对相对人权益影响较大的或某些特殊的行政义务履行案件,可由行政机关移送人民法院强制执行。⑥ 笔者认为,两者的分配,应当兼顾行政决定可能对相对人权益造成的损害程度和行政机关执法的现实情况进行。对于那些数量众多,对公民利益侵害较小及当场进行的行政行为,其强制执行不适合交由法院审查,可以赋予行政机关自行强制执行权。对于那些可能对相对人利益造成较为严重侵害的行政决定,如行政处罚中涉及人身自由的处罚、较大数额的罚款,包括土地、房屋的征收决定等,其强制执行则应当由法院通过"反向"行政诉讼审查。

其次,为保证行政效率,要对"反向"行政诉讼模式下的申请法院强制

---

① 参见刘莘、张江红:《行政强制执行体制探析》,载《法商研究(中南政法学院学报)》2001年第1期。
② 参见李凤颖、邱瑞红:《行政强制执行制度比较》,载《当代法学》2000年第6期。
③ 参见孙秀君:《行政法发展的理论反思》,载《法制与社会发展》2009年第3期。
④ 参见应松年:《论行政强制执行》,载《中国法学》1998年第3期。
⑤ 参见马怀德:《我国行政强制执行制度及立法构想》,载《国家行政学院学报》2000年第2期。
⑥ 参见杨解君:《行政强制的制度检讨及其完善》,载《江苏社会科学》2008年第5期。

执行程序作出简化。可以考虑的方案是：第一，取消现行制度中的"催告"程序，因为后续审查采取了"反向"行政诉讼模式，足以对相对人利益进行保护。第二，对法院审查结果不满的，仅赋予行政机关上诉的权利，不赋予行政相对人上诉的权利，且上诉审的期限予以缩短，原则上可以采取书面审查方式。第三，在《行政诉讼法》的框架下，更多地适用调解、和解制度，在双方认定的事实范围内减少烦琐的举证、质证和认证程序，①提高审查效率，促进行政决定的顺利执行。

最后，行政决定经过"反向"行政诉讼审查后，法院最终裁定"准予执行"的，可以考虑实现完全的裁执分离，即法院只负责对行政决定合法性进行审查，具体执行则完全由行政机关负责。行政机关执行自己的行政决定更有动力，也更加具备客观条件，有助于提高行政执行效率。

综上，改革行政非诉执行制度，可行的办法是"建立'官告民'的简易诉讼制度"②，也即设计"反向"行政诉讼。"反向"行政诉讼看到了法院在行政强制执行中的定位，理顺了行政强制执行中法院、行政机关、相对人三方的关系，消除了行政强制执行制度改革的障碍，有利于实现行政强制执行的多重目的。因此，行政机关申请法院强制执行，是适用"反向"行政诉讼的恰当场域。

三、行政之债中的债权保障

"债"最早起源于古代西亚文明，如今的民法学界通常使用的是滥觞于罗马法的债的概念。③《法学阶梯》中将"债"定义为："拘束我们根据国家的法律而为一定给付的法锁。"《学说汇纂》则指明："债的本质是使他人给与某物、为某事或为某物的给付。"④我国《民法典》第118条第2款规定："债权是因合同、侵权行为、无因管理、不当得利以及法律的其他规定，权利人请求特定义务人为或者不为一定行为的权利。"可见，关于"债"的定义一直没有大的变化，皆指"特定当事人之间得请求为特定行为的法律关系"⑤。

按照这一定义，"债"虽然多用于私法领域，但公法上同样存在特定人之间请求为或不为一定行为的法律关系，因而不可避免地存在"债"。公

---

① 参见解志勇：《行政诉讼调解》，中国政法大学出版社2012年版，第125页。
② 马怀德：《修改行政诉讼法需重点解决的几个问题》，载《江苏社会科学》2005年第6期。
③ 参见魏振瀛：《债与民事责任的起源及其相互关系》，载《法学家》2013年第1期。
④ 江平、米健：《罗马法基础》（第3版），中国政法大学出版社2004年版，第279页。
⑤ 张广兴：《债法总论》，法律出版社1997年版，第17页。

法领域的债既包括存在于公法但实质仍为私法性质的债,也包括完全公法性质的债。① 诸如税费、土地出让金等,都属于国家对公民、法人或其他组织所享有的公法债权。②

"公法之债"理论从1919年德国税法的改革开始产生。1919年《德国帝国租税通则》第81条"税收债务在法律规定的课税要件充分时成立"的规定,为将税收法律关系理解为一种"公法上的债权债务关系"提供了契机。1924年,德国法学家亨泽尔出版《税法》一书。1926年,他与彼由拉在德国法学家大会上进行了"税法对私法概念构造的影响"的讨论。借此,以"公法之债"来理解税收法律关系的理论开始流行,税法演化出一种"税收债务"的观察和研究模式。③ 以私法或债法思维考察传统上显属公法的税法,对税法产生了深远的影响,也使德国公法学上开始延伸出"公法之债"理论:"债务关系说照亮了迄今为止的法律学上的一直被忽视的'公法上的债务'这一法律领域;使运用课税要件的观念就可对公法上的债务——税债务(Steuerschuld)进行理论上的研究和体系化成为可能。"④我国已有学者对公法之债进行了系统研究,将公法之债界定为"在公法范围内,在特定当事人之间发生的请求特定给付的权利义务关系"⑤。还有学者将公法法律关系与民法上债的发生依据结合,将公法之债分为公法上的法定之债、公法侵权之债、公法合同之债、公法无因管理之债、公法不当得利之债等。⑥

在行政法领域,同样存在"行政之债"。德国学者毛雷尔指出:"行政法债务关系是指行政机关和公民之间的、其构成和客体与民法债务关系类似的公法法律关系。"⑦可见,"行政之债应指行政主体与行政相对人之间得请求为特定行为的行政法律关系"⑧。尽管行政主体以单方决定为其主要行为方式,但当公共行政主体和行政相对人作为债权债务当事人的给付关系客观存在时,利益状态的实现与私法规定的情况类似,行政法上的债务关系与私法上的相应制度存在着广泛的一致性,公法与私法此时应当相

---

① 参见柳经纬:《当代中国债权立法问题研究》,北京大学出版社2009年版,第115页。
② 参见吴钰:《论公法债权》,载《苏州大学学报》2008年第5期。
③ 参见翟继光编著:《税法学原理——理论·实务·案例》,清华大学出版社2012年版,第43页。
④ [日]金子宏:《日本税法》,战宪斌、郑林根等译,法律出版社2004年版,第21页。
⑤ 汪厚冬:《公法之债论——一种体系化的研究思路》,苏州大学2016年博士学位论文,第29页。
⑥ 参见王克稳:《中国行政法律关系的回顾与思考》,载周永坤主编:《东吴法学》2009年(总第19卷),中国法制出版社2009年版。
⑦ [德]哈特穆特·毛雷尔:《行政法学总论》,高家伟译,法律出版社2000年版,第741页。
⑧ 孟红、崔小峰:《行政之债理论及其现实探讨》,载《华东政法学院学报》2005年第1期。

互补充和容纳。① 所以,以"债"的观念看待行政主体的部分行为,与传统行政法的基本理念已经不存在根本矛盾。当然,行政主体"为特定行为"时要遵守依法行政原则,其无论作为债权人或者债务人,都有部分不同于普通民事主体的权利义务。

所以,本节试图讨论的是,在实践中行政相对人作为债务人,因侵权、不当得利、无因管理等而对行政机关欠下"行政之债"时,行政机关是否可以提起行政诉讼来寻求"救济"的问题。如果可以,行政机关提起的必然是"反向"行政诉讼,行政之债因而就会成为"反向"行政诉讼的重要适用场域。需要指出,从债的视角来看,行政协议当然也属于行政之债(行政合同之债)。但与其他几类行政之债"寒酸"的关注度和讨论深度相比,"行政协议"的地位不可同日可语。考虑到体量和接受度的问题,本书在之前将行政协议单列一节,这里不再讨论。

(一)行政机关追究相对人侵权责任需要"反向"行政诉讼

所谓侵权行为,"指因不法侵害他人的权益,依法律规定应对所生损害负赔偿责任的行为"。虽然有学者在界定"侵权"的概念时仅将其限制在民事领域,②但这主要是因为行政法这一法律部门产生得比民法晚,以至于历史上对侵权的规定始终出现在古罗马法、《法国民法典》、《德国民法典》等民事法律规范中。其实,"侵权"本身只是法律上债的发生原因之一,在行政法律关系中当然也存在侵权行为。侵权与合同一样,早已不是民法的专利。

从侵权行为的内在构造上讲,对于行政法上的侵权,行政相对人和行政机关都有可能成为侵权人。但学界目前讨论"行政侵权"时,却仅仅指行政机关侵犯相对人的权益,即将行政机关在行政法上的违法行为以"侵权"的视角重新进行观察和思考。③ 出现这一问题的根源在于,传统行政法学认为,行政机关本身并没有"自己"的利益。行政机关是公共利益的代表,是国家职能的实现者,侵犯行政机关利益就是侵犯国家利益和公共利益。国家利益和公共利益集中体现和凝结在法律法规之中。所以,所有

---

① 参见[德]汉斯·J.沃尔夫、奥托·巴霍夫、罗尔夫·施托贝尔:《行政法》(第2卷),高家伟译,商务印书馆2002年版,第163页。
② 比如,王利明教授认为:"侵权行为是指行为人由于过错侵害他人的财产和人身,依法应当承担民事责任的行为,以及以法律特别规定应当承担民事责任的其他损害行为。"参见王利明主编:《民法·侵权行为法》,中国人民大学出版社1993年版,第12页。
③ 参见石佑启:《几种特殊类型的行政侵权责任探讨》,载《江海学刊》2001年第1期;王世涛:《行政侵权初论》,载《当代法学》2005年第4期;陈太清:《论行政侵权的民事责任》,载《法治论丛》2010年第1期。

的违法行为,或至少违背公法的行为,都可以看作一种对国家的侵权。①在这种理念下,公民侵犯行政机关权益的行为与违法行为是相同概念。此时,国家追究公民"侵权责任"的办法,乃是刑罚处罚、行政处罚,而非所谓的"侵权之债"。

这种认为行政机关是国家利益代表人,因而不能或不会有自己利益的看法,虽然符合理论上对行政机关的理想预设,却并不符合实际。现代社会,行政机关越来越多地以类似私人的身份参与到社会管理和服务中,其所谓的"私益"也日益得到承认。在某些情况下,"国家和人民的关系,自法律上来看,不是权力服从的关系而是权利义务的关系,其性质与个人间的关系是毫无差异的"②。退一步说,即使行政机关的利益有国家利益、公共利益属性,保护行政机关的利益也不必然排斥以"债权债务"的方式进行。

考虑到本书的要旨,本节讨论行政侵权之债,真正想要提出的问题在于:是否存在这样的情况,即行政相对人侵犯的权益明显地与特定行政机关存在身份关联,因而不适合仅仅笼统地认定为侵犯国家利益、公共利益。或者说,相对人的行为的确可以认定为违法,但直接追究相对人的责任又存在不合理或不适当之处,因而行政机关有向法院寻求救济之必要。

在笔者看来,至少在以下两种情况下,行政机关有被相对人侵权的可能性,且此时行政机关应当通过"反向"行政诉讼向法院寻求救济。

1. 相对人侵犯行政机关名誉权

在民法学界,一般认为行政机关没有名誉权。虽然《民法典》明确规定法人、非法人组织享有名称权、名誉权、荣誉权,但民法学界许多学者认为,法人名誉权更多的是一种"商誉权",③关系到的是法人的经营能力、经济效益,与法人的财产利益联系更为密切。④ 因此,名誉权规定中的"法人"不包括机关法人。根据传统公法学理论,行政机关更没有名誉权:行政机关作为公共利益的代表,以为人民服务为宗旨,当然要受到人民的监督,这种监督很多时候表现为"批评",指向的就是行政机关的名誉。公众的批评可能是过激的、非理性的,但仍然不能轻易扼杀,否则极易动摇一个国家的民主根基。"有一点可以肯定,比较私人性言论,公共性言论应当受到

---

① 参见汪厚冬:《公法之债论——一种体系化的研究思路》,苏州大学 2016 年博士学位论文,第 205-206 页。
② [日]美浓部达吉:《公法与私法》,黄冯明译,中国政法大学出版社 2003 年版,第 7 页。
③ 参见张新宝:《名誉权的法律保护》,中国政法大学出版社 1997 年版,第 112 页。
④ 参见魏振瀛主编:《民法》(第 8 版),北京大学出版社、高等教育出版社 2021 年版,第 609 页。

更大的宽容。"①况且,对政府的批评很难对政府造成实质性伤害。② 相反,"政府机构最高的威信莫过于它们获得了在言论自由空间里抒发的民意的真正认可和褒扬"③。如果允许行政机关以"名誉权"为由保护自己,那无异于国家通过财政支持他们对抗民众的监督行为。④ 所以,"为了保护公民的言论自由这个'车',法律必须丢弃官员名誉权这个'卒'"⑤。这一点在英美发达国家也是通例。英国上议院判例认为,国家的财富来自人民,不能因为人民错误或不公正的批评就动用国家财富对其提起诽谤诉讼。⑥ 诽谤诉讼的目的在于维护个人的人格尊严和社会地位,政府机构无权提起。⑦

但在实践中,关于行政机关名誉权的诉讼是确实存在的。早在20世纪90年代,就有行政机关提起名誉侵权诉讼的先例。⑧ 近年来,政府官员避开"行政机关名誉权"问题,转而以个人身份提起名誉权诉讼的案例也时有发生。⑨ 甚至在司法实践中,还有行政机关胜诉的案例。⑩ 当然,可以认为以上案例是行政机关或官员个人未能"摆正姿态",而法院又错误适用法律的结果。但更加值得思考的是,在我国当前的社会环境下,不承认行政机关的名誉权,是不是真的会保护普通公民的批评、建议或监督权?

行政机关没有名誉权,并不代表行政机关会对侵害其名誉的造谣诽谤者予以容忍。恰恰相反,行政机关往往倾向于按照《治安管理处罚法》甚至《刑法》规定,以扰乱社会秩序、妨害社会管理或寻衅滋事的名义,直接以行政手段乃至刑事措施对行为人进行制裁。但这一处理方式的风险是很大的:当这种手段被滥用,当"造谣诽谤"的范围扩大化为"激烈批评"等本应容忍的行为时,反而会加重对公民批评、建议和监督权的侵害。

所以,不赋予行政机关名誉权虽然有极大的理论合理性,但因此造成

---

① 梁治平:《名誉权与言论自由:宣科案中的是非与轻重》,载《中国法学》2006年第2期。
② 参见李延枫:《论国家机关名誉的法律保护路径》,载《求是学刊》2017年第4期。
③ 侯健:《舆论监督与政府机构的"名誉权"》,载《法律科学(西北政法学院学报)》2001年第6期。
④ 参见许中缘、颜克云:《论法人名誉权、法人人格权与我国民法典》,载《法学杂志》2016年第4期。
⑤ 何兵:《县委书记该有什么名誉权》,载《检察日报》2004年8月11日,第8版。
⑥ See Derbyshire County Council v. Times Newspapers Ltd. (1992) UKHL 6(1993) AC 534.
⑦ See M. Taggart, *The Province of Administrative Law*, Hart Publishing, Oxford, 1997, p. 230.
⑧ 例如,1993年北海交警支队诉《南方周末》报社名誉侵害案。1995年深圳市福田区人民法院诉《民主与制法》杂志社名誉侵害案等。
⑨ 参见胡弘弘:《论公职人员的名誉权救济》,载《法学》2009年第2期。
⑩ 如沈阳市城市管理行政执法局铁西分局诉魏某平名誉权侵权纠纷案,沈阳市中级人民法院(2013)沈中民(1)终字第223号。

行政机关无法起诉相对人的情况,并不能完全保护批评者。从这个角度讲,法院的介入恰恰可以避免行政机关的恣意。行政机关作为被批评者,很容易处于"委屈"或"恼羞成怒"的状态,此时要求其保持克制,坚守自己的容忍义务,合理判断相对人的行为性质和程度并不实际。况且,名誉侵权问题并没有明显的行政专业性,在不考虑我国法院事实上的中立程度的前提下,由法院作出行为人是否构成名誉侵权的判断,显然更加值得信任。

当然,也可以由行政机关先对相对人进行制裁,如给予相对人行政处罚,相对人若不服这一行政行为,再在后续提起行政诉讼,司法机关借此同样可以进入争议之中。但是,司法机关此时介入,保护公民言论自由的效果已大打折扣。且不必说此时的相对人已经受到了处罚,许多影响无法通过事后救济挽回,即使不考虑这一点,后续的"民告官"诉讼效果也值得怀疑。因为此时行政诉讼的审查对象,是行政机关"处罚行为"的合法性,也即处罚的权限、程序、法律适用等是否正确的问题。按照行政诉讼法理,在据以作出行政处罚决定的事实一项上,除非行政机关对事实的认定明显存在问题,出于对行政权的尊重,法院一般不会以自己的判断代替行政机关的判断。换言之,在"民告官"的行政诉讼程序下,法院极有可能失去代替行政机关判断相对人违法与否的机会。与司法机关进行法律的"第二次适用"相比,直接让司法机关进行"第一次适用",在效果上总要好许多。

所以,由行政机关提起"反向"行政诉讼,才是解决相对人侵犯行政机关名誉权问题的合理方式。必须另外说明的还有三个问题:其一,"官告民"只是行政机关面对名誉侵权时的原则性处理方式,有原则就有例外,在面对有严重危险或可能引发紧急情况的煽动性言论时,行政机关仍然可以直接以行政手段对相对人加以制止和制裁;其二,法院在判断公民是否侵犯行政机关名誉权时,应采取相当严苛的标准,为行政机关施加极高的容忍义务,不能轻易认定公民行为侵权,这也是"官告民"的意义所在;其三,本节并未进一步解答行政机关为何要用"反向"行政诉讼而非"民事诉讼"的方式维护自身权益的问题。这一问题在各类行政之债中是共同存在的,为防止重复,本书将在第三章、第五章对相关问题集中进行论述。

2. 相对人侵犯行政机关"安宁权"

"安宁权",学界亦称为"生活安宁权"[①]"精神安宁权",[②]指"自然人享

[①] 王利明:《隐私权内容探讨》,载《浙江社会科学》2007年第3期。
[②] 方乐坤:《论精神安宁权的克减——兼及警察权的行使限度》,载《西部法学评论》2017年第3期。

有的维持安稳宁静的私生活状态,并排除不法侵扰的权利"①。安宁权的出现,既与社会交流手段日益多样,沟通技术日益发达密不可分,也与"人与人之间的关系从以前多次的反复博弈更多地转变为个体之间的一次性博弈"②有关。与这种变化相对应,安宁权成为公民生活于现代社会必不可少的权利。我国《民法典》采取将"安宁权"归于"隐私权"范畴的观点,在隐私权项下规定"隐私是自然人的私人生活安宁和不愿为他人知晓的私密空间、私密活动、私密信息",从而将安宁权纳入民事权利体系中。

　　与赋予个人安宁权的"众望所归"相比,赋予行政机关以安宁权似乎显得有些"不可理喻":行政机关作为社会的管理者,行政任务的复杂性使行政机关不可能"安宁"。作为公共服务的提供者,行政机关应当尽心竭力为公众谋取福利并维护公共利益,不应当希求自身"安宁"。当然,行政机关的安宁权并非指行政机关无所事事,而是指行政机关能够专心于公共事务,不必受到不合法的"骚扰"。但与"名誉权"一样,行政机关"安宁权"的敏感之处在于,哪怕对这里的"骚扰"一词解释得稍微宽泛一点,都有极大可能损害公民的合法权益。在生活中,公民为自己的利益,出于内心焦急,或对行政专业性事务不了解,或对行政行为产生误解等原因,难免多次询问、重复办理,甚至出现言语和行为上的激化。此时,行政机关需要的是"不厌其烦",而非认为相对人在"骚扰"自己。随着信息公开制度、听证制度、重大决策公共参与制度等制度的建立,行政机关不仅不能追求不被"骚扰",反而应当通过各种途径主动公开各类信息,听取公民意见,接受公民监督,争取与公民"打成一片"。可以说,行政机关"不得安宁",是政府真正服务于民的重要表现和要求。

　　但在实践中,的确出现了公民行为已明显超出正常范畴,几乎达到了不可容忍的程度,对行政机关的日常工作造成了极大干扰的情况。最为明显的是两个问题:一是信访问题。访民们日复一日地在各级国家机关门前递材料、喊冤排队,尤其在国家重大庆典、重要会议等敏感时间节点蜂拥而至,给各级国家机关的工作造成了极大干扰。二是滥用信息公开申请权、滥用诉权的问题。部分公民动辄提出上百件的信息公开申请,继而在行政机关不满足自己要求时提起上百个行政诉讼的例子比比皆是,数量也屡创新高。③

---

① 刘保玉、周玉辉:《论安宁生活权》,载《当代法学》2013年第2期。
② 饶冠俊、金碧华:《生活安宁权保护的现实困境及解决思路》,载《行政与法》2010年第1期。
③ 如2015年,一对父子因环保问题向相关行政机关申请政府信息公开总量达1436件,提起行政复议215件、行政诉讼24件,在数量上达到一时之最。参见丁国锋:《法院:滥用获取政府信息权行为不予支持》,载《法制日报》2015年3月3日,第8版。

行政机关只能在公开信息、驳回申请、处理复议、当被告之间疲于奔命,大量人力、物力被浪费,行政机关及其工作人员也陷入巨大的压力之中。

信访权、信息公开申请权,包括复议、诉讼都是公民的法定权利。在实践中,公民不恰当地使用这种权利,往往是出于对行政机关某些行为的不满而以此泄愤。行政机关若因不堪其扰而叫苦连天,换来的更多的是"大快人心""罪有应得"之类的回应。但与相对人侵犯行政机关"名誉权"相似,由于没有其他救济途径,在面对这种情况时,忍无可忍的行政机关往往选择利用行政处罚、刑罚处罚等手段直接制裁行为者,甚至暗地里用违法手段对付行为人,最终利益受损的仍然是公民——而且在形成固有印象和思维定式后,真正要为这种行为买单的,恰恰是那些有正当事由,合法提起信访和信息公开申请的公民。

所以,一方面,要保证有限的行政资源真正用在刀刃上,不会因权利滥用而被白白浪费;另一方面,又要防止国家强制力的不当运用造成对公民权益的损害,这就需要为行政机关提供一种途径。这种途径既是对行政机关的救济,也是对他们自力制裁相对人冲动的限制。允许行政机关提起"反向"行政诉讼是可行之法。从域外经验来看,许多发达国家将滥用诉权骚扰行政机关的行为认定为"侵权行为",进而引发对国家和对方当事人的赔偿。[①] 可见,公民滥用权利骚扰行政机关,在某种意义上确实与侵权行为的构成相吻合,行政机关因此提起诉讼,也与行政诉讼的目标相匹配。

总而言之,"侵权"不仅是民法领域的问题,也是行政法领域的问题。在实践中,相对人确实存在侵犯行政机关权益的可能。此时要求行政机关提起"反向"行政诉讼,可以认为是在"救济"行政机关,但这更是对行政机关"自力救济"的阻止,是试图以"权利"代替"权力",从而从制度上阻断行政机关利用自身权力处罚损害自己利益的人的法治悖论,确保更加公正公平地解决争议,明辨是非。

(二)行政机关寻求不当得利返还需要"反向"行政诉讼

我国《民法典》第122条规定:"因他人没有法律根据,取得不当利益,受损失的人有权请求其返还不当利益。"第985条规定,"得利人没有法律根据取得不当利益的,受损失的人可以请求得利人返还取得的利益……"这两条确定了我国民法上的不当得利制度。不当得利强调的是从形式上、

---

① 关于将滥诉行为引入侵权行为领域加以规制的论述,参见徐爱国:《英美法中"滥用法律诉讼"的侵权责任》,载《法学家》2000年第2期。另可参见郭卫华:《滥用诉权之侵权责任》,载《法学研究》1998年第6期。

一般性上看似正当而从实质上、相对性上存在不正当性的获益。① 关于不当得利的构成，两大法系存在不同的理解，但公认的是，不当得利存在一方得利，而一方利益受损的情况。② 行政法领域显然也存在"没有法律依据一方得利一方受损"的情形，因而也存在不当得利的问题。此时行政机关应当通过何种途径要求不当得利返还，就成为一个需要讨论的问题。

1. 行政法上相对人不当得利的具体情形

行政法上不当得利，指在公法范围内，欠缺法律上的原因而发生的财产变动，致一方获得利益，他方受到损害的情况。③ 其中既包括行政机关不当得利的情况，也包括相对人不当得利的情况。鉴于本书的落脚点在"反向"行政诉讼，此处只关注行政相对人不当得利的问题。与民法上的不当得利相比，公法上不当得利在构成要件上有其特殊之处，即一方受益一方受损的情况必须在"公法法律关系"内发生。④ 关于这一要件的判断，要在发生了财产变动的前提下进行：该变动有依据的，直接根据该依据判断是否为公法关系；无依据的，则根据目的和给付人责任来源来判断；若因其他情况产生财产变动，则根据双方法律关系来判断。⑤ 按照这一标准，行政法上相对人的不当得利存在以下几种典型情形。

第一，税收征管方面。税务机关由于自身失误，如计算错误、书写错误等少征相对人的税款，或由于相对人提供虚假证明材料，行政机关误以为相对人符合减税免税条件而少征免征税款。甚至相对人通过非法手段偷税、漏税，都会造成行政机关或行政机关所代表的国家一方利益受损、相对人一方利益增加的情况。这些情况本质上都属于行政相对人不当得利。

第二，行政给付方面。部分相对人为获得给付利益，在诸如救助金、公租房、廉租房等问题上伪造证明，使行政机关误以为自己符合条件进而对自己给付。个别行政机关工作人员也有假公济私，帮助不符合条件的亲属获得行政给付的情况。例如，根据国家审计署《2016年保障性安居工程跟踪审计结果》的公告：2016年，有2.96万户不符合条件家庭违规享受城镇住房保障货币补贴2244.53万元、保障性住房1.57万套；有3.36万户不再符合条件的家庭未及时退出，违规享受住房2.63万套、补贴

---

① 参见[日]我妻荣：《债权各论》（下卷一），冷罗生等译，中国法制出版社2008年版，第91页。
② 参见肖永平、霍政欣：《不当得利的法律适用规则》，载《法学研究》2004年第3期。
③ 参见汪厚冬：《公法上不当得利探微》，载《东方法学》2011年第5期。
④ 参见熊勇先：《公法不当得利及其救济》，载《法学杂志》2012年第6期。
⑤ 参见林锡尧：《公法上不当得利法理试探》，载翁岳生教授祝寿论文编辑委员会编辑：《当代公法新论》（下），台北，元照出版有限公司2002年版，第271页。

1197.44万元。① 这些情况无疑都构成行政法上的不当得利。

第三,行政指导、行政奖励方面。为达到行政目的,行政机关往往会在出台某项政策后,给出一定的优惠、奖励条件以提高政策的吸引力,引导人们做或不做某些行为。在实践中,有的相对人为了得到这些优惠或奖励而伪造资质,或假装作出一定的行为以达到奖励资格;有的相对人一开始符合优惠或奖励条件,但在获得相应优惠或奖励后,又因自己的行为丧失了资格。② 在这种情况下,已经取得的优惠、奖励等也可能属于不当得利的范畴。

第四,行政许可方面。《行政许可法》敏锐地观察到行政相对人在行政许可领域的违法情况,其第69条和第79条涉及被许可人以欺骗、贿赂等不正当手段取得行政许可的法律后果问题。从不当得利的角度,由于行政许可以法律规范的一般禁止为前提,因此,相对人以欺骗、贿赂等手段获得行政许可,也属于获得了利益而使他人利益受损,因而属于行政法上不当得利。

第五,其他方面。除以上方式外,相对人也有可能在其他情形下出现行政法上不当得利的情况。比如,面对行政处罚时少交罚款,在行政协议履行过程中获得一定利益后合同被撤销或变更,甚至学者虚报项目发票骗取国家科研经费等,都可以构成行政法上的不当得利。

可见,行政法上存在许多不当得利的情形,引发不当得利的既包括法律行为,也包括事实行为;既包括行政相对人的故意甚至恶意行为,也包括相对人无恶意但行政机关疏忽的情况。其共同的特点在于,该情形发生在行政法律关系中,欠缺合法依据,一方得益而另一方权益受损。

2. 行政机关不当得利返还请求权的行使路径

行政法上的不当得利制度,一方面与民法不当得利有相同的目的或内核——去除不正当利益,克服成文法局限性,实现矫正正义;另一方面又因其发生在公法法律关系中,不可避免地要优先遵循公法法律思想,尊重一般的行政法原则,进而使其成为一个独立的公法法律制度。前者决定了行政法上的不当得利如民事不当得利一样,同样会引起"公法上的返还请求权",后者则决定了行政法上的不当得利的救济途径、审查标准等与民事不

---

① 参见国家审计署《2016年保障性安居工程跟踪审计结果》,载中华人民共和国审计署官网2017年6月23日,http://www.audit.gov.cn/n5/n25/c96999/content.html。

② 比如,在计划生育时期,奖励独生子女家庭,而部分家庭在获奖后生育二胎,进而不符合奖励条件。参见黄先雄:《论行政主体的不当得利返还请求权——从行政奖励被撤销后的利益追索说开去》,载《中南大学学报(社会科学版)》2014年第3期。

当得利有所区别。"公法上不当得利,乃是一种行政法上发展出来的独立制度,所以民法上不当得利之规定,不应类推适用……"①在德国,面对行政法上行政相对人不当得利的情形,行政机关的救济途径主要有两个:其一是直接以行政决定的方式要求行政相对人返还不当得利,相对人不返还的,可以强制执行;其二是由行政主体向法院提起一般给付诉讼。②但这两个方式并不是完全对等地被选择适用,行政机关应当以第二种方式为主,第一种方式只有在极为特殊的情况下才能适用。

由行政主体向法院提起诉讼,相较于直接以行政决定方式要求相对人返还不当得利,确具有更强的合理性。

首先,按照职权法定原则,行政机关作出某个行政决定必须有相应的立法授权。在我国现行法律法规中,确实有明确规定行政机关可以自行要求相对人返还不当得利的条款。如《税收征收管理法》第52条行政机关有权要求纳税人补缴税款的规定,《行政许可法》第69条第2款行政机关可撤销行政许可的规定,《城市居民最低生活保障条例》第14条行政机关可追回冒领款物的规定,《国家自然科学基金条例》第34条、第35条基金管理机构可以撤销资助决定,追回已拨付的基金资助经费的规定等都属于此类。在这些情况下,行政机关可以直接要求相对人返还不当得利。但在没有法律明确规定的领域和事项上,向法院提起诉讼,无疑更加符合依法行政原则的要求。

其次,相对人的某种行为是否构成不当得利,即使构成不当得利,不当得利的返还主体、返还范围、返还金额等问题,都有存在争议的可能。既然存在争议,最佳的解决方式就是提交司法机关进行中立判断。行政机关作为不当得利关系的其中一方主体,不能仅仅依靠自己的判断就决定公民是否返还、如何返还、在何种范围内返还不当得利,否则会有"自己做自己的法官"的嫌疑。

最后,行政法上的不当得利还可能涉及信赖利益保护问题,即使相对人构成不当得利,行政机关也不能当然地要求返还。信赖保护原则是民法诚实信用原则在行政法中的运用。③当相对人并不是以非法手段获得行政给付,抑或出现行政行为无效或被撤销,行政契约被行政机关单方解除

---

① 林明昕:《公法学的开拓线——理论、实务与体系中之建构》,台北,元照出版有限公司2006年版,第240页。
② 参见刘建宏:《行政主体向人民主张公法上返还请求权之法律途径及其返还范围——以授益处分经自行撤销之情形为例》,载《东吴法律学报》2007年第2期。
③ 参见周佑勇:《行政法基本原则研究》,武汉大学出版社2005年版,第228页。

等情况的时候,善意相对人一旦对该行政行为产生了信赖利益,行政机关就需要衡量不当得利返还与信赖利益保护之间的轻重。此时,行政机关直接以行政决定的方式要求行政相对人返还不当得利,显得过于轻率。

事实上,对于行政法上不当得利情形中行政机关返还请求权的实现路径,许多学者赞同大陆法系国家和地区的"一般给付诉讼"方式。学者们也都发现了该路径在我国适用的根本阻碍:行政诉讼的单向构造问题。因此,已有不少研究提出了在行政法不当得利返还问题上构建"官告民"的"反向"行政诉讼的建议。[①] 可以说,以"反向"行政诉讼保障行政机关公法上的不当得利返还请求权,因其符合依法行政原则,可有效解决争议,且兼顾公共利益和个人权益保护等优势,已获得越来越多的关注和认同。

(三)行政机关无因管理支出补偿需要"反向"行政诉讼

无因管理制度是一项源于古罗马法的历史悠久的制度,最早用于为外出作战或经商者管理财产。[②] 在古罗马法上,它指未受他人委托,并无法律上之义务,以避免损害为目的而管理他人之事务。[③] 我国《民法典》第979条第1款规定:"管理人没有法定的或者约定的义务,为避免他人利益受损失而管理他人事务的,可以请求受益人偿还因管理事务而支出的必要费用;管理人因管理事务受到损失的,可以请求受益人给予适当补偿。"德国行政法上明确承认了公法无因管理法律关系的存在。在德国行政法看来,公法无因管理即符合民法无因管理特征(管理行为、为他人、未经委托)的公法法律关系。[④] 我国台湾地区"行政法"学者则将公法无因管理界定为"未受委任,并无义务而为他人管理公法事务"[⑤]。依此,公法上的无因管理有三个要件:管理他人公法事务、无法定或者约定的义务、为他人利益管理事务。[⑥] 满足以上三个要件,则公法上的无因管理成立。

1. 行政机关从事无因管理的理论争议

按照德国行政法上的分类,行政法上的无因管理有四种表现形式:行政

---

① 参见岳心:《公法上不当得利返还请求权研究——救济途径和程序方式初探》,载《法学杂志》2011年第8期;黄先雄:《论行政主体的不当得利返还请求权——从行政奖励被撤销后的利益追索说开去》,载《中南大学学报(社会科学版)》2014年第3期;熊勇先:《公法不当得利及其救济》,载《法学杂志》2012年第6期。

② 参见李文涛、龙翼飞:《无因管理的重新解读——法目的论解释和论证的尝试》,载《法学杂志》2010年第3期。

③ 参见陈朝璧:《罗马法原理》,法律出版社2006年版,第125页。

④ 参见[德]哈特穆特·毛雷尔:《行政法学总论》,高家伟译,法律出版社2000年版,第747页。

⑤ 陈敏:《行政法总论》(第10版),台北,新学林出版有限公司2019年版,第1258页。

⑥ 参见汪厚冬:《公法上无因管理的理论构造——基于释义学分析》,载《北方法学》2021年第2期。

主体为行政主体、行政主体为行政相对人、行政相对人为行政主体、行政相对人为行政相对人。① 出于本书的讨论旨趣，这里仅探讨行政机关为相对人利益而进行无因管理的情形。但哪怕是这一种情况，在学界也存在较大争议。

争议之一在于，行政机关的行为受到依法行政原则的严格控制，在没有法定或约定义务的情况下，行政机关相当于对某一事项没有权限。此时，行政机关若实施"无因管理"，反而有超越职权之嫌。有学者指出，之所以要以法律的形式规定无因管理制度，除鼓励人们相互帮助外，也有防止行为人借管理之名而行干涉他人事务、侵害他人权利之实的考虑。② 这一顾虑恰恰对应依法行政原则的初衷，因而更加印证了行政机关"无因管理"的不合法性。

对此，有学者指出，随着风险社会的到来，行政主体的法定权限往往是概括性的，其目的是要求行政机关在适当的时候能够更加积极、主动地处理流动性事态，从而维护社会秩序，增进人民福祉。依法行政原则如今已经成为一种复数的法益衡量结果，因而无因管理并不必然违背依法行政原则。③ 笔者对此十分赞同。事实上，无因管理制度在私法中出现，本身就已经违背了私法的根本原则即"意思自治"原则。所谓"一个人的实际同意才是判定对其事务进行干预的可接受性的唯一标准"④，无因管理本质上是一种"侵权行为"。但法律仍然容许这种行为存在，目的就是要在禁止干预他人事务和鼓励帮助他人之间找寻一种平衡。这种平衡的合理性在于，禁止干预他人和帮助他人都会有利于他人的利益，这也是无因管理制度的正当性基础。行政法上的无因管理同样如此，依法行政原则的目的是维护相对人的合法权益不受行政机关的非法侵犯，在无因管理情形下，行政机关的行为同样是为了维护相对人的利益。两者的一致性，使行政法上的无因管理并不违背依法行政原则。当然，在德国法上，只有在情况紧急并且在纯主权领域没有法律限制的情况下，行政机关才能实施无因管理。⑤ 这也是基于公法原理而对行政法上的无因管理进行的适度限制。

---

① 参见[德]汉斯·J.沃尔夫、奥托·巴霍夫、罗尔夫·施托贝尔：《行政法》（第2卷），高家伟译，商务印书馆2002年版，第167－168页。对此，德国行政法上也有争议，毛雷尔认为，行政法上的无因管理只包括前三种情况，而不包括行政相对人为行政相对人从事公法无因管理的可能。参见[德]哈特穆特·毛雷尔：《行政法学总论》，高家伟译，法律出版社2000年版，第747页。
② 参见魏振瀛主编：《民法》（第8版），北京大学出版社、高等教育出版社2021年版，第577页。
③ 参见汪厚冬：《公法之债论——一种体系化的研究思路》，苏州大学2016年博士学位论文，第246页。
④ Hanoch Dagan, *The Law and Ethics of Restitution*, Cambridge University Press, 2004, p.97－98.
⑤ 参见[德]哈特穆特·毛雷尔：《行政法学总论》，高家伟译，法律出版社2000年版，第748页。

争议之二在于,部分学者反其道而行之,认为行政机关本身就是代表公共利益的组织,其负有保护公民合法权益的"概括性义务"。因此,行政主体为公民利益而从事的一切活动,都可以认为存在某种"法定义务",因而不符合无因管理的构成要件。[1]

这一观点亦有合理之处。不必说行政机关,整个国家在建立之初都被施加了保护全体公民利益的概括性义务。以此论之,行政机关在没有法定和约定义务的情况下帮助公民,仍属于广义的"分内之事"。在实践中,有老人打110报警只为与民警聊天排遣孤寂的案例。[2] 我们也确实很难认为,此时公安机关的行为属于"无因管理",因而可以要求公民予以补偿。

但这种"概括性义务"的观点,给行政机关施加了过重的负担,还有可能造成行政机关随意超越权限干涉公民私人事务的结果,反而远离了权利保护的目标。行政机关何时属于没有法定义务,因而构成无因管理,可以尝试从公权利视角进行分析。虽然公权利及与此相配套的反射利益理论主要是为了解决行政诉讼原告资格的问题,但公权利的原本含义在于"公法赋予个人为实现其权益而要求国家为或者不为特定行为的权能"[3]。所以,行政机关在某种情况下是否成立无因管理,与相对人此时是否享有公权利有直接联系。如果相对人在此种情况下享有公权利,则行政机关不构成无因管理,反之亦然。至于哪些利益被法律确定为公权利,往往取决于其本身的重要性、与其他利益的关系以及保护可行性等,此处不多展开。只是要说明,正如公民的各项利益不会都转化成其公权利一样,行政机关也并不会因为自身的所谓"概括性义务",就完全无法从事"无因管理"。

争议之三在于,即使是行政机关为公民管理事务,是否一定构成"公法"上的无因管理?是否可能构成的是私法上的无因管理?

行政机关的存在,并不必然使一个无因管理行为成为"公法"上的无因管理。在公法之债起源地的德国,区分公法无因管理和私法无因管理的标准同样存在争议。有人主张根据管理人活动的法律性质判断,有人主张根据管理本身的法律性质判断,后者为较为通行的观点。[4] 我国台湾地区学者陈敏进一步指出:"公行政与人民之间,可以成立公法或私法之无因管理关系,因该无因管理为公法或私法性质之不同,不仅须具备不同之要件,

---

[1] 参见张弘:《行政法无因管理研究——以公民为行政机关从事行政活动为分析视角》,载《东方法学》2011年第5期。
[2] 参见秦聪聪:《孤寂老太忍不住打110找人聊天》,载《生活日报》2013年9月29日,A06版。
[3] [德]哈特穆特·毛雷尔:《行政法学总论》,高家伟译,法律出版社2000年版,第152页。
[4] 参见[德]哈特穆特·毛雷尔:《行政法学总论》,高家伟译,法律出版社2000年版,第749页。

始能成立合法之无因管理,其法律救济途径亦因之而异。无因管理之性质之认定,有人主张应依'管理人'管理行为之性质定之者。惟通说者认为,应依该事务由'本人'自为管理时之性质定之。"[1]所以,按照通行观点,如果本人从事该行为时,该行为会被认为是公法上的行为,则行政机关在没有法定和约定义务的情况下,为本人利益而从事了管理行为时,构成行政法上的无因管理。

2. 行政机关为相对人进行无因管理的实践情形

在行政法上,行政机关为相对人进行无因管理的行为,最为典型的是"代履行"。我国《行政强制法》第50条规定:"行政机关依法作出要求当事人履行排除妨碍、恢复原状等义务的行政决定,当事人逾期不履行,经催告仍不履行,其后果已经或者将危害交通安全、造成环境污染或者破坏自然资源的,行政机关可以代履行,或者委托没有利害关系的第三人代履行。"第51条第2款规定,"代履行的费用按照成本合理确定,由当事人承担……"在代履行法律关系中,行政相对人有履行行政决定,从而排除妨碍、恢复原状等公法上的义务却未履行,行政机关在没有上述义务的情况下,为了相对人的利益或公共利益,代相对人管理了公法上的事务,成立行政法上的无因管理。当然,此时行政机关的行为可能违背相对人的意思,但因相对人的真实意思违背法律、公序良俗或公共利益,无因管理仍然成立。

以此论之,在代替相对人履行义务的层面上,行政机关构成无因管理的行为范围又可以适度扩大。例如,在社会救助领域,虽然国务院《社会救助暂行办法》第50条规定了国家对生活无着的流浪、乞讨人员有提供临时食宿、急病救治、协助返回等救助的义务,但若流浪乞讨人员的境况是由于其赡养人、抚养人的遗弃行为,或其他不履行法定义务的行为造成的,则可稍加改变:可以认为,行政机关对该流浪乞讨人员有法定的救助义务,因而必须加以帮助。但对于该人员的赡养人、抚养人,行政机关并没有代替其照顾亲属的法定或约定义务。因此,在负有法定赡养、抚养义务的人遗弃亲属的情况下,行政机关对流浪乞讨、生活困难的人员进行长期的照顾时,由于已经超出了临时救助的法定义务范畴,相对于这些人的赡养人、抚养人构成无因管理,可以向其要求合理的费用支出补偿。

在实践中,还存在另外一种情况,即相对人因为自己的违法行为而深陷困境之中,需要行政机关的帮助。此时,行政机关显然不能"见死不救",但施救后是否可以要求补偿,在实践中有所争议。例如,个别公民为

---

[1] 陈敏:《行政法总论》(第10版),台北,新学林出版有限公司2019年版,第1258-1259页。

逃票、探险甚至自杀等目的,不顾行政管理机关的警示,偷偷进入危险区域,致使自己被困,地方政府只得组织各方力量组成救援团队进行救援,耗费十分巨大。① 在行政处罚的处罚权限、处罚额度及罚缴分离体制有所限制的情况下,以行政处罚手段警示后来者效果微乎其微,行政机关的救援花费也无法弥补。若不认为行政机关构成无因管理,因而可以要求公民进行费用补偿,则相当于变相纵容违法者,更是对全体纳税人金钱和行政资源的巨大浪费。

鉴于此,部分景区已经出台了违法旅游遇险有偿救援的相关规定。例如,2021年6月,黄山市文化和旅游局拟定了《黄山市山岳型景区有偿救援指导意见》(征求意见稿)。该意见指出:"本指导意见所称有偿救援,是指旅游者不遵守黄山市旅游景区游览规定,擅自进入未开发、未开放区域陷入困顿或危险状态,属地政府完成救援后,由旅游活动组织者及被救助人承担相应救援费用的活动。"2018年8月,四川省稻城亚丁景区开始实施《甘孜州稻城亚丁景区有偿搜救制度》。该制度适用于亚丁景区范围内非法登山、非法穿越等户外活动及未按规定线路、区域旅游而发生事故的人员。2018年9月,四川省四姑娘山景区也出台了《四姑娘山景区山地户外运动突发事件有偿救援管理办法》。该办法规定,擅自进入四姑娘山景区发生险情需要救援的团体或个人,擅自变更山地户外运动申报时间、线路和活动项目发生险情需要救援的团体或个人,违规开展登山、徒步、攀岩等山地户外运动项目发生险情需要救援的团体或个人,求助人员瞒报、谎报险情的团体或个人等均在有偿救援范围内。

除景区外,外交部也曾发布过类似的"通告"。2017年12月19日,外交部提醒中国公民勿心存侥幸,前往也门、利比亚等高风险地区经商,并明确指出:"如中国公民在暂勿前往提醒发布后仍坚持前往或滞留相关国家和地区,有可能导致当事人面临极高安全风险,并将严重影响其获得协助的实效,且因获得协助而产生的费用需由个人承担。"②2017年12月26日,外交部再次因巴厘岛火山爆发,要求中国公民近期谨慎前往巴厘岛旅行,并指明:"鉴于上述地区的特殊情况,如中国公民在谨慎前往提醒发布后仍坚持前往上述所提醒的高风险地区,有可能导致当事人面临较高安全风险,并可能影响其获得协助的实效,因协助而产生的费用

---

① 参见《3驴友穿越卧龙无人区被困30人六天五夜接力营救》,载中国江苏网2017年10月11日,http://scnews.newssc.org/system/20171010/000822955.html。
② 参见《外交部:中国公民暂勿前往利比亚等海外安全高风险国家和地区》,载央视网,http://news.cctv.com/2017/12/19/ARTIPXRtqldv2EIxNYdot80L171219.shtml。

由个人承担。"①可见,实践已经在有意无意间将违法旅游遇险的救援当作一种"无因管理"来对待。

3. 行政机关无因管理费用补偿的获取途径

公法上的无因管理理论和制度,最终目的在于解决管理过程中的费用补偿问题,即为行政机关无因管理后获取费用补偿提供一种请求权基础。如前所述,外交部和个别景区已通过公告或景区管理规定的形式,明确要求非法旅游遇险后的救援费用由个人支付。但若被救援者拒绝支付相关费用,外交部或景区管理部门应以何种手段维护自身利益,相关通告或规定并未明确。在实际操作中,黄山景区采取的方式是将拒不缴纳救援费用者纳入当地的"旅游黑名单",但如此处理,获得补偿的目的终究未能实现。另外,还有部分被救援者勉为其难缴纳费用,但想方设法给行政机关和实际救援主体设置障碍的情况,②这都体现出进一步明确和优化费用补偿路径的必要。

我国学者在研究行政法上的无因管理问题时,也注意到了其中的补偿请求权如何实现的问题。但现有研究多是关注行政相对人为行政机关从事无因管理后从行政机关处取得费用补偿的情况,很少关注行政机关为相对人从事无因管理后应当如何获得补偿的问题。③

行政法债务关系中的请求权虽然主要针对国家,"但反过来国家也可能享有针对公民的相应的请求权"④。针对公法无因管理的情形,确有准用民事法律规范确定实体权利义务的情况。例如,在德国法院看来,"存在这种'需要',即除一般的公法规则外,对这种'特殊的、紧密的行政机关和公民之间的关系'类推适用民法典的债法特别规定,尤其是有关赔偿责任的规定"⑤。但在救济途径上,将公法无因管理争议纳入公法程序解决是

---

① 参见《外交部提醒中国公民近期谨慎前往巴厘岛旅行》,载人民网,http://travel.people.com.cn/n1/2017/1226/c41570 - 29728851.html。
② 例如,2021年5月6日,陕西宝鸡非法穿越鳌太线的2名驴友被困,搜救队20多个小时后将其带出。事后家属承诺的每辆车500元车费只同意按200元结算,并让队员到7个小时车程外领取。参见《秦岭失联驴友获救后减扣搜救者车费 搜救者:人没事就好》,载光明网,https://m.gmw.cn/baijia/2021 - 05/07/1302278027.html。
③ 关于行政相对人为行政机关从事无因管理后对行政机关取得费用补偿请求权的问题,可参见张弘:《行政法无因管理研究——以公民为行政机关从事行政活动为分析视角》,载《东方法学》2011年第5期;曹达全:《无因管理行为公法保护制度探讨——以加强对无因管理者权利的保护为重点》,载《理论探索》2008年第2期;李晓新:《论公法性质之无因管理》,载胡建淼主编:《公法研究》(第7辑),浙江大学出版社2009年版;宁立成:《论公法上的无因管理引起的国家补偿》,载《江汉论坛》2003年第1期。
④ [德]哈特穆特·毛雷尔:《行政法学总论》,高家伟译,法律出版社2000年版,第742页。
⑤ [德]哈特穆特·毛雷尔:《行政法学总论》,高家伟译,法律出版社2000年版,第741 - 742页。

德国行政法上的通例。在德国,有法律授权的情况下,行政主体可以通过行政行为(给付决定)实现行政法债务关系中的权利。[1] 同时,根据《德国行政法院法》第 40 条第 1 款规定,行政法院对国家的支出补偿请求和损害赔偿请求享有管辖权,[2]行政主体和行政相对人都可以通过向行政法院提起给付之诉,实现行政法债务关系中的权利。

所以,无论从现实情况还是域外经验中都可以看到,如前述外交部或景区管理部门一般,专门在一个规定中设置行政机关无因管理费用补偿路径的做法,不仅适用范围有限,而且不具备强制性,有时无法实现费用补偿的目标,还容易引起相对人的抵触。突破行政诉讼单向构造的束缚,允许行政机关向法院提起"反向"行政诉讼,可能是一劳永逸地解决这一问题的最佳方式。

本章认为,"反向"行政诉讼的现实适用场域,主要有行政协议中相对人违约、行政非诉执行制度改革、行政机关在行政之债中的债权保障三种情况。在这些情况中,"反向"行政诉讼赋予了行政机关一种"救济途径",保护了行政机关的利益或行政机关所代表的公共利益。同时,以司法的介入防止行政机关滥用权力"自力救济",既有利于实体权利义务的公正评判,也有利于监督控制行政权,还有利于最终实现行政目标,可谓一举多得。这也充分证明,"反向"行政诉讼适用于这些场域的合理之处和优势所在。

---

[1] 参见[德]汉斯·J. 沃尔夫、奥托·巴霍夫、罗尔夫·施托贝尔:《行政法》(第 2 卷),高家伟译,商务印书馆 2002 年版,第 178 页。

[2] 参见[德]哈特穆特·毛雷尔:《行政法学总论》,高家伟译,法律出版社 2000 年版,第 750 页。

第三章 "反向"行政诉讼的实践："官告民"的司法判例

适用场域的讨论,彰显了"反向"行政诉讼的现实需求,在一定程度上说明了建立"反向"行政诉讼的必要性。但诉讼毕竟是具有高度实践属性和专业色彩的活动,仅仅依靠从旁观察和理论分析,难免会给人隔靴搔痒之感。"反向"行政诉讼的研究,必须将目光置于司法判例中,通过分析真实案例,体会社会的需求、制度的实效、司法的态度、审判的智慧,进而进一步思考"反向"行政诉讼的必要和可能。此外,鲜活的法律适用实践,还可以消除读者对"反向"行政诉讼整体形象的迷茫,让"反向"行政诉讼的具体样态更加清晰地展现出来。[1]

当然,我国行政诉讼是不允许"官告民"的。所以,我们不可能在司法实践中找到完全符合本书要求的,行政诉讼层面的"官告民"案例。本章所引用的案例,凡是"官"去"告民"的,都是行政机关在民事诉讼程序中提起的;凡是属于行政诉讼,按照行政诉讼程序审理的,则仍然是"民告官"。但是,我们把这些案例都作为"反向"行政诉讼的案例列举出来,并且将其命名为"'反向'行政诉讼的实践"或者"'官告民'的司法判例"。因为在这些案例中,或者是司法机关在作出的判决或裁定中提出部分争议不属于民事诉讼范畴,要求行政机关自行处理;或者是行政机关尝试提出过"官告民"的行政诉讼,但毫无疑问地被法院裁定不予受理或驳回起诉;再或者是案由得到了法院民事审判庭的承认,甚至行政机关获得了胜诉判决,但可以看到,将这些案件归于民事诉讼审理存在明显的不当之处。所以,这些案例都可以给我们以启示,让我们一窥法院对于同类案件的态度及相应的制度漏洞。尤其是在与前一章节相呼应的意义上,这些案例都能证明,没有"官告民"的"反向"行政诉讼,许多争议的解决无论是在机制上还是在效果上都不尽如人意。这也正是本章的意义所在。

---

[1] 需要说明,本章所引用的案例,全部为从裁判文书网获取的公开案例。但为了便于读者更好地抓住案件重点,在本章撰写过程中,笔者对案例进行了一定的删节,对个别文字进行了不影响原意的微调。

一、行政协议纠纷解决实践及其问题

行政协议是"反向"行政诉讼最为明显的适用场域之一。行政协议中的相对人违约,可能是实践中最多、行政机关也最有意愿去起诉相对人的情形。面对行政机关就相对人不履行行政协议提起的诉讼,司法如何判决,又产生了何种效果,值得重点关注。目前来看,司法机关在审理这类案件时,会遇到许多问题。

(一)程序空转

"程序空转"是指,行政机关在面对相对人不履行行政协议的情况时,试图通过诉讼渠道解决争议。囿于没有"官告民"的行政诉讼,行政机关只得提起民事诉讼。但民事诉讼对行政争议的解决却难以发挥作用,对行政争议产生背后的问题更是一筹莫展。这导致整个诉讼程序走完,争议都没有得到有效解决。这样的例子在实践中比比皆是,本节试举两例。

"大连市甘井子区甘井子街道办事处、大连佳和园林绿化工程有限公司确认合同无效案。"[①]该案的基本案情是,原告甘井子街道办事处与被告大连佳和园林绿化工程有限公司签订了《拆迁补偿协议书》。协议内容为,根据被告提供的资料,被告拥有大连佳和园林绿化工程有限公司位于厂区的土地、房屋、资产及附属设施的相关权利。共有房屋13套(无证),总建筑面积为1498.97平方米。经双方协商确认,原告同意支付总价款3,690,995元作为对拆迁对象的全部补偿。协议签订后5日内,原告应向被告支付首笔补偿款1,845,498元,被告须使拆迁区域达到协议约定的交付条件后交给原告接收、拆除。原告完成拆除且相关产权证件注销后7日内,再向被告支付尾款1,845,497元。

但是,原告在支付了首笔补偿款后,发现被告于2018年4月3日受到大连市国土资源和房屋局的行政处罚,认定其占有使用的案涉土地为非法占用集体土地,并责令交还、没收地上建筑物。故被告于2018年4月3日起,已经不再享有案涉土地及地上物的相关权利,不能作为政府拆迁补偿的主体。被告法定代表人在从原告处领取拆迁补偿款支票时,并未将前述事实如实告知原告。因此,原告认为被告是为达到故意骗取国家拆迁补偿款的目的,隐瞒重大事实,与原告签订的《拆迁补偿协议书》。有鉴于此,原告甘井子街道办事处请求法院判决自己与对方签订的《拆迁补偿协议

---

① 大连市甘井子区甘井子街道办事处、大连佳和园林绿化工程有限公司确认合同无效案,大连市中级人民法院(2022)辽02民终5488号民事裁定书。

书》无效。

一审法院将该案作为民事争议进行了审理,并驳回了原告大连市甘井子区甘井子街道办事处的诉讼请求。原告不服,向大连市中级人民法院提出上诉。在二审中,大连市中级人民法院指出:

> 《中华人民共和国民事诉讼法》第一百二十二条规定起诉必须符合下列条件:(一)原告是与本案有直接利害关系的公民、法人和其他组织;(二)有明确的被告;(三)有具体的诉讼请求和事实、理由;(四)属于人民法院受理民事诉讼的范围和受诉人民法院管辖。本案中,根据被上诉人一审时提供的《大连市天然气高压管道建设工程征地动迁补偿实施方案》《天然气管道工程征地动迁工作安排部署和时限要求》,2018年2月28日甘井子区城建局对大连市天然气高压管道建设工程征地动迁补偿的相关工作进行了部署。甘井子街道办事处接受甘井子区政府的委托,作为征地动迁实施主体具体组织开展动迁工作。后甘井子街道办事处对案涉房屋进行了现场勘查,并与佳和园林公司签订了《拆迁补偿协议书》。……
>
> 依据《中华人民共和国行政诉讼法》第十二条第一款第(十一)项规定,认为行政机关不依法履行、未按照约定履行或者违法变更、解除政府特许经营协议、土地房屋征收补偿协议等协议的,公民、法人或者其他组织有权提起行政诉讼。《最高人民法院关于适用〈中华人民共和国行政诉讼法〉若干问题的解释》第十一条规定,行政机关为实现公共利益或者行政管理目标,在法定职责范围内,与公民、法人或者其他组织协商订立的具有行政法上权利义务内容的协议,属于行政诉讼法第十二条第一款第十一项规定的行政协议。本案中,甘井子街道办事处与佳和园林公司于2018年签订的《拆迁补偿协议书》系行政协议,参照《最高人民法院关于审理行政协议案件若干问题的规定》第二十八条之规定,2015年5月1日后订立的行政协议发生纠纷的,适用行政诉讼法及本规定。本案不属于民事案件受理范围,应当依法驳回甘井子街道办事处的起诉。
>
> 综上所述,甘井子街道办事处的上诉请求不成立,本院不予支持。

从该案的案件事实来看,如果被告大连佳和园林绿化工程有限公司确实存在明知自己不再享有土地和房屋权利,却仍与原告签订拆迁补偿协议的行为,则两者之间的法律关系更类似于"不当得利"。但鉴于该案围绕行政协议展开,故将其置于行政协议争议中。

本案的关键在于,其既涉及原、被告双方之间的行政协议,还涉及被告即相对人被另一行政机关施加行政处罚的问题。由于行政处罚是否合法直接关系到本案被告是否有资格与原告行政机关签订协议,因而不解决前者,后者将无从审理。本案的二审法院将《拆迁补偿协议书》认定为行政协议,进而以行政协议争议不属于民事诉讼受案范围而结案,自然没有错误。但是,即使法院将《拆迁补偿协议书》认定为民事合同,他也必然要判断行政处罚的合法性,几乎一定要等待被告就行政处罚行为提起的行政诉讼的处理结果。所以,无论如何,本案都无法再推进下去。案件经过了两审,行政机关与相对人之间的协议纠纷,包括本案纠纷背后相对人与另一行政机关之间的行政处罚纠纷,在诉讼程序中都没有得到任何处理。

同样的问题也出现在"凯里市国土资源和规划管理局与姚某云合同纠纷案"之中。[①] 在本案中,贵州省凯里市人民政府决定建设原棉纺厂13号路城市主干道。因道路设计要求,需对该路段相关房屋进行拆迁。原告凯里市国土资源和规划管理局按照要求对道路周边的土地和房屋进行调查。在调查中原告发现,被告先前从凯里市鸭塘镇四联村十二组购买的107.25平方米宅基地,并未依法办理手续,属违法用地,应予无偿收回;其修建的241.62平方米房屋,属于违法违章建筑,应予拆除,因而不予补偿。凯里市市政府考虑被告房屋被拆除的后续问题,采取了相应的救济措施,解决了被告的生活困难。

但是,被告姚某云在获得救济后并未履行自己所作承诺,以其所得的利益不公为由,多次上访,原告作为指定的接访单位与被告多次交涉均未果。原告不得已,在2010年9月14日与被告达成"协议",承诺给予安排宅基地一块,面积140平方米。原告在起诉书中指出:

> 该协议系因被告多次上访,原告不得已与之签订。被告的房屋土地均无合法手续,被拆除后依法不能获得补偿。房屋拆除时,被告不是凯里本地户籍,其配偶是凯里城镇户籍,无权获得宅基地,原告同意给予被告宅基地缺乏事实和法律依据。原告以公共财产对被告进行补偿不符合法律规定。被告利用原告急于息访的压力,逼迫原告与其签订该协议。被告恶意利用原告的困境,使原告承诺提供财产利益,

---

① 凯里市国土资源和规划管理局与姚某云合同纠纷案,贵州省凯里市人民法院(2018)黔2601民初1580号民事裁定书。

而该财产利益与被告的给付显然不相称。协议签订时双方权利义务明显不对等,违反公平等价有偿原则,并且此行为助长了无理缠访的风气。综上,请求人民法院支持原告的诉请,维护原告的合法权益。

在原告的起诉书中,我们可以惊奇地看到,原告凯里市国土资源和规划管理局为了让司法机关判决自己与相对人签订的协议无效,竟主动向司法机关指出自己违法,声明自己的行为"缺乏事实和法律依据""不符合法律规定"。这种不正常的情况令人深思:按照学理来说,如果行政机关真的认为自己与相对人达成的协议存在问题(在本案中表现为严重损害公共利益),只要行使单方解除权解除协议即可,没有必要主动告诉法院自己签订的协议违法。但是,行政机关却宁可在民事诉讼中去承认自己有违法行为,也不愿意行使单方解除权。想来,这极有可能是因为对方当事人是信访者,一旦行政机关单方解除行政协议,迎接他们的势必是无休止的行政诉讼,包括更加多次的信访。

面对"原告行政机关主动承认违法"的稀见情况,司法机关的处理倒是十分"简单"。凯里市人民法院指出:

《中华人民共和国民事诉讼法》第一百一十九条规定,起诉必须符合下列条件……(四)属于人民法院受理民事诉讼的范围和受诉人民法院管辖。结合本案来看,原告凯里市国土资源和规划管理局就被告姚某云所作出的《关于原棉纺厂13号路城市主干道建设用地范围内被拆迁户相关诉求的答复意见》,系行政机关针对上访人上访而就息诉罢访事宜所作的答复意见,实质上是行政机关为了维护社会和谐稳定、公共利益和实现行政管理职能的需要,根据属地主义原则在其职责权限范围内作出的答复意见,其不属于人民法院受理民事诉讼的范围。据此,依照《中华人民共和国民事诉讼法》第一百一十九条、第一百五十四条、《最高人民法院关于适用〈中华人民共和国民事诉讼法〉的解释》第二百零八条之规定,裁定如下:

驳回原告凯里市国土资源和规划管理局的起诉。

综观本案,行政机关与相对人之间的真正矛盾,根本不在那个所谓的行政机关给予相对人宅基地的"协议",而是由拆迁补偿引发的一系列重大争议。例如,凯里市国土资源和规划管理局认定姚某云拥有的土地和建设的房屋属于违法用地和违法建筑,该认定是否正确?姚某云连续的上访行为,是否涉嫌违法?凯里市国土资源和规划管理局认为自己是在"以公共财产对被告进行补偿",因而自己违法,是否确实如此?这些争议不解决,本案就永远不可能实现"案结事了"。但是,司法机关一个简单的"不属于民事诉讼受案范围",便将这一矛盾挡在了司法的大门外。当然,这并不能怪罪于司法机关,因为就算凯里市人民法院将该案件中的协议认定为民事协议,民事审判庭也无力去判断与这一协议相关的上述争议,其最多只能在民事合同效力的范畴内,作出一个对双方而言都"不痛不痒"的判决。可见,没有"官告民"的"反向"行政诉讼,行政机关在面对相对人违约的情况时,会出现多少的救济乏力或无可奈何。

(二)程序回流

"程序回流"是指,行政机关面对相对人不履行行政协议的情况,经历兜兜转转一系列诉讼后,哪怕行政机关胜诉,问题却又回到近乎原点的情况。在"重庆市武隆区人民政府与重庆港升机械制造有限公司(以下简称港升公司)合同纠纷案"中,①我们可以看到,在行政协议法律关系中,没有"官告民"的"反向"行政诉讼作为制度支撑,将会造成怎样的程序回流。

本案的基本案情:2011年8月15日,甲方重庆市武隆区人民政府与乙方港升公司签订《摩托车活塞项目投资协议书》约定,双方合作开展"摩托车活塞系列产品项目"。港升公司在重庆市武隆工业园区内,以国土部门划定的用地红线为准,建设厂房30,000平方米以上,活塞生产线50条。整个项目分为两期,在3年内建成,一期于2012年12月31日前建成,完成固定资产投资1亿元以上;二期于2013年12月31日前建成,完成固定资产投资6000万元以上。项目建成投产后2年内达到3.2亿元/年的产能规模。作为回报,在项目在建期间及如期、全面建成达产后,甲方武隆区人民政府承诺给予乙方以下优惠政策:(1)乙方使用的土地实行"零地价"……在土地招拍挂时由乙方全额缴纳土地出让综合价金,待乙方将其解缴入库后于15个工作日内,由甲方将上述资金一次性全额安排给乙方用于该项目基础设施建设。双方约定,如因甲乙双方任何一方的违约,给对方造成的直接或间接经济损失,应由违约方予以赔偿,同时,若乙方违约则不得享受相关优惠政策。

协议签订后,港升公司从2012年10月起正式启动项目建设。2013年11月7日,港升公司通过招拍挂取得协议约定的76.2亩土地,并签订了土

---

① 重庆市武隆区人民政府与重庆港升机械制造有限公司合同纠纷案,重庆市第三中级人民法院(2020)渝03民终1319号民事裁定书。

地出让合同。武隆区人民政府则按协议约定于2013年12月4日向港升公司支付了1080.42万元土地出让优惠政策资金。此后,港升公司并未按照合同要求建设厂房和生产线,也并未进行生产。武隆区人民政府认为,港升公司于2015年3月停工至今,仅完成厂房的主体工程。2014年4月10日,2016年10月11日,武隆区人民政府的职能部门重庆市武隆区工业园区管理委员会和武隆区人民政府分别发函给港升公司,催促其恢复建设施工,但港升公司至今未复工建设,致使合同目的无法实现。因此,武隆区人民政府诉至一审法院,请求法院判决乙方港升公司退还自己支付的1080.42万元土地出让优惠政策资金并赔偿损失。

由于行政诉讼中不能"官告民",武隆区人民政府向法院提起的是民事诉讼,但恰恰在这一点上出现了问题。一审法院指出:

> 《中华人民共和国行政诉讼法》第十二条第一款规定:"人民法院受理公民、法人或者其他组织提起的下列诉讼:……(十一)认为行政机关不依法履行、未按照约定履行或者违法变更、解除政府特许经营协议、土地房屋征收补偿协议等协议的。"《最高人民法院关于适用〈中华人民共和国行政诉讼法〉若干问题的解释》第十一条第一款规定:"行政机关为实现公共利益或者行政管理目标,在法定职责范围内,与公民、法人或者其他组织协商订立的具有行政法上权利义务内容的协议,属于行政诉讼法第十二条第一款第十一项规定的行政协议。"《最高人民法院关于审理行政协议案件若干问题的规定》第一条规定,行政机关为了实现行政管理或者公共服务目标,与公民、法人或者其他组织协商订立的具有行政法上权利义务内容的协议,属于行政诉讼法第十二条第一款第十一项规定的行政协议。第二条规定公民、法人或者其他组织就下列行政协议提起行政诉讼的,人民法院应当依法受理:……符合本规定第一条规定的政府与社会资本合作协议。对于本案武隆区人民政府与港升公司签订的《摩托车活塞项目投资协议书》而言,武隆区人民政府是为了实现行政管理或者公共服务目标经与被告协商一致订立,该协议中所涉及的武隆区人民政府拨付给被告的土地出让优惠政策资金,武隆区人民政府只是受国家委托以出资人的身份与港升公司签订协议,拨付港升公司,其协议内容具有行政法上的权利义务内容,符合《中华人民共和国行政诉讼法》《最高人民法院关于适用〈中华人民共和国行政诉讼法〉若干问题的解释》《最高人民法院关于审理行政协议案件若干问题的规定》中关于行政协议的规

定,因此,案涉《摩托车活塞项目投资协议书》属于行政协议范畴。武隆区人民政府据此提起要求港升公司退还已享受的土地出让优惠政策资金并赔偿损失的诉讼,不属于人民法院受理民事诉讼的范围,依法应予驳回起诉。

武隆区人民政府对一审法院的裁定不服,进而向重庆市第三中级人民法院提起上诉。但二审法院同样认为,本案双方签订的协议属于行政协议,因协议履行产生的争议属于行政争议,一审裁定适用法律虽有瑕疵,但裁定结果正确,因此,二审法院依法纠正后予以维持,驳回武隆区人民政府的上诉。二审法院在裁定中指出:

《最高人民法院关于审理行政协议案件若干问题的规定》第一条规定:"行政机关为了实现行政管理或者公共服务目标,与公民、法人或者其他组织协商订立的具有行政法上权利义务内容的协议,属于行政诉讼法第十二条第一款第十一项规定的行政协议。"涉案的《摩托车活塞项目投资协议书》主要为武隆区人民政府以"零地价"的土地出让金优惠政策吸引港升公司到当地投资建厂的招商引资协议。从合同主体来看,合同一方当事人武隆区人民政府系行政机关,本案双方当事人虽缔结合同,但本质为武隆区人民政府制定政策给与土地出让金优惠,港升公司执行政府政策享受土地出让金优惠,双方之间非平等主体关系。从合同目的来看,武隆区人民政府是为实现当地经济增长、拉动就业等行政管理及公共服务目标而订立。从行政职权职责范围来看,涉案合同系武隆区人民政府在其法定职责范围内签订,具有行政法上权利义务的内容。从合同权利义务来看,武隆区人民政府在协议履行过程中享有监督权、单方解除权等行政优益权,普通的民商事主体无权制定涉案的土地出让金优惠政策。在协议签订、履行过程中,武隆区人民政府作为行政主体,有权依法对协议另一方港升公司履行协议的情况进行指导、监督、检查,一旦发现行政协议继续履行会损害公共利益或者不能实现行政管理目标,有权依法纠正,可以行使行政优益权单方面变更或者解除协议。综上所述,涉案《摩托车活塞项目投资协议书》实为招商引资协议,符合行政协议的基本特征,应属《最高人民法院关于审理行政协议案件若干问题的规定》第二条第(六)项所规定的其他行政协议,故本案不属于人民法院民事诉讼受案范围。

可见，原告武隆区人民政府依照民事诉讼程序向民庭提出的诉讼，都被法院以行政协议不属于民事诉讼受案范围为理由驳回了。综观整个案件事实，应当说，法院的裁定是没有问题的。本案属于明显的、确定无疑的行政争议，本就不该在民事诉讼程序中审理。想来，武隆区人民政府也很清楚自己与港升公司签订的是行政协议，还很有可能已经预计到法院的裁判结果。但其仍然选择到民庭起诉，只是因为行政诉讼无法"官告民"罢了。

本案如果就此结束，最多只能说明，行政机关在相对人不履行行政协议时，有通过司法途径对自己进行救济的意图。或者说，其在某些时刻不愿意主动解除协议，即使解除协议，其中的许多纠纷也并不会随之而解决。但在实践中，面对诉讼救济的不能，重庆市武隆区人民政府被迫按照最高人民法院《关于审理行政协议案件若干问题的规定》第24条的程序处理这一问题。2020年2月24日，武隆区人民政府向港升公司作出《关于解除〈摩托车活塞项目投资协议书〉的通知》，通知其解除《摩托车活塞项目投资协议书》。2020年12月10日，武隆区人民政府向港升公司发出《关于履行〈摩托车活塞项目投资协议书〉的催告书》，其中载明："因你单位未按约履行协议的行为已构成违约……你单位不符合享受'零地价'的优惠政策，你单位应当全额返还本机关给予你单位的土地出让优惠政策资金1080.42万元及利息损失。"2021年4月2日，武隆区人民政府作出《退还土地优惠政策资金决定书》。该行政决定书于2021年4月9日送达港升公司。果不其然，港升公司就《退还土地优惠政策资金决定书》提起行政诉讼，要求法院判决撤销被告武隆区人民政府作出的《退还土地优惠政策资金决定书》。[1]

重庆市第三中级人民法院对案件进行审理后认为：

> 《最高人民法院关于审理行政协议案件若干问题的规定》第一条规定："行政机关为了实现行政管理或者公共服务目标，与公民、法人或者其他组织协商订立的具有行政法上权利义务内容的协议，属于行政诉讼法第十二条第一款第十一项规定的行政协议。"本案中，武隆区人民政府出于提高本地经济生产总值，增加政府财税收入或者解决就业问题等因素考虑，通过提供优惠政策支持，引进港升公司入驻武隆

---

[1] 重庆港升机械制造有限公司与重庆市武隆区人民政府行政协议案，重庆市第三中级人民法院（2021）渝03行初63号行政判决书。

当地投资建设生产经营项目，与港升公司协商签订了《摩托车活塞项目投资协议书》。该投资协议，明确约定项目用地规模、建设工期、资金投入和产出强度，双方各自权利、义务和违约责任，以及政府一方提供的优惠政策和条件，明显具有上述规定的行政协议特征，属于行政诉讼法第十二条第一款第十一项规定的行政协议。港升公司因该行政协议的订立、履行、变更、终止等发生纠纷，以武隆区人民政府为被告提起行政诉讼，人民法院应当依法受理。

  本案中，《摩托车活塞项目投资协议书》系双方当事人真实意思表示，不存在行政诉讼法第七十五条规定的重大且明显违法情形，本院依法确认有效。故该协议从订立时起，对双方当事人均产生法律的约束力。行政协议作为一种特殊的行政行为，兼具"行政性"和"合同性"。由此，法律规定行政机关应当依法行政，履行行政协议以实现行政管理或公共服务目标，同时也允许其享有一定的行政优益权。当继续履行协议会影响公共利益或者行政管理目标实现时，行政机关一方有权单方变更、解除行政协议，不必经过双方的意思合致。

……

  根据《摩托车活塞项目投资协议书》中违约责任项下"若乙方违约则不得享受相关优惠政策"的约定，在港升公司存在违约行为时，港升公司不得享受武隆区政府提供的"零地价"优惠政策。同时，根据《中华人民共和国民法典》第五百六十六条第二款"合同因违约解除的，解除权人可以请求违约方承担违约责任，但是当事人另有约定的除外"的规定，解除权人武隆区人民政府有权主张违约方港升公司承担违约责任。再者，《最高人民法院关于审理行政协议案件若干问题的规定》第二十四条第一款规定："公民、法人或者其他组织未按照行政协议约定履行义务，经催告后不履行，行政机关可以作出要求其履行协议的书面决定。公民、法人或者其他组织收到书面决定后在法定期限内未申请行政复议或者提起行政诉讼，且仍不履行，协议内容具有可执行性的，行政机关可以向人民法院申请强制执行。"可见，武隆区人民政府于2020年12月10日向港升公司发出催告书，催告其在指定期限内退还土地出让优惠政策资金1080.42万元及支付该资金相应利息损失，港升公司逾期不履行义务后，武隆区人民政府于2021年4月2日作出《退还土地优惠政策资金决定书》，责令港升公司在指定期限内退还土地出让优惠政策资金1080.42万元并支付该资金相应利息损失的行为，既符合《摩托车活塞项目投资协议书》的约定，也符合

《中华人民共和国民法典》第五百六十六条第二款和《最高人民法院关于审理行政协议案件若干问题的规定》第二十四条第一款的规定。

……

综上,武隆区人民政府作出的被诉《退还土地优惠政策资金决定书》事实清楚,证据确凿,适用法律正确,且符合法定程序,本院依法予以支持。港升公司的诉讼理由不能成立,对其诉讼请求本院不予采纳。据此,依照《中华人民共和国行政诉讼法》第六十九条规定,判决如下:

驳回原告港升公司的诉讼请求。

至此,法院完全支持了行政机关的主张,驳回了相对人的诉讼请求。表面来看,行政机关无疑是胜诉了。但是,本案程序之往复,主体转换之复杂,带来的额外成本之耗费,却让人难言制度本身的成功。

回顾本案,既然最高人民法院《关于审理行政协议案件若干问题的规定》第24条第1款明确规定:"公民、法人或者其他组织未按照行政协议约定履行义务,经催告后不履行,行政机关可以作出要求其履行协议的书面决定。公民、法人或者其他组织收到书面决定后在法定期限内未申请行政复议或者提起行政诉讼,且仍不履行,协议内容具有可执行性的,行政机关可以向人民法院申请强制执行。"为什么行政机关不在一开始就进行催告,进而作出一个要求相对人履行协议的书面决定,反而要尝试一次几乎毫无胜算的"民事诉讼",甚至在被一审法院裁定驳回起诉后,还要再次尝试在民事诉讼中上诉呢?

首先,前文已多次提到,行政机关不想做被告。本案是行政相对人不履行行政协议,行政机关自始至终认为自己处于"有道理"的位置。所以,纵使本案的行政协议具有部分可执行项,行政机关也不愿意作出一个要求对方履行的决定,因为这一决定大概率,甚至必然会导致对方提起行政复议或行政诉讼。对方违约,为何自己要做被告? 于是,行政机关宁可先尝试一下民事诉讼途径。毕竟在民事诉讼中,自己还是原告的身份,不仅掌握着程序的主动权,还可以避免考核等方面可能出现的麻烦。

其次,行政机关希望在一个程序中一次性解决问题,但这在当前的行政诉讼中是无法做到的。提起民事诉讼如果成功,则法院会直接作出有实体权利义务分配的判决,剩下的问题就是作为被告的相对人去履行法院判决即可。但是,如果按照最高人民法院《关于审理行政协议案件若干问题的规定》的相关规定,行政机关需要先"催告",在相对人不履行协议后,再作出要求相对人履行协议的"书面决定",此时,相对人大概率提出复议或诉讼,则行政机关还要进入复议或诉讼程序中。即使相对人不提出复议或诉讼,行政机关还要再申请法院强制执行。相较民事诉讼而言,在行政途径内至少要经历三个程序,行政机关自然希望减少麻烦。在本案中,司法机关判决被告武隆区人民政府胜诉,但是,此时司法机关能做的,只是"驳回原告的诉讼请求"。至于行政协议的内容如何执行,行政机关绕了一大圈后还是要申请强制执行,这显然是一种"程序回流"。

最后,从双方的诉讼请求中,也可以看出双方的心理状态。从最初的民事诉讼开始,行政机关请求的,就是乙方港升公司退还自己支付的1080.42万元土地出让优惠政策资金并赔偿损失。可见,哪怕是提起了诉讼,行政机关也在尽力避免"解除合同"的结果。但在行政诉讼中,面对行政机关"解除行政协议"和"退还土地优惠政策资金"两个行政决定,相对人并没有对前者有何诉求,而只是要求法院判决后者违法。这里可以看出,在相对人不履行行政协议的情况下,行政机关在很多时候并不想解除合同,因为行政协议涉及地方政府的招商引资、经济发展、增加就业等,解除合同不能达成任何行政目标。但相对人此时却很可能巴不得政府解除行政协议,因为其根本无力继续履行。

所以,如果有一个程序,能让行政机关做原告而不必被告,也能在一个程序内直接解决问题而不必要兜兜转转,还能更好地考虑行政目标和维护公共利益,是否会更适合于行政协议中相对人违约问题的解决?显然,"反向"行政诉讼在此时有明显的优势。

(三)程序悖论

"程序悖论"是指,行政机关面对行政协议的部分争议(主要是仲裁条款争议)时,发现由于制度之间的天然矛盾,自己无论是提起民事诉讼还是提起行政诉讼,都自始没有胜诉可能的问题。

行政协议是为了实现行政管理或者公共服务目标而订立的协议,内容涉及行政法上权利义务,因而不能任由协议双方约定纠纷解决机制。最高人民法院《关于审理行政协议案件若干问题的规定》第26条规定:"行政协议约定仲裁条款的,人民法院应当确认该条款无效,但法律、行政法规或者我国缔结、参加的国际条约另有规定的除外。"这一规定本身有其道理,但在实践中却产生了意想不到的"程序悖论"。

在"福安市住房和城乡建设局诉福安桑德水务有限公司案"中,①原告福安市住房和城乡建设局与被告福安桑德水务有限公司签订了一份《特许经营协议》,双方在协议中约定了仲裁条款。后在协议履行过程中,双方出现了争议,于是福安桑德水务有限公司按照协议约定,向福州市仲裁委员会提起仲裁。但是,福安市住房和城乡建设局认为,自己与福安桑德水务有限公司签订的《特许经营协议》是行政协议,根据最高人民法院《关于审理行政协议案件若干问题的规定》,其中的仲裁条款应当无效。于是,福安市住房和城乡建设局向法院提出了"确认行政协议仲裁条款无效"的诉讼请求。

问题在于,福安市住房和城乡建设局应当在哪个程序中申请法院确认行政协议仲裁条款无效?在实际操作中,福安市住房和城乡建设局选择提起行政诉讼。但是,行政诉讼是不允许"官告民"的。于是,一审法院认为:

> 《中华人民共和国行政诉讼法》第二条第一款规定,公民、法人或者其他组织认为行政机关和行政机关工作人员的行政行为侵犯其合法权益,有权依照本法向人民法院提起诉讼。可见,人民法院受理行政诉讼案件的范围,应当是公民、法人或者其他组织认为行政机关或者行政机关工作人员的行政行为侵犯了其合法权益,提起的诉讼。本案是行政机关认为其与法人签订的行政协议中包含无效的仲裁条款,不符合上述法律规定。原告称,"福安市乡镇生活污水处理设施捆绑打包项目"《特许经营协议》属于行政协议,根据《最高人民法院关于审理行政协议案件若干问题的规定》第四条的规定,因行政协议的订立、履行、变更、终止等发生纠纷,公民、法人或者其他组织作为原告,以行政机关为被告提起行政诉讼的,人民法院应当依法受理。本案原告为福安市住房和城乡建设局,被告是法人,亦不符合《最高人民法院关于审理行政协议案件若干问题的规定》中有关行政协议的起诉规定。综上所述,依照《中华人民共和国行政诉讼法》第六十九条第一款第十项的规定,裁定驳回原告福安市住建局的起诉。

裁定作出后,福安市住房和城乡建设局不服,又向福建省宁德市中级

---

① 福安市住房和城乡建设局诉福安桑德水务有限公司案,福建省宁德市中级人民法院(2020)闽09行终114号行政裁定书。

人民法院提出上诉,但二审法院同样指出:

  《最高人民法院关于审理行政协议案件若干问题的规定》第四条第一款规定:"因行政协议的订立、履行、变更、终止等发生纠纷,公民、法人或者其他组织作为原告,以行政机关为被告提起行政诉讼的,人民法院应当依法受理。"根据上述规定,因行政协议的订立、履行、变更、终止等产生纠纷,唯有公民、法人或者其他组织可作为原告,以行政机关为被告提起行政协议诉讼,而行政机关不能作为原告起诉行政协议的另一方当事人,这也即行政协议诉讼被告恒定。本案中,福安市住建局作为行政机关以桑德公司为被告,请求法院确认双方签订的"福安市乡镇生活污水处理设施捆绑打包项目"《特许经营协议》约定的仲裁条款无效,明显违反上述司法解释规定。

  综上,上诉人福安市住建局提起本案诉讼不符合法定的起诉条件,依法应当不予登记立案,已经登记立案的,应当裁定驳回起诉。原审法院裁定驳回福安市住建局的起诉,结论正确。

  在本案中,两级法院都是基于行政诉讼的单向构造,否定了原告的诉讼请求。乍一看,这样处理没有任何问题。但此时,诡异的情况出现了:如果原告福安市住房和城乡建设局要申请仲裁条款无效,其必然要主张自己与被告福安桑德水务有限公司签订的是"行政协议",进而适用最高人民法院《关于审理行政协议案件若干问题的规定》第26条的规定。但既然是"行政协议",相关争议当然应在行政诉讼程序内解决。可是,行政机关在行政诉讼内是无法成为原告的。所以,福安市住房和城乡建设局一定会被驳回起诉。如果福安市住房和城乡建设局要成为原告,其必须在民事诉讼程序中提起诉讼。但这又相当于承认了自己与对方签订的是"民事协议",否则就会出现行政协议争议不属于民事诉讼受案范围的问题。可是,如果双方签订的真的是民事协议,在不考虑其他因素的情况下,该协议的仲裁条款便是有效的。质言之,行政机关如果想要主张协议仲裁条款无效,则无法成为原告,如果想要成为原告,则仲裁条款无效的法律依据又会丧失。从这个角度上说,最高人民法院《关于审理行政协议案件若干问题的规定》相当于没有给行政机关一方主张行政协议仲裁条款无效的任何机会。显然,这不可能是最高人民法院的原意,却实实在在地出现在现实案例中,成为现行制度一个无解的悖论。

  同样的案例并不止一个。在"福州市鼓楼区住房保障和房产管理局、福州市鼓楼区建设投资管理中心房屋拆迁安置补偿合同纠纷案"中,再次出现了仲裁条款是否有效的争议。① 该案最终还上诉至最高人民法院,因而对后续司法裁判有重要的指引意义。

本案的基本案情:2013 年 10 月 24 日,鼓楼区住房保障和房产管理局、鼓楼区建设投资管理中心(征收人)与福州恒兴滨海置业有限责任公司(以下简称恒兴滨海公司)、福州凤凰房屋征收工程处签订《房屋征收补偿安置协议》,就诉争地块的征收补偿安置等事宜达成协议,约定征收房屋货币补偿总费用 23,399 万元等。2014 年 3 月 18 日,鼓楼区住房保障和房产管理局、鼓楼区建设投资管理中心与恒兴滨海公司、福州凤凰房屋征收工程处就 2013 年 10 月 24 日《房屋征收补偿安置协议》达成《补充协议(一)》。其中第 3 条约定,"凡因安置协议或与之有关的一切争议,各方同意均应交由厦门仲裁委员会按照该会现行有效之规则进行裁决。裁决结果是终局的,对各方均有约束力"。此后,在协议履行过程中,鼓楼区住房保障和房产管理局、鼓楼区建设投资管理中心认为恒兴滨海公司不具备签订协议并取得征收补偿款的主体资格,因而要求恒兴滨海公司返还已取得的 1 亿元征收补偿款,双方就此问题产生争议。恒兴滨海公司向厦门仲裁委员会申请仲裁,但鼓楼区住房保障和房产管理局、鼓楼区建设投资管理中心认为仲裁条款无效,进而向法院提起了诉讼。

与上一个案件不同的是,本案中的行政机关为了保证自己可以成为原告,提起的是民事诉讼。福建省厦门市中级人民法院于 2016 年 6 月 24 日作出(2016)闽 02 民特 52 号民事裁定书认为:

"从《房屋征收补偿安置协议书》及《补充协议》(一)的内容来看,该协议是针对补偿款的金额及支付方式作出的约定,属于财产权益纠纷,合同内容也是各方友好协商的结果;从《房屋征收补偿安置协议书》及《补充协议》(一)的性质来看,根据《最高人民法院关于当事人之间达成了拆迁补偿安置协议仅就协议内容发生争议的,人民法院应予受理问题的复函》([2007]民立他字第 54 号)的精神,当事人已经达成拆迁补偿安置协议的前提下就补偿协议的履行提起的诉讼属于民事诉讼范围,也即在性质上属于民事合同纠纷。因此,《补充协议》(一)中的仲裁条款所涉及的事项符合《仲裁法》第二条规定的可

---

① 福州市鼓楼区住房保障和房产管理局、福州市鼓楼区建设投资管理中心房屋拆迁安置补偿合同案,中华人民共和国最高人民法院(2019)最高法民终 188 号民事裁定书。

以仲裁的事项,而非应当由行政机关处理的行政争议"。

依此,法院裁定:驳回申请人福州凤凰房屋征收工程处请求确认其与被申请人福州恒兴滨海置业有限责任公司、福州市鼓楼区住房保障和房产管理局、福州市鼓楼区建设投资管理中心于 2014 年 3 月 18 日签订的《补充协议》(一)中的仲裁条款无效的申请。

同样的问题再次出现:无论厦门市中级人民法院如何认定《房屋征收补偿安置协议书》及《补充协议》(一)的性质,福州市鼓楼区住房保障和房产管理局、福州市鼓楼区建设投资管理中心都是无法胜诉的。因为如果法院将上述协议认定为行政协议,则本案将不属于民事诉讼范围,而如果法院将上述协议认定为民事协议,则行政机关失去最高人民法院《关于审理行政协议案件若干问题的规定》的依据支持后,双方白纸黑字、意思表示真实的仲裁条款,又怎么会被民庭判决无效呢?

所以,虽然福州市鼓楼区住房保障和房产管理局、福州市鼓楼区建设投资管理中心后来又增加诉讼请求,并向福建省高级人民法院起诉,此后又向最高人民法院上诉,但没有一级法院支持它们的主张。在最后向最高人民法院提交的上诉书中,福州市鼓楼区住房保障和房产管理局、福州市鼓楼区建设投资管理中心在"事实与理由"的最后一句写道:

> 即便《房屋征收补偿安置协议书》及《补充协议》(一)有效……当事人基于土地、房屋征收补偿协议产生的纠纷依法应当通过行政诉讼予以解决,故本案不属于仲裁机构的受案范围。

从这句话所处的位置可以看出,对于这一理由,福州市鼓楼区住房保障和房产管理局、福州市鼓楼区建设投资管理中心也知道不会成立——在法律实务工作中,对于有信心的、充足的理由,自然是要写到更加明显的位置的。上诉人对自己陈述的事实和理由都没有信心,倒不是因为本案的两份协议明显属于民事协议,而是因为,如果本案真的应当通过行政诉讼解决,其也就没法提起诉讼了。这也是为什么,福州市鼓楼区住房保障和房产管理局、福州市鼓楼区建设投资管理中心一边认为该争议属于行政争议,一边却在提起"民事诉讼"。果然,最高人民法院"轻而易举"地就驳回了这一理由:

> 行政诉讼的原告只能是行政相对人,鼓楼房管局、福州市鼓楼投管中心系行政机关,不能作为原告提起行政诉讼。故鼓楼房管局、鼓楼投管中心该项主张亦不能成立。

从以上两个案例中我们可以看到,没有"官告民"的"反向"行政诉讼,行政机关主张行政协议仲裁条款无效,是一定无法成立的。最高人民法院《关于审理行政协议案件若干问题的规定》第 26 条,相当于只赋予了相对人一方主张行政协议仲裁条款无效的权利和途径。这一设计如果是立法者故意为之,不知是出于何种理由和考虑,但从观感上看,确有不公平之处。

二、行政侵权纠纷解决实践及其问题

前文已述,行政侵权分为相对人侵犯行政机关"名誉权"和相对人侵犯行政机关"安宁权"两类。在司法实践中,对于行政相对人侵犯行政机关"安宁权"的,行政机关很少提起诉讼,主要是由法院在相对人提起诉讼时直接认定其"滥用诉权",进而裁定不予受理或驳回起诉。在行政法学界引发大量讨论的"陆某霞案"便是其中一例。[①] 在"彭某丽与四川省人民政府其他信息公开复议纠纷再审案"中,[②] 最高人民法院也认同了这一做法,体现了司法机关对行为人滥用权利、恶意诉讼的态度。最高人民法院在该案的裁定书中指出:

> 保障公民、法人和其他组织依法获取政府信息,提高政府工作的透明度,促进依法行政,充分发挥政府信息对人民群众生产、生活和经济社会活动的服务作用,是《中华人民共和国政府信息公开条例》的立法宗旨。公民、法人和其他组织向行政机关申请公开政府信息,应当符合该立法宗旨。
>
> 行政诉讼是解决行政争议,保护公民、法人和其他组织合法权益,监督行政机关依法行使职权的法律救济途径。对于行政争议,应当依照《中华人民共和国行政诉讼法》的规定提起行政诉讼,寻求权利保护。人民法院既要充分保障当事人正当诉权的行使,也有义务识别、判断当事人的请求是否具有足以利用国家审判制度加以解决的实际价值或必要性,从而避免因缺乏诉的利益而不当行使诉权的情形发生。
>
> 据二审法院不完全统计,因彭某丽之夫王某被崇州市人民法院判

---

① 参见陆某霞诉南通市发展和改革委员会政府信息公开答复案,江苏省南通市港闸区人民法院(2015)港行初字第 00021 号行政裁定书。

② 彭某丽与四川省人民政府其他信息公开复议纠纷再审案,最高人民法院(2019)最高法行申 4790 号行政裁定书。

处有期徒刑六年,从2016年至今,彭某丽、其女王某、其婆母刘某群分别向崇州市、都江堰市、成都市、四川省人民政府及其所属有关部门等提起至少120件政府信息公开,要求公开相关党政领导等离职、任职经济责任审计信息、办理王某一案公安人员公务员考试信息、公安局办理王某一案时受案登记表及询问证人信息等,在以上政府信息公开申请中,针对崇州市主要领导在各地离职、任职经济责任审计信息等内容相同的信息30余件。彭某丽、王某、刘某群在收到行政机关作出的政府信息公开申请告知书后,均提起行政复议;在经过行政复议程序后,又以政府信息告知和行政复议决定违法为由,向人民法院提起相应的政府信息公开之诉。彭某丽提起包括本案在内的多起行政诉讼案件以期扩大影响,并不具有依法应予保护的诉讼利益,与《中华人民共和国行政诉讼法》旨在保护公民、法人和其他组织合法权益的立法目的相悖,浪费了行政资源和司法资源,已构成信息公开申请权及诉权的不当行使。原审法院裁定驳回再审申请人起诉并无不当。

综上,彭某丽的再审申请不符合《中华人民共和国行政诉讼法》第九十一条规定的情形。依照《最高人民法院关于适用〈中华人民共和国行政诉讼法〉的解释》第一百一十六条第二款之规定,裁定如下:

驳回彭某丽的再审申请。

考虑到相对人侵犯行政机关"安宁权"的情况并没有行政机关主动提起诉讼的案例,本节主要从相对人侵犯行政机关"名誉权"的视角去观察行政侵权之债的司法实践。

(一)行政机关诉相对人名誉侵权的裁判争议

"魏某平与沈阳市城市管理行政执法局铁西分局名誉权纠纷案",[1]是实践中比较少见的,行政机关直接对相对人侵犯本单位"名誉权"的行为提起诉讼的案例。而且,从案件结果来看,司法机关支持了原告沈阳市城市管理行政执法局铁西分局的诉讼请求,判决其胜诉。但是,魏某平在向辽宁省高级人民法院申请再审的申请书中提出的申请理由,却不得不说非常有道理。魏某平认为:

> 法人的名誉权仅指在经济往来中从事经营活动的私法人,公法人

---

[1] 魏某平与沈阳市城市管理行政执法局铁西分局名誉权纠纷案,辽宁省高级人民法院(2014)辽审一民申字第193号民事裁定书。

机关名誉权不受保护。被申请人执法既不是民事行为,与上诉人又不是平等主体,一审判决引用《民法通则》裁判属适用法律错误。

对魏某平的再审请求,辽宁省高级人民法院认为:

> 法人的名誉权是指法人对其全部活动所产生的社会评价而享有的不可侵犯的权利。《最高人民法院关于贯彻执行〈中华人民共和国民法通则〉若干问题的意见(试行)》第140条规定"以书面、口头等形式宣扬他人的隐私,或者捏造事实公然丑化他人人格,以及用侮辱、诽谤等方式损害他人名誉,造成一定影响的,应当认定为侵害公民名誉权的行为。以书面、口头等形式诋毁、诽谤法人名誉,给法人造成损害的,应当认定为侵害法人名誉权的行为。"本案中,魏某平因对沈阳市城市管理行政执法局铁西分局工作人员执法不满,而以"爱车人0202"的名义在新浪、搜狐等网络论坛中,发表了《沈阳城管执法无人文关怀,拆除六一儿童节演出舞台》的帖子,后又以"混球宝贝"名义在天涯论坛上发表了《沈阳城管暴力执法,拆除六一儿童节演出舞台》的帖子。文章中含有侮辱、贬低的文字,使公众对沈阳市城市管理行政执法局铁西分局的工作人员产生愤恨、指责的倾向,引来众多网友大量跟帖,导致沈阳市城市管理行政执法局铁西分局的社会信誉降低以及公众对其的不信任。魏某平的行为其主观过错明显,给沈阳市城市管理行政执法局铁西分局造成了严重的负面影响,故原审法院认定其构成名誉侵权并承担民事责任并无不当。

从裁定书的内容来看,辽宁省高级人民法院自始至终没有回应魏某平提出的异议,而只是从自己的逻辑上,论证了魏某平的行为属于"名誉侵权"。这其中显然存在偷换概念的问题:魏某平提出再审,理由并不是否认自己有这些所谓的侵权行为,他认为自己不构成侵权,是因为行政机关作为公法人没有名誉权。或者说,即使行政机关有名誉权,该案件也不能适用民事规则,不能在民事诉讼中审理。所以,他明确提出,自己申请再审不是因为原审法院认定事实错误,而是"适用法律错误"。但是,辽宁省高级人民法院并没有回答民法上的"法人名誉权"条款包不包括公法人的问题,也没有回答行政机关认为自己名誉权受损时应当提起民事诉讼还是行政诉讼的问题。所以,该案看似结案,但对其中的关键问题,司法机关并没有给出明确的答复。

(二)现有名誉侵权纠纷解决机制无法触及真正问题

前文指出,面对相对人对自己名誉的侵犯,行政机关往往不会置之不理,而是会通过公安机关对相对人进行治安管理处罚。一种观点认为,行政机关对相对人进行制裁后,相对人若不服这一行政行为,完全可以提起行政诉讼,司法机关由此恰好可以进入争议之中。但实践中的案例清楚地表明,受限于行政诉讼审查对象的限制,司法机关以这样的方式介入行政机关与相对人的纠纷中,不仅无法触及案件背后真正的争议,对本案的审理也将面临困难。

"曾某涛诉南宁市公安局西乡塘分局处罚案"是一个典型的"民告官"案件,[①]似乎与"反向"行政诉讼没有什么关系。但这一案件的背景,就是被告南宁市公安局西乡塘分局认为曾某涛存在以虚构事实的方式,造谣诽谤南宁市相思湖新区管理委员会的行为(也即我们认为的侵犯行政机关"名誉权"的行为),因而以其扰乱公共秩序为由对其进行了行政处罚。曾某涛对该行政处罚行为提起了行政诉讼。在本案中,原告曾某涛认为:

> 原告在腾讯网上反映的相思湖新区管委会违法、违规征地的问题并非虚构的,而是真实的,理由如下:一、相思湖新区管委会土地储备供应中心在征地前未事先进行公告,征地程序不合法;二、《征地补偿协议书》系原告生产队的队长及代表瞒着村民,私下与相思湖新区管委会土地储备中心于2006年2月7日签订的,并未经过全体村民讨论同意。而在大多数村民反对征地的情况下,相思湖新区管委会拆迁办即与本队队干、代表签订了《征地拆迁补充协议书》,违反了《中华人民共和国村民委员会自治法》第二十四条规定;三、相思湖新区管委会依据的其自己核发的《征地范围蓝线图》(审批号ZD060003)征用原告生产队土地不合法。根据《中华人民共和国土地管理法》的规定,相思湖新区管委会无权批准征地,其征地违反了《土地管理法》第四十五条的规定;四、依照批号为ZD06003号《征地范围蓝线图》,相思湖新区管委会征地共计826.78亩,范围包括西明一队、西明八队、老村坡、心圩镇新村三队、四队等,按照该蓝线图征收原告所在的西明一队的土地仅500多亩,而其所签订征地协议中的土地面积为800多亩,超出了蓝线图的征地范围;五、原告发布的照片均是村民在事发现

[①] 曾某涛诉南宁市公安局西乡塘分局处罚案,广西壮族自治区南宁市青秀区人民法院(2013)青行初字第48号行政判决书。

场及派出所内拍照的,照片反映的均是真实的事件,并非原告虚构的。

对此,被告南宁市公安局西乡塘分局辩称:

原告曾某涛的违法行为事实清楚,证据确凿充分。2013年5月29日,南宁市公安局西湖派出所接到南宁市相思湖新区征地办的江某钊举报称,2013年5月25日有人多次在腾讯网发布微博造谣广西南宁市相思湖新区管委会违法、违规征地等不符合事实言论,诬蔑市政府、损害政府名誉、误导民众。接报后,南宁市公安局西湖派出所立即对案件进行受理,并对举报的情况进行调查走访、调查,并于2013年5月30日依法将涉嫌虚构事实扰乱公共秩序的违法嫌疑人曾某涛传唤至南宁市公安局西乡塘分局治安警察大队。经询问,原告曾某涛承认其于2013年5月25日在腾讯网发布微博,虚构事实、造谣称:"广西南宁市相思湖新区管委会抗衡中央政策法规,使用暴力强征西明一队土地事件""广西南宁市相思湖新区管委会于2013年5月17日出动大批土匪强盗,使用暴力强挖西明一队曾某寿家的祖坟"等不符合事实的言论。以上事实有曾某涛的陈述和曾某涛发布于网上的虚构言论、图片证实;还有自治区人民政府对曾某寿等人信访事项的终结意见、西明村一组群众签字同意征地材料、西明村一组征地合法有效文件等证据为证。原告曾某涛也对其虚构事实扰乱公共秩序的违法事实供认不讳。

可见,在这一案件中,行政机关和行政相对人争议的焦点在于对相对人行为的认定。换言之,法院需要确定相对人针对相思湖新区管理委员会发表的言论是否属于"虚构事实",是否构成"散布谣言"。法院经审查认为:

原、被告双方争议的实质是原告是否存在"虚构事实",扰乱公共秩序的行为。从双方提交的证据上来看,相思湖管委会征用原告所在生产队的土地前已经取得了中华人民共和国土资源部《关于南宁市城市建设农用地转用和土地征收的批复》,并与西明村一队的队干、村民代表签订了《补偿协议书》,也对征地的事项进行了预公告。被告作为公安机关,只能从形式上判断征地行为是否合法,并没有审查征地行为是否合法的司法审查权。因此,相思湖管委会的征地行为在未被上级政府或司法机关确认违法之前,原告即在微博发布图片,并附上"暴力强征""土匪强盗""保护祖坟被打"语言进行评论,已经超出网络监督、理性维权的范畴。被告依据《中华人民共和国治安管理处罚法》第二十五条第一项规定:"有下列行为之一的,处五日以上十日以下拘留,可以并处五百元以下罚款;情节较轻的,处五日以下拘留或者五百元以下罚款:……(一)散布谣言,谎报险情、疫情、警情或者以其他方法故意扰乱公共秩序的……"对原告作出行政处罚并无不当。至于原告所称的原相思湖管委会没有强制执行权、征地行为不合法等问题属于另外的行政法律关系,和本案无关,其与相思湖管委会之间的纠纷,可通过其他途径理性维权。

本案法院的说理,让我们清晰地看到了以"行政处罚—行政诉讼"手段应对相对人侵犯行政机关名誉权问题的巨大漏洞:本案背后的真正矛盾,在于原告曾某涛与相思湖新区管理委员会在征地拆迁问题上的矛盾。曾某涛即使有违法行为,其所侵犯的也是相思湖新区管理委员会的"名誉权"。但是,囿于没有"反向"行政诉讼的渠道,案件到了行政诉讼中之后,变成了曾某涛和南宁市公安局西乡塘分局之间的争议。这种审查对象上的跨越性,从一开始就决定了法院没有办法去触及和裁判真正的矛盾。

那么,法院能否公正、合理地判断曾某涛与南宁市公安局西乡塘分局之间的行政处罚争议呢?事实上,这也是很困难的。法院审理行政案件,审理的是行政行为的合法性。所谓合法性,其中一个标准是行政行为"证据确凿"。但是,名誉侵权行为有一个特性,就是其必然要以查清行为人的言论与真实的事实之间是否存在差距、存在多大差距作为前提。具体到本案中,就是查明相思湖新区管理委员会在征地拆迁过程中,是否真的存在行为人所说的那些违法行为。对此,法院在裁判中明确指出:"被告作为公安机关,只能从形式上判断征地行为是否合法,并没有审查征地行为是否合法的司法审查权。"一方面,公安机关无法从实质上确定征地行为是否违法;另一方面,公安机关却能认定行为人的言论构成"虚构事实""散布谣言";再一方面,司法机关还能认为公安机关的行政处罚行为"证据确凿"因而"并无不当"。这三者之间显然存在巨大的裂隙。

更为关键的是,法院在判决书中指出:"至于原告所称的原相思湖管委会没有强制执行权、征地行为不合法等问题属于另外的行政法律关系,和本案无关,其与相思湖管委会之间的纠纷,可通过其他途径理性维权。"可见,法院自己也很清楚,自己对行政处罚行为合法与否的判断根本不是整个事件的关键。原、被告之间真正的争议,在于相思湖管理委员会的征地拆迁行为是否违法。对此,法院的态度是,这一争议"与本案无关"。但是,作为一个名誉侵权案件,被侵权者有没有侵权者口中的行为,关系到侵权者说的是否是事实,怎么会与案件无关? 所以,法院这里的"与本案无关",其实是指自己没有办法在一个行政处罚案件中,去审查一个征地拆迁争议,哪怕这一争议涉及据以作出处罚的事实的认定。

这一切的制度根源,就在于行政诉讼的单向构造:由于没有"反向"行政诉讼的存在,相思湖管理委员会自己不能作为原告提起名誉侵权的行政诉讼,因而"只能"转而向公安机关举报,公安机关"只能"在自己无法进行实体审查的情况下,根据形式审查就认定相对人的确存在"虚构事实""造谣诽谤"的行为,司法机关则"只能"审查一个行政处罚决定的合法性,既无法判断行政机关据以作出行政处罚的事实是否证据确凿,也无法判断相思湖管理委员会的征地拆迁行为是否违法。这样一整套程序下来,各方心中都明白本案的症结在哪里,却又都触及不到背后的真正争议,这无疑是纠纷解决制度的悲哀。

(三)现有名誉侵权纠纷解决机制存在"自己做自己的法官"之嫌

除无法触及真正的争议外,公安机关使用治安管理处罚手段对侵犯行政机关名誉权的公民进行制裁,还容易受到"自己做自己的法官"的诟病。在"吴某哲诉费县公安局行政处罚案"中,①就明显存在这种情况。

本案的基础事实:原告吴某哲将其看到的视频,配以"'治超=制钞'临沂百吨王畅通无阻,感谢黄牛带路保车,感谢交警助力不查,共同经营超限运输,向交警支队长张某农致敬!"的文字,在费县"城区货车管理群4(96)"等多个微信群内转发,并在其中一个群里说"谁的群多,转出去!"。被告费县公安局认为原告的行为构成寻衅滋事,于2019年11月8日作出费公(治)行罚决字〔2019〕770号行政处罚决定,对原告作出行政拘留7日的行政处罚。原告不服该决定,遂提起本案诉讼。

本案的被告费县公安局辩称:

> 被告的行政行为认定事实清楚、证据充分。被告在受案后对原告进行调查询问,原告自己陈述其在微信群中看到原视频的时间为2019年11月6日4:15分,地点为临沂市沂南县。看到视频后,原告新制作微信短视频并配以"治超=制钞"临沂百吨王畅通无阻,感谢

---

① 吴某哲诉费县公安局行政处罚案,山东省费县人民法院(2020)鲁1325行初24号行政判决书。

黄牛带路保车,感谢交警助力不查,共同经营超限运输,向交警支队长张某农致敬!"的文字内容,在多个微信群里转发,还在群里说"谁的群多,转出去"。目的是曝光公路百吨王超限运输,黄牛带路保车,一路畅通无阻,交警没有查的情况。同时原告还陈述其宣扬的有黄牛带路等内容并没有证据证实,是凭经验说的。此外,被告还通过交警大队工作人员的手机微信群调取了原告发布上述视频的情况。上述对原告的询问笔录和调取的书面材料、微信截图等能够证实:原告存在以利用事实不清的视频,编造无事实依据、具有侮辱诋毁性内容的文字,重新制作微信短视频向多个微信群转发,并恶意煽动他人传播的行为,致使其制作的视频被广为传播,严重影响了公安机关的执法公信力。其行为已经构成寻衅滋事。被告对此作出认定,事实清楚证据充分,并无不当。

本案与前一个名誉侵权案件的显著不同在于,本案并未涉及其他行政争议。原告吴某哲之所以侮辱、诋毁当地的交警大队,是因为自己作为货车司机,在之前因超载受到过行政处罚,因而心中存在怨恨、抵触情绪。在本案中,原告确实是将自己看到的视频,在毫无根据的情况下增加了文字内容,从而将其引向了当地的交警大队,并对当地交警大队及其工作人员进行了侮辱和诋毁,因而受到了行政处罚。所以,至少从裁判文书显示的内容看,被告费县公安局作出的行政处罚决定在认定事实方面是没有问题的。法院也认为:

《中华人民共和国治安管理处罚法》第七条规定,县级以上地方各级人民政府公安机关负责本行政区域内的治安管理工作。据此,费县公安局有作出费公(治)行罚决字[2019]770号行政处罚决定的法定职权。本案中,被告费县公安局经受案登记、对原告信息查询、询问、送达等程序,作出的行政处罚决定符合法定程序。被告提交的证据证实原告将配以不实文字的视频在多个群内转发,并煽动他人传播的事实,被告作出的行政处罚决定认定事实清楚,证据确实充分,适用法律正确。据此,依照《中华人民共和国行政诉讼法》第六十九条之规定,判决如下:驳回原告吴某哲的诉讼请求。

该案真正的问题是,其凸显了以行政处罚应对相对人侵犯行政机关"名誉权"案件可能出现的不当之处,即自己做自己的法官。行政行为本身就是对法律的第一次适用,当然要求适用者能确保最起码的公正。在本案中,被侵犯名誉的是"费县交警大队",本身就隶属于公安机关。所以,费县公安局相当于在处罚一个侵犯自己下属机构名誉权的相对人。无论公安机关在客观上是否是公正的,这都有违基本的法治原则。沿着该案的逻辑推演,在极端情况下,甚至有可能出现公民侵犯公安机关"名誉权",然后由公安机关对公民进行行政处罚的情况。事实上,由于本节讨论的是行政法上的名誉侵权,公民侵犯的一定是某一级政府或某个政府部门的名誉,公安机关在几乎任何时候都难以被认为是中立、客观和公正的。但是,作出治安管理处罚又确实是公安机关的法定职责,如果公安机关因为利益相关自觉"回避",那又是怠于履行职责了。所以,以行政处罚手段应对公民对行政机关的名誉侵权,存在天然的不正当性。

三、行政法上的不当得利纠纷解决实践及其问题

在实践中,面对行政法上相对人不当得利的情况,行政机关尝试提起过民事诉讼。但从司法实践来看,提起民事诉讼解决行政法上的不当得利问题,存在许多障碍。

（一）行政法上的不当得利无法进入诉讼程序

行政机关以诉讼方式解决行政法上相对人不当得利的问题,首先要面对的,是争议无法进入诉讼程序中。在"瓦房店市土城乡人民政府与任某龙不当得利纠纷案"中,[①]可以看到行政机关面对这种情况时的救济乏力。

本案的基本事实:被告任某龙在瓦房店市土城乡王崴村原有一片盐场。2004年,被告取得了其中的27.97亩海域使用权。该海域包括26.15亩参池,以及位于参池西边靠近该参池的1.82亩潮沟。被告取得该海域使用权后就一直经营。2011年3月,因大连太平湾临港经济区建设需要,原告开始对上述参池进行整体动迁。2011年11月10日,原告瓦房店市土城乡人民政府与被告签订了一份《海域征收补偿协议书》,约定原告征收被告的27.97亩海域。2011年11月14日,原告将27.97亩海域的征收补偿款减去被告27.97亩7年(自2004年至2010年)海域使用金的余款汇入被告的银行账户内。2017年5月,大连瓦房店太平湾临港经济区管理委员会向原告发文提出:瓦房店勘察测绘院在自查自纠过程中发现,原告将土城乡盐场内7户共计21.64亩的潮沟,按照参圈标准给予补偿,存在

---

① 瓦房店市土城乡人民政府与任某龙不当得利纠纷案,辽宁省大连市中级人民法院(2018)辽02民终7393号民事裁定书。

错误。该潮沟并不是单独存在的,其属于公共区域,供周围海参圈养殖户共同使用,不属于个人承包的海参圈面积。因此,该委员会要求原告追回潮沟部分的动迁补偿款,其中包括被告的 1.82 亩。原告认为,潮沟的征用补偿款本来是属于国家的,但被被告领取,这本质上属于侵占国家财产。因此,原告提起诉讼,请求法院判令被告返还原告动迁补偿款 54,600 元及利息。

本案的一审法院认为:

> 原、被告在签订《海域征收补偿协议书》时均具有行为能力,意思表示均真实,合同内容不违反法律的强制规定,不违背公序良俗。因此,海域征收补偿协议均具有法律约束力……被告得到 1.82 亩潮沟的征用补偿款有原、被告订立的海域征收补偿协议为依据,并且该依据是具有法律约束力的。因此,被告得到 1.82 亩潮沟的征用补偿款不是不当得利。

一审法院甚至还专门指出:"原告不顾其与被告订立的海域征收补偿协议具有法律约束力的事实请求本院判令被告返还潮沟征用补偿款违反《中华人民共和国合同法》第八条之规定。"在《民法典》尚未通过的时代,这里的《合同法》第 8 条指:"依法成立的合同,对当事人具有法律约束力。当事人应当按照约定履行自己的义务,不得擅自变更或者解除合同。依法成立的合同,受法律保护。"可见,一审法院以"不当得利"纠纷为案由立案,但在整个诉讼过程中,完全是按照民法或者合同法的逻辑在审查案件,试图通过判断合同的有效性来判断当事人是否构成不当得利,没有涉及合同中存在行政权运用的要素或公共利益保护的问题,也即不认为该案属于"行政法上的不当得利"。

随后,原告瓦房店市土城乡人民政府向大连市中级人民法院提出上诉。二审法院认为:

> 行政机关为实现公共利益或者行政管理目标,在法定职责范围内,与公民、法人或者其他组织协商订立的具有行政法上权利义务内容的协议,属于行政诉讼法规定的行政协议,土地、房屋等征收征用补偿协议即属于行政协议。结合本案,上诉人瓦房店市土城乡人民政府与被上诉人任某龙的不当得利纠纷源于双方签订的《海域征收补偿协议书》,该协议书当事人一方为行政机关,双方身份分别为行政征收机

关和被征收人。依据案涉补偿协议载明的"甲方(上诉人)因大连太平湾临港经济区发展建设需要,依据经济区建设总体规划,需征回乙方(被上诉人)使用的海域"内容,该补偿协议系上诉人为实现发展建设目的需征收海域使用权而与被上诉人签订,协议的补偿标准系由上诉人方制订。据此,鉴于案涉补偿协议系作为行政机关的上诉人为实现其行政管理目标与作为个人的被上诉人而签订,且相应的补偿标准亦是由上诉人单方确定,故该协议不属于合同法规定的平等主体之间设立、变更、终止民事权利义务关系的协议,不属于人民法院民事案件受理范围,应裁定驳回上诉人的起诉。

从二审法院的判决理由中可以看出,法院注意到了本案中造成不当得利的基础法律关系是行政协议关系,因此认为本案不属于民事诉讼受案范围。换言之,一旦不当得利是基于行政法律关系而产生的,则民事诉讼不再能够审查。从司法的分工来看,法院的逻辑当然没有问题。但是,不关注基础法律关系,则无法在不当得利诉讼中关照行政的特殊性,无法平衡公共利益和公民合法权益保护之间的关系,行政机关大概率会因民法的"意思自治"逻辑而败诉。关注到基础法律关系的行政属性,民事诉讼又不能受理。行政机关还不能主动提起"官告民"的行政诉讼,这相当于彻底堵死了行政机关通过诉讼途径解决行政法上的不当得利纠纷的路径。

(二)没有"反向"行政诉讼逼迫行政机关"自力救济"

提起民事诉讼司法机关不受理,又没有"反向"行政诉讼制度,行政机关面对相对人不当得利的情况,应当如何处理?在"深圳市社会保险基金管理局与游某来不当得利纠纷案"中,[①]司法机关为行政机关提供了建议。

本案的基本事实是,本案原告深圳市社会保险基金管理局基于申请,向被告游某来核发了失业保险待遇,送达了《深圳失业保险待遇计发决定书》,并已按该决定书发放失业金完毕。但此后,原告通过复查程序,发现被告重复录入了视同缴费年限,借此多领取了失业金 34,307.2 元。因此,原告又向被告送达了《深圳市失业保险待遇退回告知书》,要求被告退还多发放的失业保险待遇。被告拒绝返还,原告因此提起诉讼,请求法院判决被告返还多领取的失业金 34,307.2 元。

一审法院经审查认为:

---

① 深圳市社会保险基金管理局与游某来不当得利纠纷案,广东省深圳市中级人民法院(2019)粤03 民终 9334 号民事裁定书。

深圳市社会保险基金管理局在本案中的主张实际上是要求游某来履行《深圳市失业保险待遇退回告知书》中的内容。深圳市社会保险基金管理局与游某来之间系因深圳市社会保险基金管理局行使行政管理权力而产生的纠纷，二者之间并非民事法律关系，故深圳市社会保险基金管理局、游某来之间因失业保险待遇的核发或退还而产生的纠纷不属于人民法院民事诉讼的受理范围。综上，依照《中华人民共和国民事诉讼法》第一百一十九条第（四）项、第一百五十四条第（三）项的规定，裁定如下：驳回深圳市社会保险基金管理局的起诉。

可见，与前一个案件相同，法院同样以产生不当得利的基础法律关系为行政法律关系为由，裁定本案不属于民事诉讼受理范围。对此，原告并不认同，他们在提起的上诉中认为：

上诉人是以平等民事主体身份请求返还不当利益，同时符合不当得利请求权之成立要件。不当得利返还请求权的发生系基于"无法律上之原因而受利益，致他人受损害"的事实。被上诉人错误多领取了22个月的失业金，共计款项34,307.2元，其属于没有法律依据取得不当利益，上诉人是以平等民事主体的身份请求返还不当利益，符合民事诉讼的法律规定。因此，上诉人享有不当得利返还请求权，可以依法起诉要求被上诉人返还不当利益，一审法院理应实体审理本案，判令被上诉人返还上诉人已向其发放的失业保险待遇34,307.2元。

从上诉人的上诉理由中可以看到，上诉人深圳市社会保险基金管理局同样明白本案的关键所在，因而多次强调自己是"以平等民事主体身份请求返还不当利益"。但事实上，上诉人并没有提出任何有说服力的理由，证明自己为何是"平等民事主体"。失业金作为国家对公民在失业时期的帮助，显然属于"行政给付"范畴。原告深圳市社会保险基金管理局发放失业金的行为，是其代表国家履行自己的行政职责的行为，其要求对方返还的也是国家的财产，所以，很难认为本案原告是一个"平等的民事主体"。

那么，在原告不是平等的民事主体，因而不能提起民事诉讼的情况下，其应当如何保障自身或者说自己代表的国家利益？对此，二审法院指出：

深圳市社会保险基金管理局依照游某来的申请向其核发失业保险金，系行政机关依法履行行政职责的具体行政行为。在核发失业保险金的过程中如出现错误,可另行作出具体行政行为进行纠正。深圳市社会保险基金管理局因此提起本案诉讼,不属于人民法院民事诉讼受理的范围,原审法院驳回其起诉无误,本院予以确认。

法院明确指出,行政机关自己可以"另行作出一个行政行为"来纠正。站在法院的视角,这一建议无可厚非。但是,在行政法上,这种行为并不被现代行政法治所容许:行政机关作出某个行政行为,必须有法律法规的明确授权。本案中的行政机关,拥有的是审核、发放失业金的职权,但立法并没有授予其在发现相对人不当得利时,单方强行收回已经发放的失业金的权力。所以,本案中的原告也只是向被告送达了《深圳市失业保险待遇退回告知书》,希望被告能够主动返还不当得利。在行政给付领域,行政机关默认可以再作出一个行为纠正自己错误的情况,仅限于自己的错误给相对人带来损失时,行政机关自觉纠正从而维护相对人利益。本案是行政机关的计算错误给相对人带来了收益,行政机关即使后来发现了错误,也不能当然地改变自己的行为,因为,此时相对人已经具有了信赖利益。所以,法院让行政机关"另行作出一个行政行为纠正错误"的建议,实际上是不符合依法行政的要求的。

所以,在没有"反向"行政诉讼,民事诉讼不接受行政机关起诉的情况下,实际上会"逼迫"行政机关去依靠单方决定尝试自力救济。当然,本案中的行政机关法治意识较强,也仅仅作出了一个"告知书"。在相对人无视告知,继续不返还不当得利的情况下,行政机关只能等待,在起诉期间届满后向法院申请行政强制执行,而这一系列的程序,原本只需要一个"反向"行政诉讼便可一并解决。

(三)民事诉讼程序越俎代庖判断行政行为合法性

行政机关不能提起"官告民"的行政诉讼,也不适合在法律没有授权的情况下作出一个新的行政决定,强行要求相对人返还不当得利。那么,是否可以考虑由民事诉讼"勉为其难"地接纳这一类案件呢?"息烽县小寨坝镇人民政府诉吴某等不当得利纠纷案"中,[①]司法机关的裁判可能会给我们答案。

本案的基本案情是,2013 年,原告因修建潮水河花滩河拦河坝,征收了小寨坝镇石桥村枫香宝林地 8.463 亩,征拨款为 108,824.4 元。之后,

---

① 息烽县小寨坝镇人民政府诉吴某等不当得利纠纷案,贵州省息烽县人民法院(2015)息民初字第 955 号民事判决书。

本案吴某等 7 名被告与石桥村石桥组的村民吴某文、吴某雨、吴某社、吴某嘉四户因该林地权属发生纠纷。2013 年 7 月 8 日，石桥村人民调解委员会作出了《关于石桥村吴二寨组吴某等 7 户与石桥村石桥组吴某文等 4 户对查林沟、枫香宝两处山林边界争议的调解处理意见》（以下简称《调解处理意见》），该处理意见明确了"双方所争议的林地属吴二寨组（即属于本案七被告），如双方对此调解意见不服，可在十五个工作日内申请上级人民调解委员会调解或直接进入司法程序。若在十五个工作日内双方均对本意见无任何异议，本意见自动产生法效"。由于石桥组吴某文等 4 户未提出异议，2013 年 8 月 7 日，原告下属工程指挥部依据石桥村的《调解处理意见》，将上述林地征拨款支付给了 7 名被告。2015 年 2 月，石桥村石桥组村民吴某文、吴某雨、吴某社、吴某嘉向原告息烽县小寨坝镇人民政府提出申请，要求对争议林地进行确权。2015 年 3 月 16 日，原告经调查核实，作出了"小府决字（2015）2 号行政处理决定书"，将被征拨的枫香宝林地使用权确定给石桥村石桥组村民吴某文、吴某雨、吴某社、吴某嘉 4 户村民。7 名被告收到决定书后，既不申请行政复议，又不提起行政诉讼，"小府决字（2015）2 号行政处理决定书"因此生效。由于行政机关将土地权属确认给石桥村石桥组 4 户村民，征拨款相应也应当给这 4 户村民。但 7 名被告拒不返还所得款项，因此，原告息烽县小寨坝镇人民政府向法院提起民事诉讼，请求人民法院判决 7 名被告返还征拨款 108,824.4 元。

从案件的基本事实来看，本案的被告之所以会出现所谓"不当得利"的情况，其实是因为原告息烽县小寨坝镇人民政府作出了两个前后矛盾的行为。其先是根据石桥村人民调解委员会的《调解处理意见》将征拨款给予本案被告，后又自己作出一个确认土地权属的决定，将被征收土地的权属确认给他人。所以，本案被告是否构成不当得利的关键，是确定被征收的土地到底属于哪一方村民。要确定这一问题，就必须回答下列疑问：原告将征拨款给予 7 名被告的行为，是否代表其已经认同了 7 名被告对土地的所有权？7 名被告是否因此已经产生了信赖利益？原告后来又将土地确权给另一方 4 户村民的行为是否合法？7 名村民能否要求补偿？对此，法院在判决中指出：

> 本案争议焦点在于小寨坝镇石桥村调解委员会的《关于石桥村吴二寨组吴某等 7 户与石桥村石桥组吴某文等 4 户对查林沟、枫香宝两处山林边界争议的调解处理意见》是否有效。小寨坝镇石桥村调解委员会是一个调解组织，只能主持双方当事人进行协商，当双方当事人

就争议问题达成一致性意见后,由双方当事人在协议上签字后生效。否则就是调解达不成协议,只能由双方当事人选择依法处理争议的程序和方法,调解委会员不能作出任何处理意见。小寨坝镇石桥村调解委员会作出的《调解处理意见》本身就是矛盾的,调解和处理是解决纠纷的不同方法,不能同时采用。再者调解委会员对纠纷作出处理意见,没有法律依据,法律没有授权调解委员会可以作出处理意见。因此,小寨坝镇石桥村调解委员会作出的《调解处理意见》没有法律效力,对当事人没有约束力。因此,小寨坝政府依据《调解处理意见》审批、发放征收补偿款的行为无效。被告以《调解处理意见》规定的期限内,石桥村石桥组的吴某文四户没有提出异议,且经政府领导确认后才领取的征收补偿款,是合法取得的抗辩理由不成立,本院不予采纳。之后,小寨坝镇人民政府于 2015 年 3 月 16 日作出小府决字(2015)2 号《行政处理决定书》,将争议的山林确定给石桥村石桥组吴某文等四户村民,是依照《中华人民共和国森林法》的有关规定处理林地权属纠纷的行为,是依法行政的行为。《行政处理决定书》送达后,七被告在法定期限内没有提起行政诉讼或申请行政复议,《行政处理决定书》现已发生法律效力。因此,七被告领取的 108,824.4 元的林地补偿款,没有林地权属依据,应当返还。因此,原告的诉讼请求本院予以支持。

本案所涉及的土地权属问题、政府发放征拨款的行为、政府进行的土地确权行为等,显然都涉及行政权的运用,属于行政事务。但我们看到,当地法院的民事审判庭,在民事诉讼程序中,直接就判定政府前一个审批、发放征收补偿款的行为"无效",后一个土地确权行为则是"依法行政行为"。其依据也很简单,因为政府前一个行为所根据的《调解处理意见》没有法律效力,后一个《行政处理决定书》有法律效力。

按照行政法理,行政行为"无效"必须建立在行政行为出现了明显的、令人难以忍受的,因而任何一个正常人都能确定其存在问题的基础之上,否则,行政行为就具有"公定力"因而被默认有效。行政行为是否"合法",则要综合考察行政机关的权限、程序、认定事实、适用法律甚至裁量合理性等多方面因素。在本案中,裁判者显然是秉持了一种民法思维,按照民法上的习惯在运用"无效""依法行政"等词汇。或者说,完全没有体现出其判断行政事务的专业性。这恰恰说明了民事诉讼审查行政法上不当得利的问题所在:行政法上的不当得利,很有可能会涉及引发不当得利的前端行政行为合法与否的问题。对这一问题,民事审判庭在民事诉讼程序内是无法认定的。相应地,其对后续的相对人是否构成不当得利的判断,也很难保证正确。

综上,相对人不当得利的情形,在大部分时候都无法进入民事诉讼,行政机关只能通过自己的行政行为,冒着没有法律授权的风险去要求相对人返还。即使民事诉讼接纳了案件,由于其必须将行政争议当成民事争议来裁判,行政法律关系的特殊性将被掩盖,民事审判庭只能在自己不擅长的领域进行裁判。与之相比,"官告民"的"反向"行政诉讼则可以有效避免这些问题,理应成为处理行政法上不当得利纠纷的更优解。

四、行政法上的无因管理纠纷解决实践及其问题

相较于协议、侵权和不当得利法律关系而言,无因管理法律关系本身就更加复杂一些。由于行政机关这一特殊角色的加入,行政法上的无因管理在实践中更是备受争议。

(一)司法对行政机关为无因管理行为的承认

前文已述,由于依法行政原则和概括性义务两种观点的存在,行政机关能否为相对人进行无因管理行为,在我国行政法学界尚有争议。在实践中,已经有司法判例承认行政机关为相对人从事无因管理行为的存在。"连州市西江镇人民政府与姚某全、严某连、严某坤等追偿权纠纷案"便是一例。[①]

本案的基本案情:2018年10月中旬,被告姚某全、严某连、严某坤、黄某正的父亲严某田因生活窘迫,在连州市区自寻短见,后被连州市公安局南门派出所民警救出,送到连州市中医院医治。连州市中医院经医治后,由于没有人支付相应的费用,并从严某田口中得知,其本人曾是西江镇大田村民,出事前也在西江圩租房居住,于是连州市公安局南门派出所于2018年10月20日送严某田到西江镇政府即原告处。原告一时无法找到严某田的亲属,也没有其他地方安置严某田,加上严某田年老、身体差,生活无法自理,只得于当日把严某田送到连州市星华养老中心暂时安置并支付相应费用。

原告安置严某田到星华养老中心后,对严某田及其亲属的情况进行了调查,发现生育三子一女,也就是本案四个被告。原告发现严某田老人并

---

① 连州市西江镇人民政府与姚某全、严某连、严某坤等追偿权纠纷案,广东省连州市人民法院(2020)粤1882民初708号民事判决书。

非孤寡老人后,首先与居住西江镇大田村的被告严某坤联系,要求其把严某田老人从养老中心接走并承担政府垫付的费用,但其不同意。之后,原告找到严某田另外三个子女的联系方式,在电话上要求其承担政府垫付他们父亲的养老费用,并承担严某田老人今后的养老义务,但所有被告都不愿意支付原告垫付的养老费用及承担严某田老人今后的养老义务。至原告起诉之日,四个被告仍然没有把严某田老人从养老中心接走,严某田在养老中心的费用仍然由原告承担。为了维护自身利益,原告向法院提起诉讼,要求法院判令四被告向原告支付原告代支付四被告父亲严某田住宿伙食护理费用72,220元。

原告连州市西江镇人民政府在起诉书中指出:

> 四被告作为严某田老人的子女,赡养严某田老人是四个被告的法定义务,上述法定义务不因各种原因免除,同时由于严某田老人不是孤寡老人,原告没有义务及法定职责承担严某田老人养老费用,因此,原告垫付严某田老人的养老费用应当由四个被告全部返还,同时从此之后,严某田的赡养责任由被告承担。

本案事实清楚,法律关系较为简单。唯一的特殊性在于一方法律主体是行政机关。由于行政法上的无因管理存在争议,原告连州市西江镇人民政府在起诉时,特意按照"追偿权纠纷"进行起诉。对此,法院的态度倒是十分明确:

> 没有法定的或者约定的义务,为避免他人利益受损失进行管理或者服务的,有权要求受益人偿付由此而支付的必要费用。本案是对被告严某田的赡养义务而产生纠纷,立案案由为追偿权纠纷,应变更为无因管理纠纷。
>
> 本案中,……四被告具有赡养被告严某田的法定义务;原告作为地方一级人民政府,是行政机关,无法定的或约定的义务赡养有婚生子女的被告严某田。原告将年老、身体差、生活无法自理的被告严某田送到连州市星华养老中心,暂时安置并支付相应费用是一种无因管理行为,而无因管理是指没有法定的或者约定的义务,为避免他人利益受损失进行管理或者服务的,有权要求受益人偿付由此而支付的必要费用。被告严某田在养老中心从2018年10月20日计至2020年9月30日发生72,220元费用,已全部由原告垫付,原告有权要求作为

受益人且对严某田负有法定赡养义务的被告姚某全、黄某正、严某连、严某坤共同支付。……

综上所述,依照《中华人民共和国婚姻法》第二十一条第一款、第三款、第三十条、第三十六条第一款,《中华人民共和国民法通则》第九十三条,《中华人民共和国民事诉讼法》第一百四十四条之规定,判决如下:

被告姚某全、黄某正、严某连、严某坤应于本判决发生法律效力之日起十日内付清垫付款人民币 72,220 元给原告连州市西江镇人民政府。

从本案的判决理由和判决结果可以看到,司法机关在认定本案的法律关系及原、被告权利义务的过程中,直接忽略了原告的行政机关身份。判决书并未讨论行政机关能否为相对人实施无因管理行为的问题,而是默认行政机关是作为平等民事主体参与到诉讼中,并且将本案认定为民法上的无因管理。在最后的判决依据中,司法机关引用的也是民事法律规范。所以,本案只能说明,司法机关承认行政机关作为民事主体,有为公民从事无因管理行为的可能。当然,在笔者看来,本案其实属于行政法上的无因管理,应当在"反向"行政诉讼程序内解决。但从司法判例来看,以民事诉讼程序解决这一问题,似乎并不存在障碍。

事实上,上述案件之所以看起来没有什么争议,最关键在于原告自己指出的:"由于严某田老人不是孤寡老人,原告没有义务及法定职责承担严某田老人养老费用。"那么,如果原告有行政法上规定的义务或职责呢?民事审判庭还能否接纳案件?相关争议还能否被认定为无因管理法律关系?民事诉讼程序还能否无障碍地解决问题?对此,"天津市滨海新区人民政府寨上街道办事处(以下简称寨上街道办事处)与天津市圣天石工贸有限公司(以下简称圣天石公司)无因管理纠纷案",[1]也许可以给我们一些启发。

本案的基本案情:2017 年 8 月,被告圣天石公司在租赁场地内堆放电石灰渣,且未采取防渗、防风抑尘措施,导致电石灰渣遇风形成扬尘,遇降水形成强碱性溶液渗透破坏土壤及地下水。经相关行政部门多次要求整改后,圣天石公司均未实际整改。为彻底解决水污染问题,防止堆放物污染地下水及产生其他扩大损失,原告寨上街道办事处于 2018 年 6 月 25 日

---

[1] 天津市滨海新区人民政府寨上街道办事处与天津市圣天石工贸有限公司无因管理纠纷案,天津市滨海新区人民法院(2020)津 0116 民初 17955 号民事判决书。

前代圣天石公司完成堆放的电石灰临时性苫盖、周边积水坑的回填平整工作,防止扬尘污染。同时,在召开专家论证会后,寨上街道办事处又完成电石灰渣山 HDPE 土工膜覆盖,防止雨水与电石灰渣混合形成强碱性溶液渗透土壤和地下水造成污染。为实施上述工程,寨上街道办事处共垫资1,374,461元。在原告寨上街道办事处看来,该费用均为自己代圣天石公司控制及治理堆放物污染问题而产生的直接且必要费用,应当由圣天石公司承担。但双方就此多次协商未果。因此,原告以无因管理补偿请求为案由向法院提起诉讼,要求被告承担自己垫付的相关费用。

但是,被告圣天石公司在答辩中明确指出:

> 本案不符合无因管理的构成要件;作为历史遗留问题,寨上街道办事处负有治理电石灰的责任及义务,由此产生的费用不应由圣天石公司承担。

法院在最终的判决中并没有采纳被告的意见,而是同样将原告的行为认定为无因管理。法院在判决书中指出:

> 《中华人民共和国民法总则》第一百二十一条规定"没有法定的或者约定的义务,为避免他人利益受损失而进行管理的人,有权请求受益人偿还由此支出的必要费用。"
>
> 本案中,圣天石公司作为生产企业,应当根据法律、法规及《滨海新区环境保护工作责任规定(试行)》第四条、第五章规定,落实"谁污染、谁治理""谁破坏、谁恢复"的主体责任,亦即应当按照对案涉电石灰堆料进行有效管理,防止、治理相应污染,然而,圣天石公司并未履行上述义务并造成环境污染的事实。根据《滨海新区环境保护工作责任规定(试行)》第八条规定,寨上街道办事处负责本辖区规定职责范围内的环境保护监督管理工作,先期处置并按规定报告辖区内突发环境事件、协助区政府及其有关部门排查环境事故隐患,定期向区委、区政府或环境保护主管部门报告本辖区环境保护工作执行情况。在圣天石公司电石灰堆料已经形成污染源,环保部门进行督察督办的情况下,为避免公众利益遭受更大损失,寨上街道办事处治理圣天石公司电石灰料堆污染所支付1,374,461元的必要费用,应由圣天石公司向寨上街道办事处承担给付义务。……
>
> 综上所述,寨上街道办事处的诉讼请求部分成立,予以相应支持。

依照《中华人民共和国民法总则》第一百一十八条、第一百二十一条规定，判决如下：

　　一、天津市圣天石工贸有限公司于本判决生效后十日内给付天津市滨海新区人民政府寨上街道办事处费用1,374,461元；

　　本案与前述第一个案件有显著不同，即原告寨上街道办事处的确有环境保护监督管理的法定义务。按照中共天津市滨海新区委员会办公室、天津市滨海新区人民政府办公室联合印发的《滨海新区环境保护工作责任规定（试行）》第8条的规定，街镇有"负责本辖区规定职责范围内的环境保护监督管理工作，先期处置并按规定报告辖区内突发环境事件、协助区政府及其有关部门排查环境事故隐患，定期向区委、区政府或环境保护主管部门报告本辖区环境保护工作执行情况"的责任。在本案判决书中，还记载了以下事实：

　　2018年6月19日，滨海新区环保督查整改督办组向寨上街道办事处下发《强化督查查处派遣单》，记载主要内容为群众信访举报反映圣天石公司现场检查时该"散乱污"企业已经停产，场区露天堆存约50多万吨电石灰，无防渗措施，大部分未采取防风抑尘措施，部分设备未拆除，请求寨上街道办事处立即查处等。

　　2018年6月25日，天津市推进环境保护突出问题整改落实工作驻滨海新区现场督办检查组下发《关于认真落实生态环境部强化督查交办问题的函》，记载主要内容为相关行政机关对圣天石公司无防渗、防风抑尘措施问题进行现场检查，发现并未对电石灰场地采取防渗措施，且没有明确方案，并针对上述问题提出了整改措施。

　　2018年6月27日，天津市滨海新区清新空气行动分指挥部印发《关于治理寨上街两个电石灰堆料场环境污染问题会议纪要》，主要内容之一为由寨上街道办事处履行属地监管职责，督促并协助做好圣天石公司渣堆治理工作，在没有找到圣天石公司法人之前，寨上街道办事处应对圣天石公司渣堆（厂外）采取苫盖等临时性措施，并研究制定长效治理方案……同时，采取措施彻底解决边沟水污染问题，防止地下水污染。所需资金暂由寨上街道办事处垫付，后续追索物权人。

　　可见，原告代替被告采取临时性措施从而防止环境污染的行为，是在上级环保督察组、现场督办检查组、滨海新区清新空气行动分指挥部等各个上级部门的高密度监督和严格要求之下进行的。这充分证明，其本身就有监督属地环境状况、采取相应措施防止和整治属地环境污染的责任，即有法定的义务。原告的行为在如此高密度要求的背景下也很难被理解为"管理他人的事务"，其更像是在"管理自己的事务"。那么在这种情况下，原告是否仍然构成"无因管理"？

这一问题，被告在答辩状中已经明确提出。但与前一案件相似，法院在判决理由中同样没有涉及行政机关能否构成民法上的无因管理、行政机关具有法定职责是否影响无因管理行为的认定等关键问题。可见，民事程序对无因管理案件的接纳，只能建立在法院选择性忽略行政主体的特殊性，甚至无视行政主体法定职责的前提之下。

当然，如果仅仅是在生态环境损害赔偿领域，随着2020年《民法典》出台，相关的问题已有解决方式。《民法典》第1234条规定："违反国家规定造成生态环境损害，生态环境能够修复的，国家规定的机关或者法律规定的组织有权请求侵权人在合理期限内承担修复责任。侵权人在期限内未修复的，国家规定的机关或者法律规定的组织可以自行或者委托他人进行修复，所需费用由侵权人负担。"但值得注意的是，本条规定在《民法典》"侵权责任"编的"环境污染与生态破坏责任"章中，并未出现在"无因管理"一章中。民法上是否将此时的国家机关行为认定为无因管理，仍有一定疑问。

那么，相对人的违法行为或不履行义务的行为造成损害，行政机关代替相对人从事相关事务，付出了一定的代价，但并不是发生在生态环境损害赔偿领域时，行政机关又当如何是好？此时，如果行政机关想要寻求支出费用补偿，还是只能找寻"无因管理"这一请求权基础。但从法律关系更加明确、权利义务更加公平合理、解决争议更加彻底的角度，无视行政机关的角色而将所有无因管理法律关系都默认为民法上的无因管理的处理方式，显得过于草率。只是，如果考虑行政机关的角色，考虑行政权运用的因素，行政法上的无因管理又无法在民事诉讼程序中处理，这就是没有"反向"行政诉讼带来的困境。

(二) 司法对行政机关为无因管理行为的否定

除承认行政机关可以为相对人行无因管理（可能是民法上的无因管理）的判例外，在实践中还存在截然相反的判例，即认为行政机关不构成无因管理。"淮安市淮安区车桥镇人民政府与李某仁无因管理纠纷案"就是其中的典型。①

本案的基本案情:2013年10月15日,被告李某仁与淮安市淮安区车桥镇沈舣村村民委员会签订了书面的校舍承包协议书一份。双方协议签订后,车桥镇沈舣村村民委员会即将承包范围内的校舍及场地交付给被告经营使用,被告在承包范围内的校舍及场地上开办了橡胶颗粒加工厂。期满后,被告一直没有将承包用地返还给车桥镇沈舣村村民委员会。直至2020年5月,被告用于加工的大量橡胶制品一直堆放在其承租的场地上。其间,车桥镇沈舣村村民委员会多次通知被告及时清理露天堆放的橡胶制品,均遭到被告拒绝。2020年5月25日,淮安市淮安区人民检察院向原告下发了《淮检民行行公建[2020]11号检查建议书》,要求原告立即督促被告对违规堆放的固体废物进行清理。原告随后于2020年5月26日制作了《责令清理通知书》,责令被告在2020年6月20日前对违规堆放的固体废物进行清理,若被告不履行清理义务,则由村民委员会组织人员进行清理,清理过程中产生的费用均由被告承担。逾期后,因被告一直没有履行清理义务,原告委托专业机构银顺环保(镇江)有限公司对被告所有的固体废物进行处理,并垫付了费用。鉴于被告不同意支付相关费用,原告遂诉至人民法院。

从本案的事实来看,本案与前一节的两个案例,尤其是第二个案例并没有本质上的不同。同样是行政机关认为相对人存在某种义务,但相对人拒绝履行。行政机关考虑自身的职责,委托相关专业机构对事务进行了处理,进而要求相对人对过程中的花费进行补偿。

但是,非常相似的案情,在实践中却有截然不同的结果。本案法院认为:

> 我国法律规定,没有法定的或者约定的义务,为避免他人利益受损失而进行管理的人,有权请求受益人偿还由此支出的必要费用。因此,本案原告是否有权主张被告赔偿必要费用在于原告主张的无因管理是否成立。
>
> 关于上述问题,本院认为应当从以下三个方面来判断原告的行为是否构成无因管理。第一,无因管理的管理人应当有管理他人事务的行为,并产生一定的债权债务关系。本案中,原告车桥镇政府因被告

---

① 淮安市淮安区车桥镇人民政府与李某仁无因管理纠纷案,江苏省淮安市淮安区人民法院(2020)苏0803民初4353号民事判决书。

长时间将固体废弃橡胶制品堆放在露天环境下,有极大污染环境的嫌疑,在被告拒不清理的情况下,将涉案的固体废弃橡胶制品进行了清理,为此花费了一定费用。原告的该行为在一定程度上可以被认为是管理了被告本该自行管理的清理事务,能够与被告之间产生债权债务关系;第二,无因管理的管理人应当有为本人谋利益(利益应当仅限于避免本人的损失)的目的,且因管理所产生的利益应当归属于本人,管理人的行为也不得违反本人的明示或可推知的意思。本案原告虽然代为管理了被告本人应当处理废弃物的事务,但是目的是公众的利益以及完成有关机关交办的事项,与避免被告李某仁的损失之间无直接的因果关系,其中,尤其是被告李某仁在庭审中坚持自己所有的固体废弃橡胶制品无毒无害,因市场上同等废弃物的价格低,故不愿在原告限定的时间内清理。这就直接反映出原告作出的管理行为是违背被告意志的,使得原告的管理行为不能符合无因管理的该项特征;第三,无因管理的管理人为本人管理事务既无约定义务,也无法定义务。本案原告与被告之间虽然没有有关处理涉案废弃物的协议,但检察院和环保委员会的文件内均对原告提出了清理废弃物的要求,这就使得原告在本质上缺乏清理涉案废弃物的主动性、自愿性,相反体现出一定的被动性、义务性和责任性,体现出行政机关行政行为的法律特征。综上所述,原告的管理行为不符合无因管理的全部法律特征,不应当认定为无因管理行为,相应的诉讼请求不予支持。

从法院的判决说理可以看到,法院准确地找到了本案的关键点——行政机关的行为能否构成无因管理的问题。但是,法院认为行政机关作出的管理行为违背本人意志,且是在检察院和环保委员会的要求下作出的,行为缺乏主动性、自愿性,相反,体现出一定的被动性、义务性和责任性,本质上属于一种行政行为,因而不能认定为无因管理。

分析法院的裁判理由,认为行政机关的行为违背本人意志因而不构成无因管理,其实是站不住脚的。我国《民法典》第979条第2款规定:"管理事务不符合受益人真实意思的,管理人不享有前款规定的权利;但是,受益人的真实意思违反法律或者违背公序良俗的除外。"在本案中,被告对于违规堆放的固体废物,其不清理的行为是违背法律的。因此,行政机关的管理行为即使违背本人的意思,其行为仍然可以成立无因管理。真正有道理的是法院关于行政机关是否有法定义务的分析。与前述讨论一致,司法机关在本案中同样看到了行政机关从事清理行为的直接动力:检察机关的检察建议书。检察建议书的存在,证明清理废弃物本身就属于原告的法定职责。既然原告有法定的义务,那么就无法构成"无因管理"了。

但如果法院的这一逻辑成立,那么今后相对人在面对自己的某些义务时,完全可以采取"消极不作为"的方式应对。反正行政机关具有法定职责,其为了不让自己陷入"不履行法定职责"的违法情境中,只能主动代替相对人履行义务,且无法向相对人寻求补偿。这无疑会纵容违法行为。甚至,行政机关可能会为了给相对人施加履行义务的压力,或为了挽回自己的损失,乃至于为了"出一口气",而想方设法地找寻相对人的各类违法行为并加以制裁。此时司法的做法,就不是在化解纠纷,反而是在制造纠纷了。

那么,是否存在这种可能,即即使认为行政机关不构成无因管理,因而不能获得支出补偿,其也可以采取别的方式督促相对人履行义务,完成自己的行政职责,或者挽回自己的损失?在"连州市连州镇人民政府、廖某新追偿权纠纷案"中,①司法机关给出了自己的看法。

本案的基本案情:2021年7月29日,连州市住房和城乡建设局属下单位连州市城市建设管理监察大队在城市市容市貌整治行动时发现连州市××道保升阁山侧面空地堆放大量的建筑垃圾。连州市住房和城乡建设局即日立案调查,经核实是被告廖某新擅自设置建筑垃圾堆放场,于是立即向被告廖某新发出《责令改正通知书》,责令廖某新立即改正违法行为。同时,根据广东省督导组专电要求立即清运垃圾场的建筑垃圾及复绿的文件指示精神,连州市住房和城乡建设局立即通知该土地的属地管辖单位连州镇人民政府对上述垃圾场进行清理和复绿工作。由于被告怠于履行对上述垃圾场进行清理和复绿,原告连州镇人民政府在省政府督导时间紧迫的情况下,代被告先行清理上述垃圾场的建筑垃圾并进行复绿。2021年7月29日,原告与第三方公司签订《清渣及复绿施工协议》,委托第三方公司对上述垃圾场进行清理和复绿,共花费清理及复绿费用236,035元。此后,原告多次向被告发出要求支付清理及复绿费用236,035元的函,被告均以各种理由拒绝。原告认为,被告擅自设立垃圾堆放场,并接受大量建筑垃圾堆放,严重违反了《城市建筑垃圾管理规定》的规定,破坏、污染土地,影响城市环境和卫生。清理堆放在上述垃圾场的建筑垃圾并进行复绿原本是被告的责任和义务,但原告代被告及时对上述垃圾场进行了清理和

---

① 连州市连州镇人民政府、廖某新追偿权纠纷案,广东省连州市人民法院(2022)粤1882民初2795号民事裁定书。

复绿,由此产生的清理及复绿费用理应由被告支付给原告。因此,原告向人民法院提起民事诉讼。

对此,法院指出:

> 本案中,连州市城市建设管理监察大队在城市市容市貌整治行动时发现被告廖某新擅自设置建筑垃圾堆放场,存在破坏、污染土地,影响城市环境和卫生行为。随后连州市住房和城乡建设局向被告廖某新发出《责令改正通知书》,之后又作出《行政处罚决定书》,但被告廖某新在收到《责令改正通知书》和《行政处罚决定书》后,仍怠于履行对上述垃圾场进行清理和复绿。原告连州镇政府作为属地管辖单位,为及时处理该垃圾堆放场和复绿,与广东上昇建设工程有限公司签订《清渣及复绿施工协议》,约定由原告连州镇政府委托广东上昇建设工程有限公司对被告廖某新擅自堆放的垃圾进行清理和复绿工作,是在履行其行政职能的工作内容之一。《中华人民共和国行政强制法》第五十条规定,行政机关依法作出要求当事人履行排除妨碍、恢复原状等义务的行政决定,当事人逾期不履行,经催告仍不履行,其后果已经或者将造成环境污染或者破坏自然资源的,行政机关可以代履行,或者委托没有利害关系的第三人代履行。原告采取的代履行措施,属于行政管理权力的实现形式;对于被告未依法按照行政主管部门的决定履行或者支付代履行费用的,可根据行政强制法第五章的规定予以处理。本案的诉讼标的并不是原告连州镇政府与被告廖某新之间通过民事活动形成的债权债务关系,故不属于民事诉讼的审理范围。

在本案中,司法机关将行政机关的行为理解为"代履行"。这种理解其实是非常正确的。在德国行政法上,代履行本身就是最为典型的"行政法上的无因管理"情形。所以,一个无因管理法律关系,如果加上行政机关的职权职责要素,很可能会呈现出"代履行"的样态来。在行政法上,不会因为行政机关具有法定职责,就认为其"代履行"行为不构成无因管理。因为行政机关只是对某类事务、或某种权益的维护具有法定义务,其并不必然对"履行"有法定义务。相反,"履行"的义务属于行政决定的相对人。

但是,如果本案属于行政机关代履行的活动,那么如司法机关所言的那样,本案就不能在民事诉讼中审理了。此时,行政机关应当如何处理?法院指出,行政机关可以根据"《行政强制法》第五章的规定"予以处理。所谓"《行政强制法》第五章的规定"是指行政非诉执行的相关规定。所以,法院认为,行政机关面对相对人不履行义务的情况时,可以代履行。但在此之后,若相对人不承担费用,行政机关可以提起行政非诉执行申请,请求人民法院强制执行。

行政非诉执行是否可行,行政机关又为何要在有非诉执行途径的情况下,冒着法院不受理的风险提起民事诉讼呢？在"湘西土家族苗族自治州生态环境局花垣分局与湖南振兴股份有限公司纠纷案"中,[1]司法机关和行政机关就这一问题展开了有趣的对话。

本案的基本案情：湖南振兴股份有限公司锰渣库未按照环保要求进行治理,严重危害周边环境及周边居民的正常生产生活。经多次催告,湖南振兴股份有限公司始终未按照要求治理。2016年,原告湘西土家族苗族自治州生态环境局花垣分局无奈之下委托湖南艾布鲁环保科技有限公司对湖南振兴股份有限公司锰渣库进行治理,并垫付资金建成处理量为4000立方米/日的污水处理厂,用于治理该锰渣库渗滤液。该污水处理厂于2017年9月竣工验收并由湖南艾布鲁环保科技有限公司负责调试运行。截至提起诉讼时,原告已经垫付应急运行费用共计10,321,435.24元。原告认为,湖南振兴股份有限公司作为污染物的排放企业,应当对污染物治理的运行承担责任,但其未履行自己的责任和义务。为维护周边环境,原告垫付了资金进行治理和运行污水厂,湖南振兴股份有限公司应当支付原告垫付的污水厂运行的各项费用,故向法院提起诉讼。

原告提起诉讼后,一审法院裁定不予受理。一审法院认为：

> 民事诉讼解决的是平等主体的公民之间、法人之间、其他组织之间以及他们相互之间因财产关系和人身关系在私权领域发生的争议。根据起诉人湘西土家族苗族自治州生态环境局花垣分局提出的诉讼请求、事实和理由,本案系因行政相对人湖南振兴股份有限公司违反环境保护法律法规造成环境污染,起诉人湘西土家族苗族自治州生态环境局花垣分局作为行政职能部门,在查处环境污染行为过程中,基于环境保护监督管理职责委托没有利害关系的湖南艾布鲁环保科技股份有限公司处置污染所垫付的费用,属于《中华人民共和国行政强制法》规定的代履行,属于公权领域,依法应当通过行政程序作出代履行行政决定,并待代履行行政决定生效后申请行政非诉执行来解决代

---

[1] 湘西土家族苗族自治州生态环境局花垣分局与湖南振兴股份有限公司案,湖南省湘西土家族苗族自治州中级人民法院(2020)湘31民终1243号民事裁定书。

履行费用,而不是通过民事诉讼来解决代履行费用。

在本案中,法院不仅从行政争议不属于民事诉讼受案范围的角度做出不予受理裁定,还专门告诉行政机关,其应当作出代履行决定,再申请行政非诉执行。对此,行政机关在上诉书中提出:

> 本案如不立案受理,将造成重大国有资产流失。选择民事追偿或行政程序解决代履行费用上诉人应当有选择权。同时,通过行政程序解决代履行费用有前置程序和要求,能否通过行政程序解决代履行费用,条件是否具备或者说可行不确定。一旦贵院裁定维持一审裁定而行政程序解决代履行费用的条件又不具备或不可行,那么上诉人就丧失了所有的救济途径,必然造成重大的国有资产流失。综上所述,请求贵院支持上诉人的上诉请求。

行政机关在上诉书中的陈述,非常真实地体现了其为何要选择民事诉讼而非行政非诉执行程序来解决争议。那就是,行政非诉执行有"前置性程序和要求",以至于行政机关的目标能否实现"不确定"。所谓前置性程序,是指行政机关必须先作出一个要求当事人履行义务的行政决定,当事人逾期不履行的,行政机关要进行催告,催告后相对人仍不履行义务的,才能申请非诉执行。在非诉执行申请的审查过程中,同样需要一定的程序,要耗费相当的时间。所谓"要求",则是行政非诉执行必须建立在相对人在法定期限内对行政机关的决定既不提起复议,也不提起诉讼的基础上。换言之,一旦行政机关作出行政决定后,相对人提起了复议或诉讼,行政非诉执行的要求就无法达成。面对这种种的程序和要求,行政机关当然希望在争议发生时可以直接提起诉讼,并在一个诉讼程序内由法院直接给出一个实体判决,从而维护自身的合法权益或自己代表的国家利益。这一案例生动证明了提起诉讼相较于行政非诉执行的优势所在。

但是,二审法院同样没有采纳上诉人,也即原审原告的意见,而是仍然维持了一审法院不予受理的裁定。二审法院认为:

> 民法调整平等主体的自然人、法人和非法人组织之间的人身关系和财产关系。本案中,上诉人诉请的涉案标的系其作为行政执法部门,在查处案涉环境污染行为过程中,委托相关部门处置案涉污染行为产生的。现上诉人诉请湖南振兴股份有限公司支付案涉费用,不属

于我国民法调整的范畴。因此,原审法院以上诉人的诉请不属于人民法院民事诉讼受理范围为由裁定不予受理并无不当,本院依法予以维持。上诉人的上诉理由不能成立,本院依法不予支持。依照《中华人民共和国民事诉讼法》第一百七十条第一款第(一)项的规定,裁定如下:

驳回上诉,维持原裁定。

从法院的视角来看,我们不能认为其裁判有错。本案与行政法上的无因管理中的任何一个案子一样,都的确有行政权运用的要素在其中。民事审判庭裁定不予受理符合法律的规定。但是,正如行政机关在本案中所言,行政非诉执行相较于直接提起诉讼,更容易造成程序拖沓,有可能给国家利益和公共利益造成更大的损害。所以,能否寻求一个将两者结合起来的方式?能够建构一个既是诉讼,又能够确保行政法上的无因管理被受理的方式?显然,"官告民"的"反向"行政诉讼正满足此时行政机关的需求,也能避免司法机关的为难。

本章考察了"反向"行政诉讼的不同适用场域内,共计近20个司法判例。这些司法判例有的是"官告民",有的是"民告官";有的提起的是行政诉讼,有的提起的是民事诉讼;有的法院进行了实体判决,有的被法院裁定不予受理或驳回起诉;有的行政机关胜诉,有的行政机关败诉,林林总总。本章试图从这些司法判例中证明,行政协议、行政侵权、行政法上的不当得利和无因管理争议,在现有诉讼、行政非诉执行乃至单方行政行为框架内解决,都或多或少地存在问题。其中的症结就在于,没有"官告民"的"反向"行政诉讼。解决本章案例中种种问题的方式,也无疑是建立"官告民"的"反向"行政诉讼。

第四章 "反向"行政诉讼的理论支撑："官告民"的正面证成

作为对我国行政诉讼结构教义的重大突破，行政诉讼单向构造的变革，如果仅仅以"官告民"诉讼在某些现实场域中可能被需要，或者在司法实践中已经显现出必要性作为理由，无疑显得太过草率而缺乏对制度历史惯性和理论基础的尊重。事实上，"反向"行政诉讼的需求，包括前述司法判例体现的"反向"行政诉讼的必要，其背后潜藏的是深刻的社会背景变迁和行政法学学理演变，也即一种理论上的发展与更新。本章试图从此入手，归纳出"反向"行政诉讼的内在理论支撑，从而在更加深入的层面上论证"反向"行政诉讼的合理性和必然性，避免对"反向"行政诉讼是纯粹功利主义选择的误读。

自20世纪70年代以来，西方行政学界发生了一系列的理论变革，行政主体与相对人的地位发生显著变化。与此同时，我国行政法学界对行政法、行政诉讼法相关理论的研究越发深入，渐渐改变了人们对行政法、行政诉讼法许多内容的认知。中国自身发展造成的深刻社会结构变革、权利意识的萌发、网络时代到来等，也使社会力量对比与以往大为不同。这一切又直接或间接促成了2014年以来《行政诉讼法》的一系列修改。以上的理论革新、社会发展、立法修改都为"反向"行政诉讼的建立奠定了基础，它们与第一章我国行政诉讼单向构造的成因遥相呼应，成为行政诉讼构造可以调整，也应当调整的证明。

一、行政平权化趋势："反向"行政诉讼出现的重要契机

自20世纪70年代以来，西方行政学上涌现出了几个重要理论，并在短时间内影响了整个世界。这些理论关注行政机关角色转变与国家治理模式的改变，着力于政府与社会的"平权化"。其理念传递到行政法学上来，使行政主体与行政相对人之间也变得越来越"平等且对等"。行政诉讼单向构造受到这种改变的影响，也变得不再不可动摇。

（一）行政机关的角色转变与治理模式变迁

众所周知，出于对自由价值的追求和对市场经济自身调节能力的信

任,西方最早奉行的是"守夜人"政府。后因经济危机的影响,"凯恩斯主义"成为20世纪初西方资本主义国家的新选择,政府大幅度介入市场:一来提供那些并没有人感兴趣,因为并不必然地获得适当报酬的公共物品;①二来通过对市场的调控防止市场过度的无序化。但随着国家管理任务的加重,官僚制政府效率过低且负担过大的问题凸显出来。20世纪70年代国际经济体系波动,又使西方国家财政危机空前加重,"福利国家"等一系列凯恩斯主义政策让政府不堪重负,难以为继。对市场和政府关系的调整,或者说,寻求行政机关角色的转变成为破局之策。新公共管理理论、新公共服务理论及其后的治理理论正是在这一背景下产生的。

1. 新公共管理理论

新公共管理理论是经济学和管理学理论在行政学上的应用,是两种思想潮流结合的产物。经济合作与发展组织(Organization for Economic Co-operation and Development,OECD)将新公共管理定义为:"已经出现的公共管理范式,提倡在更少集权的公共部门配以绩效导向的文化。"②但在更多的情况下,西方行政学界并不会直接给出新公共管理的标准定义,而是从组成要素或基本原则入手来阐述这一理念。比如,格利尔将新公共管理的要素概括为:公共服务组织的分散化;对公共管理人员实行任期和激励;公共服务的供给与生产分离;强调降低成本;从重视政策转向重视管理,重视绩效评估;从程序转向产出的控制和责任机制。③ 海斯和卡尼则将新公共管理界定为五项核心原则:规模缩减、企业管理主义、分权、去官僚化、私有化。④ 我们更为熟悉的则是戴维·奥斯本的"企业家政府"及该理论下政府新公共管理的十项原则。⑤

新公共管理理论试图"重塑政府",其内在的思维是,在政府与市场的关系上,以"掌舵而不是划桨"为核心,行政机构扁平化,将政府角色从公共服务的直接提供者位置上解脱出来,转化为间接提供者和政策指引者;在与公民的关系上,强调政府对待公民如同企业对待顾客,确保公民"用脚

---

① 参见[英]约翰·穆勒:《政治经济学原理及其在社会哲学上的若干应用(下卷)》,胡企林等译,商务印书馆2009年版,第572-574页。
② OECD,Governance in Transition:Public Management Reforms in OECD Countries. Paris ,1995, p. 8.
③ See Greer P. ,*Transforming Central Government*,Open University Press,1994,p. 8.
④ See S. W. Hays and R. C. Kearney,*Riding the Crest of a Wave*:*The National Performance Review and Public Management Reform*,International Journal of Public Administration(20),1997,p. 11.
⑤ See David Osborne and Ted Gaebler, reinventing government : how the Entrepreneur Spirit is Transforming the Public Sector,p. 321.

投票"的权利,更加关注服务的质量或结果;在政府内部,以企业管理思维和管理方式适度取代传统的官僚体制,要求政府计算"成本收益",同时以企业的激励机制提高政府效率。总而言之,"新公共管理代表了一种新的行政途径,即使用企业管理和其他学科领域的知识与经验来改进官僚机构的公共服务效率、效能和绩效"。[1]

新公共管理理论在撒切尔夫人和里根总统执政期间被真正应用于行政改革,其主要实践发生在英国、美国、澳大利亚等盎格鲁-撒克逊体系国家。但这一理论对世界其他国家也产生了广泛影响。以我国为例,我国虽然在意识形态、文化传统、法律体系等方面与英美等国截然不同,但我国面临与英美等国20世纪70年代时类似的问题——政府大量承担行政任务,窒息市场本身的活力,政府负担过重,并引发了低效率等问题。当然,这种"类似"只是一种表面的相似:英美等国以资本主义私有制作为经济制度基础,无论政府的手如何在一次又一次的进退中拿捏平衡,其根本理念都是私有制的市场经济。我国实行社会主义市场经济,以公有制经济为基础,再配以集体主义价值观念、强大的行政集权思维和根深蒂固的单位体制传统等,使我国从一开始就走在不断"放开"的道路上。从这个意义上,只是因为英美等国刚刚经历了凯恩斯主义的失败,新一轮的调整方向是"政府后退",才恰好与我国的情况产生了某种"貌合神离"的相似。

但即使这种表象上的相似,也足以使我国去借鉴西方国家在新公共管理理论和实践上的经验。早有学者敏锐地指出:"中国简政放权的举措与新公共管理存在一定的相似之处。"[2]我国各方面的特殊性,使我国不能,也无须全盘接受新公共管理理论。但新公共管理理论中的部分理念和思路,如"民营化"等,已经在我国的行政实践中大量存在。通过公私合作的方式,私人资本大量进入基础设施建设和公共服务提供过程之中,"公私伙伴关系模式作为一种崭新的趋势涌现出来"。[3] 2014年12月,国家发展和改革委员会出台《关于开展政府和社会资本合作的指导意见》,2015年4月,国家发展和改革委员会又联合财政部等多部门发布《基础设施和公用事业特许经营管理办法》(已失效),其第1条便明确指出:"为鼓励和引导社会资本参与基础设施和公用事业建设运营,提高公共服务质量和效率……制定本办法。"可见,公私合作已经成为我国进行市场经济体制改革和行政

---

[1] Eran Vigoda, New Public Management, *Encyclopedia of Public Administration and Public Policy*, Marcel Dekkee Inc., 2003, p. 812.
[2] 娄成武、董鹏:《多维视角下的新公共管理》,载《中国行政管理》2016年第7期。
[3] 张志斌:《新公共管理与公共行政》,载《武汉大学学报(哲学社会科学版)》2004年第1期。

管理改革的重要抓手。国家试图将政府从过重的行政负担中解脱出来,充分发挥市场主体的作用,并以此作为简政放权的重要举措。

2. 新公共服务理论

新公共管理理论出现之后,迅速被西方发达国家采纳并应用。但在这一过程中,其不完善的一面也渐渐显现出来,对这一理论的批评不绝于耳。首先,该理论过分依赖经济学理论,忽略了经济学与政治学在基本目标上的不同,单纯将经济学的方法引入,会使人们忽略公共管理在不同社会实践中的复杂性。① 其次,该理论直接将企业管理的方式应用于行政部门,"对公共、私人部门之间的差别没有加以深刻的探讨和区分"。② 再次,该理论视公民为"顾客",却忘记了"公民还是社会的所有者或者主人"。③ 最后,也是最为致命的,该理论推崇的民营化模式导致了公共服务的碎片化,并忽略了政府责任问题。④ 其过于追求效率的特点,又在相当程度上损害了公正、公平价值,使社会"付出了相当大的道德代价"。⑤

在这样的背景下,新公共服务理论应运而生。新公共服务理论的代表人登哈特夫妇认为,该理论并不是要创造一套新的观念,而是要重新呼吁那些能够促进有效治理的民主价值。⑥ 其内涵主要包括七个方面:(1)服务而非掌舵;(2)公共利益是目标而非副产品;(3)战略地思考,民主地行动;(4)服务于公民而非顾客;(5)责任并不是单一的;(6)重视人而不只是生产率;(7)超越企业家身份,重视公民权和公共服务。⑦ 新公共服务理论要求,行政机关必须认识到公民才是主人,自己的角色在于为公民提供更好的服务,而不是要"掌舵"——驾驭公民。在提供公共服务过程中,它不能像企业一样,仅仅为了满足某个顾客而不顾及整体的公共利益,不能为了追求效率而不顾公平公正,不能过于放任市场而逃避自己的责任。这一

---

① 参见[美]弗朗西斯·福山:《国家构建:21世纪的国家治理与世界秩序》,黄胜强、许铭原译,中国社会科学出版社2007年版,第87页。
② Barry Bozeman, *Introduction*: *Two Concepts of Public Management*, in Barry Bozeman, *Public Management*: *the State of Art*, San Francisco: Jossey-bass, 1993, p. 3 - 4.
③ 周晓丽:《新公共管理:反思、批判与超越——兼评新公共服务理论》,载《公共管理学报》2005年第1期。
④ See Pollitt C, *Bouckaert G. Public Management Reform*: *A Comparative Analysis*, New York: Oxford University Press Inc. , 2000: 167.
⑤ [美]乔治·弗雷德里克森:《公共行政的精神》,张成福等译,中国人民大学出版社2003年版,第158页。
⑥ See Denhardt J. V. & Denhardt R. B. , *The New Public Service*: *Serving, not Steering* (third edition) , Armonk, New York: M. E. Sharpe, 2011. xi, 186.
⑦ See Denhardt J. V. & Denhardt R. B. , *The New Public Service*: *Serving, not Steering*, Public Administration Review 60(6) , 2000, p. 539 - 549.

理论的"回归",是在新公共管理理论过于放松对市场的控制之后,试图再次提醒政府发挥自己的作用。当然,其并不认为政府发挥作用的方式是直接从事公共服务,这一点仍与"凯恩斯主义"有明显区别。

新公共服务理论在我国同样产生了影响,尤其是在我国政府转型过程中提出的"服务型政府"理念,与新公共服务理论有异曲同工之处。早些时候,我国政府"经济调节、市场监管、社会管理、公共服务"的职能中就体现出"服务"意识,但其位列最末,政府对市场和社会的控制管理色彩仍然浓重,政府的主导性颇为明显。直到2003年的"非典"事件发生,全国上下深刻意识到我国公共服务体系的不健全。在总结经验教训的基础上,2004年,时任国务院总理温家宝开始在一些重要场合的讲话中提到构建服务型政府。2005年,温家宝在政府工作报告中明确提出了"构建服务型政府"的要求。2007年党的十七大报告明确提出要"加快行政管理体制改革,建设服务型政府"。2008年党的十七届二中全会通过的《关于深化行政管理体制改革的意见》,其中再次强调要"实现政府职能向创造良好发展环境、提供优质公共服务、维护社会公平正义的根本转变"。

关于服务型政府的内涵,学界有不同理解。① 归纳来看,服务型政府应当具备以下几个层面的特征:在理念或宗旨上,与管理型政府相对应,要求政府以维护人民的利益为宗旨,对人民的需求有所回应;在工作重心上,强调政府除了要以经济建设为中心外,还要注意提供普惠型的基本公共服务,使人民共享经济发展成果,②着力提高公共服务的覆盖面、均等化程度、平均水平度和供给效率;③在行为方式上,要求政府改变以往僵硬的许可、处罚、强制等行政手段,逐步放权、还权于社会,让社会运用自身的力量来处理某些公共事务。④ 可见,虽然我国面临的情况与西方迥异,但我国政府角色转变的目标与新公共服务理论的要求颇有相似之处。

新公共管理理论和新公共服务理论看似针锋相对,实则在市场和政府的关系问题上并没有本质矛盾,两者只是"度"的不同而已。我国同样如此,随着改革的深入,我国行政机关的角色不断发生变化,传统的"全能政府"和片面的"经济发展型政府"都已被逐渐抛弃。在这一变化过程中,政府一方面要充分发挥市场主导作用,激发市场活力;另一方面又要确保自

---

① 参见何水:《服务型政府:争议中的透视》,载《中国行政管理》2010年第10期。
② 参见郁建兴、高翔:《中国服务型政府建设的基本经验与未来》,载《中国行政管理》2012年第8期。
③ 参见薄贵利:《论研究制定服务型政府建设的战略规划》,载《中国行政管理》2011年第5期。
④ 参见刘雪华:《论服务型政府建设与政府职能转变》,载《政治学研究》2008年第4期。

身责任的履行。"不同时代是为了追求不同的价值观,但是每一时期都有一种占主流和统治地位的思想理论,其他的思想流派也并没有被完全忽视。"①新公共管理和新公共服务正是在这样的关系中相互促进和平衡着行政机关的角色转变。

3. 治理理论

20世纪80年代末,"治理"概念被提出,随即被广泛讨论、研究并迅速得到世界各国的关注。治理是"一系列活动领域里的管理机制,它们虽未得到正式授权,却能有效发挥作用"。② 对于治理理论,联合国全球治理委员会将其论述为:"治理是众多公共或私人的个体或机构处理共同事务的各种方式的总和。它是使相互冲突或不同的利益得以调和并采取联合行动的持续过程。它包括有权迫使人们服从的正式制度和规则,也包括各种非政治的制度安排。"③治理有四个特征:(1)治理不是一套规则,或一种活动,而是一个过程;(2)治理过程的基础不是控制而是协调;(3)治理的范围既涉及公共部门,也包括私人部门;(4)治理不是一种正式的制度,而是持续的互动。④

与新公共管理、新公共服务着重探讨"政府角色"不同,治理理论从一个更为宏大的视角,即社会的治理模式角度出发进行系统性的思考。新公共管理和新公共服务站在政府的角度上,讨论的是"政府应当如何做"的问题。公民、组织、市场乃至整个社会都是在"政府应当如何看待它们,又该如何对待它们"的命题下发挥各自作用,承担各自角色。治理理论则承认主体的多元性,它面对的是多目标共存甚至相互冲突的情况,仰赖的是非同质的多元主体相互协调并共同发挥作用。⑤ 换言之,新公共管理和新公共服务只是对"政府失灵—市场失灵"的循环作出的周期性反应,⑥治理理论则在社会资源的配置中既看到了市场的失效,又看到了国家的失效,并试图从更高的层面上超越新公共管理理论和新公共服务理论的探索范

---

① Kaufman, Herbert, *Emerging Conflicts in the Doctrines of Public Administration*, American Political Science Review 50(4), 1956, p. 1057–1073.
② 俞可平主编:《治理与善治》,社会科学文献出版社2000年版,第2页。
③ Commission on Global Governance, *Our Global Neighborhood: The Report of the Commission on Global Governance*, Oxford: Oxford University Press, 1995, p. 2.
④ See Marie Claude Smouts, *The Proper Use of Governance in International Relations*, International Social Science Journal 50(1), 1998, p. 81.
⑤ 参见敬乂嘉:《合作治理——再造公共服务的逻辑》,天津人民出版社2009年版,第171页。
⑥ 参见[英]鲍勃·杰索普:《治理的兴起及其失败的风险:以经济发展为例》,漆燕译,载《国际社会科学杂志(中文版)》2019年第3期。

畴和框架局限。①

治理理论传入中国后,迅速拥有了中国化的表达。2013年党的十八届三中全会通过《中共中央关于全面深化改革若干重大问题的决定》明确提出,全面深化改革的总目标是"完善和发展中国特色社会主义制度,推进国家治理体系和治理能力现代化"。"国家治理现代化"成为中国特色的治理理论。中央在十八届三中全会第二次全体会议上就这一目标的提出作了深刻阐释,国家治理体系和治理能力是一个国家制度和制度执行能力的集中体现。国家治理体系是在党领导下管理国家的制度体系,包括经济、政治、文化、社会、生态文明和党的建设等各领域体制机制、法律法规安排,也就是一整套紧密相连、相互协调的国家制度;国家治理能力则是运用国家制度管理社会各方面事务的能力,包括改革发展稳定、内政外交国防、治党治国治军等各个方面。国家治理体系和治理能力是一个有机整体,相辅相成,有了好的国家治理体系才能提高治理能力,提高国家治理能力才能充分发挥国家治理体系的效能。

2019年,党的十九届四中全会专门研究了坚持和完善中国特色社会主义制度、推进国家治理体系和治理能力现代化的若干重大问题,通过《中共中央关于坚持和完善中国特色社会主义制度 推进国家治理体系和治理能力现代化若干重大问题的决定》。该决定明确了坚持和完善中国特色社会主义制度、推进国家治理体系和治理能力现代化的重大意义、总体要求、指导思想、总体目标、方式路径等,归纳了我国国家制度和国家治理体系具有的多方面显著优势,为推进国家治理体系和治理能力现代化提供了进一步指引。

中国语境下的"国家治理现代化"目标,既吸收了西方治理理论的内核,又彰显了中国特色。其中的不同主要体现在三个方面。第一,中国的治理是在"全面深化改革"的大背景下进行的,与中国特色社会主义制度的建设联系在一起,这与西方治理理论强调"不是正式的制度"明显不同。究其原因,西方经济、政治、文化乃至社会自治皆有较长时间的发展,业已形成了较为完善的制度体系。我国当前尚不具备这一条件,加强制度供给便成为各主体"持续互动"的前提。如果没有完善的制度支持,权力分化反而会使社会陷入混乱的局面,不利于多元主体的利益协调。第二,中国的治理是"国家治理",其一方面不排斥多元主体的参与,另一方面也要保证党和国家在这一过程中的主导地位,坚持党和国家的顶层设计,这与治

---

① 参见俞可平:《治理和善治引论》,载《马克思主义与现实》1999年第5期。

理理论的"多中心化"存在不同。这种做法充分考虑了我国的现实条件：我国市民社会尚在形成阶段，社会组织不健全，其无力如政府一般承担过重的治理职能。由党和国家主导，可以保证治理过程沿着正确的方向有序推进。第三，中国的治理是与"现代化"目标结合在一起的，是整个国家现代化进程的组成部分，承担着西方治理所不需要承担的任务。所谓现代化，是指"全社会范围，一系列现代要素以组合方式连续发生的由低级到高级的突破性的变化或变革的过程"。① 我国的"国家治理现代化"，试图从治理体系和治理能力两个维度提高我国现代化的整体水平，借此建立各项现代化制度，提升国家管理各项事务的能力，从而使治理与现代化目标相结合。

(二) 行政变革与"反向"行政诉讼

层出不穷的新理论、新观念，极大地影响了人们对政府角色、行政任务和国家治理模式的认知，行政主体与公民之间的关系悄然发生改变。这些变革延伸到行政法学、行政诉讼法学之中，为"反向"行政诉讼的出现提供了契机。

1. 新公共管理理论与"反向"行政诉讼

新公共管理理论试图解决"凯恩斯主义"影响下政府负担过重、财政赤字、效率低下等问题。这也决定了，其虽有"企业家政府"等花哨表述，但对行政模式最为突出的改变还是将政府承担的公共服务、基础设施建设等职能大量外包给私人企业，借助私人力量完成行政目标。公共服务外包，使私人主体进入公共行政之中，公私合作成为政府优先选择的行为方式。在法治国家的大背景下，公私合作当然需要通过双方签订协议来完成。这种协议在英美法系国家被称为"政府合同"，在大陆法系国家则被称为"行政协议"。有学者指出："新公共管理中的核心思想是利用私法契约来提供公共服务。"②不考虑"私法"一词的准确性，这一论断还是相当有道理的。

行政协议作为一种新的行政行为类型，形塑出一种全新的行政法律关系，突破了传统行政法上单方行政行为的概念，改变了整个行政法的理论框架。行政协议建立在行政机关与私人主体"合作"的基础上。既然是"合作"，行政机关传统意义上的"高权"地位便不再牢不可破。即使从朴素的正义感上讲，行政机关也不能一面"有求于人"，一面又"自恃身份"。

---

① 胡鞍钢：《中国国家治理现代化的特征与方向》，载《国家行政学院学报》2014年第3期。
② 申剑、白庆华：《论新公共管理在我国的适用》，载《中国矿业大学学报(社会科学版)》2005年第3期。

与传统行政法学一方面出于"法律面前人人平等"的法理而坚持行政机关与行政相对人法律地位"平等",另一方面又不得不正视现实并顾及行政目标的实现而指明双方权利义务"不对等"相比,公私合作,或者说行政协议之下的行政机关与行政相对人之间,才真正有了一点平等的感觉——是一种"平等下的对等"。① 即使行政主体在行政协议中享有一定的行政优益权,但这些权利的行使要以公共利益为前提,且要为相对人提供补偿,因而显得既有必要又"无伤大雅"。

所以,行政协议的出现,不仅是行政范式上的变化,更是"政府作用及政府与社会关系的深刻变化"。② 体现在行政法学之上,就在于使行政行为的单方性、单向性及公定力理论受到极大冲击。行政机关在以行政协议为代表的"平等"法律关系之内,无法再直接以行政权力制裁相对人,直接的影响就是政府只能以起诉的方式要求法院对行政协议争议作出判断。从这个层面上,新公共管理理论引发的行政改革,成为"反向"行政诉讼产生的重要契机。

2. 新公共服务理论、治理理论与"反向"行政诉讼

新公共服务理论看到了行政主体服务外包后引发的服务碎片化和监管责任缺失问题,要求政府不能只是一味依靠私人,而要承担起自己的责任。但是,新公共服务理论并不是希望政府以一己之力安排各种公共事务,重回"凯恩斯主义"的老路,而是要求政府认识到公民的"公民权",着力培育公民的公共精神,通过充分利用各种社会资源,实现与公民的对话和交流,从而引导人们超越私人利益参与到公共服务中来,双方共同实现公正、公平、高质量的公共服务供给。③ 从这个意义上说,新公共服务也是一个有关合作体系的理论。④

治理理论着重强调各治理主体的平等地位和在治理过程中的不可或缺。在治理理论看来,现代社会的复杂性、目标的多元性、过程的动态性,都使政府不可能凭借一己之力完成治理过程,甚至不可能如新公共管理理论和新公共服务理论所说,以自己为主导,仅仅允许市场、组织、个人"参与"就可以完成。在治理理论下,行政是"多中心"的,整个社会是"无中心"的,国家不再是当然地高高在上的统治机构,"公民的利益获得普遍的

---

① 应松年主编:《行政法与行政诉讼法学》,法律出版社 2005 年版,第 18 页。
② 陈振明:《评西方的"新公共管理"范式》,载《中国社会科学》2000 年第 6 期。
③ 参见谭功荣:《西方公共行政学思想与流派》,北京大学出版社 2008 年版,第 263–264 页。
④ 参见林修果、陈建平:《新公共服务理论视野下公共哲学的话语指向———种对"新公共服务"的解读》,载《上海行政学院学报》2005 年第 5 期。

有效性,于是,国家消解成为社会自我组织的媒介"。① 当然,我国的国家形态、思想文化、历史传统和现实情况都决定了我国推进国家治理现代化的进程仍然要以国家权力为主导和核心。"对于体制转换中国家和发展中国家而言……必须重视建立一个可被预测的、属于全民的、正直的韦伯式的官僚政府。"②但随着社会事务的复杂化,如果不充分调动市场、社会、组织乃至个人的力量,政府是无法实现善治目标的。在实践中,社会组织、网络平台等新兴的,实质承担一定行政职能的主体正在扮演越来越重要的角色。除了政府治理之外,市场主体、社区居民、行业组织的自治同样是整个治理体系不可或缺的部分。这正是社会"平权化""多中心"的突出体现。

与新公共管理理论一样,新公共服务理论和治理理论同样带来了行政管理模式的巨大改变。新公共服务理论讲求政府与公民的相互联系,"呼唤开放的、公开的治理模式和公众参与制度"。③ 公众不仅仅是行政行为的接受者,也是行政行为的参与者,甚至是某些公共服务行为的提供者,其地位不再是"被动"的。不仅政府可以对社会和个人施加行政权力,私主体也可以通过各种途径给政府提出意见,政府在作出行政决定时有义务听取这些意见。治理理论承认权力的多元性,自然而然地要求治理方式不能是"控制"而应当是"协调"。"它所要创造的结构或秩序不能从外部强加,它之所以发挥作用,是要依靠多种进行统治的以及相互发生影响的行为体的互动。"④治理的实质在于建立在市场原则、公共利益和认同之上的合作。它所拥有的管理机制主要不依靠政府的权威,而是合作网络的权威,其权力向度是多元的、相互的,而不是单一的和自上而下的。⑤

在这样的理论指引下,行政机关与相对人的关系悄然发生改变。私人主体已经渐渐开始有了足够的地位和资本,在某些时刻与政府"平起平坐"。一方面,双方有各自的利益,各自的行为方式、制度和规则;另一方面,双方又相互协调融合,甚至开始出现边界的模糊化。有学者敏锐地指出:"国家治理的参与协商性将改变司法审查的固有传统。"⑥在这样一个

---

① [德]哈贝马斯:《公共领域的结构转型》,曹卫东等译,学林出版社1999年版,第11页。
② [美]B. 盖伊·彼得斯:《政府未来的治理模式》,吴爱明、夏宏图译,中国人民大学出版社2014年版,第7页。
③ 李清伟:《论服务型政府的法治理念与制度构建》,载《中国法学》2008年第2期。
④ Gerry Stroker, *Governance as Theory: Five Propositions*, International Social Science Journal, 50(1), 1998, p. 18.
⑤ 参见俞可平:《治理和善治:一种新的政治分析框架》,载《南京社会科学》2001年第9期。
⑥ 湛中乐、赵玄:《国家治理体系现代化视野中的司法审查制度——以完善现行〈行政诉讼法〉为中心》,载《行政法学研究》2014年第4期。

地位平等、互动参与的行政过程中,再坚持一方主体可以单方决定自己对对方施加的行为,相应地在救济时只能由另一方主体单方起诉从而达到平衡的理念和制度设计,显得并不明智,甚至有些"舍近求远"。行政理念的变化,需求的是一套向公域中的各类公共关系、各种权利主体、各类公民权利保持开放的救济机制。① 从这个意义上,建立包含了"反向"行政诉讼的、更加完整的行政诉讼制度,才能顺应公法救济领域上述理论发展的潮流。

总之,西方行政学界几次重大的理论突破,迅速影响了西方国家乃至整个世界的行政实践。经过我国的特色化改造,这些理论又成为我国改革大潮下推动政府简政放权、推进政府职能转变和实现现代化目标的重要支撑。理论革新带来了行政目标、行政模式、行政机关与相对人地位的一系列改变,又转而动摇了传统行政法、行政诉讼法的某些基础理念。建立在高权行政思维下的行政救济制度因而有了变革可能,"反向"行政诉讼的出现存在巨大的契机。

二、行政法基础性理论革新:"反向"行政诉讼成立的直接依据

前述行政法与行政诉讼法的"对称性关系",决定了行政诉讼理念和制度的革新,必须从前端行政法学理论中去找寻依据和基础,并与之吻合协调。近年来,行政法基础理论的演变、对行政行为公定力认识的改变及行政法研究视角的转换,丰富了行政法的价值追求,更新了行政法的概念体系,完善了行政法的内在逻辑,成为"反向"行政诉讼成立的直接行政法理依据。

(一)"平衡论"的理论张力与"反向"行政诉讼

"平衡论"是在讨论"行政法理论基础"过程中形成的重要理论。行政法理论基础,是指"能够揭示行政法所赖以存在的基础,并用以解释各种行政法现象以及指导行政法学研究和行政法制建设的最基本理论"。② 其本质上要回答的问题是"行政法究竟是做什么的法"。自20世纪80年代行政法学界提出这一问题以来,许多学者将大量精力投身其中,并形成了"为人民服务论""管理论""控权论""平衡论""法治政府论""公共利益本位论"等诸多观点,其中又以"平衡论"影响最为巨大。"平衡论"是将以往关

---

① 参见罗豪才、宋功德:《公域之治的转型——对公共治理与公法互动关系的一种透视》,载《中国法学》2005年第5期。
② 周佑勇:《行政法理论基础诸说的反思、整合与定位》,载《法律科学(西北政法学院学报)》1999年第2期。

于"行政法理论基础"的观点进行理想型归纳,概括为"管理论"和"控权论"之后,对两者进行批判吸收的结果。"平衡论"认为,现代行政法的基础应当是"平衡"。所谓"平衡",是指在行政法关系中,行政机关与相对人的权利义务在应然层面上要实现总体上平衡。① 它是"行政机关和相对方以各自拥有的权利与对方相抗衡的状态"。②

一直以来,"平衡论"都对应着行政诉讼的"单向构造"。在"平衡论"看来,行政法关系可以分为行政管理关系和监督行政关系。③ 在行政管理关系中,行政主体明显占据优势地位,因此,为了实现行政机关与相对人之间的平衡状态,势必要在行政诉讼的权利配置上更偏重相对人。④ 起诉权单方赋予相对人,体现的就是这种"平衡"观念。

这一观点有相当的道理,但也存在一些争议。有学者指出,在行政管理关系中,行政主体可以以单方的意思表示来肯定或否定相对人的意思表示,但在监督行政关系中,相对人的意思表示却没有这个效果,其最多只是获得了一个法院审查行政机关意思表示的可能性,此时难言这一状态是平衡的。⑤ 更为根本的问题在于,"两种不平衡无法冲抵而达致总量平衡"。⑥ 在"平衡论"阵营内部,也有学者对这一平衡方式提出过质疑。⑦ 但"平衡论"所谓的"平衡"是一种总体上的均衡,而非一种"精确"的对等。它试图指明的是两种关系内权利义务配置的大方向,而不是计算数量。不能因为在行政诉讼中相对人之优势比行政机关在行政管理中的优势小,就认为"平衡论"的这种认识方向有错误,更不能因为两者性质相异因而"无法平衡",就不在法律规范层面赋予相对人更多权利。

"平衡论"的真正问题是,其忽略了一个重要情况,即在某些特殊的行政法律关系中,行政机关并不必然是优势的。"平衡论"作为行政法理论基础,概括的是整个行政法的一般规律,其虽不需要精确计量,却不能"以偏概全",而是必须囊括行政法的所有情况,适用于行政法的全部场域。所以,不能忽视行政机关"不占优势"的情况。以罗豪才先生为代表的"平衡

---

① 参见罗豪才、袁曙宏、李文栋:《现代行政法的理论基础——论行政机关与相对一方的权利义务平衡》,载《中国法学》1993年第1期。
② 罗豪才、甘雯:《行政法的"平衡"及"平衡论"范畴》,载《中国法学》1996年第4期。
③ 参见罗豪才、沈岿:《平衡论:对现代行政法的一种本质思考——再谈现代行政法的理论基础》,载《中外法学》1996年第4期。
④ 参见罗豪才:《行政法之语义与意义分析》,载《法制与社会发展》1995年第4期。
⑤ 参见叶必丰:《行政法的理论基础问题》,载《法学评论》1997年第5期。
⑥ 刘连泰:《斜坡上的跷跷板游戏:平衡论述评》,载《清华法学》2015年第1期。
⑦ 参见郭润生、宋功德:《控权—平衡论——兼论现代行政法历史使命》,载《中国法学》1997年第6期。

论"者曾专门指出,行政法上实现平衡的手段,其中之一就是权力手段的淡化,即采用行政协议等方式实现行政目标。"行政合同大大改善了行政机关与相对一方的关系,将二者由不平等的地位变为近乎对等和相互合作的地位。"①但"平衡论"忽略的是,既然在行政协议中双方的权利义务已经"近乎对等"了,在行政诉讼中继续坚持相对人占优势的权利义务配置,反而会造成另一种"不平衡"。质言之,以传统高权行政为基础构建起来的"管理与监督"关系的平衡,无法囊括"平衡论"提出的行政管理权力淡化的情况。

出现这一问题的根本原因,在于"平衡论"不作为一种"状态"而作为一种达至平衡的"方法"时,其主要的偏向还是"控权"。"通过控制行政权而实现权利义务总体平衡的手段……恰恰体现了行政法的精髓。"②尤其在控权论申明所谓的"控权"并不等于"限权"之后,③"平衡论"对控权论影响行政效率的批评变得站不住脚,"平衡论"渐渐成为"一个以平衡为表,以控权为实的理论"。④"平衡论"之所以会一边支持行政协议等去高权化的行政方式,一边又支持行政诉讼单向构造等让相对人占据优势的制度安排,是因为"平衡论"也有极重的"控权"思维。这种思维,反而让"平衡论"忽略了两者间的矛盾。根据"平衡论"的基本观点和逻辑,恰恰可以得出这样的结论:在那些行政机关没有明显优势的场域,行政诉讼也不需要赋予相对人更加优势的地位。双方在行政管理和监督法律关系中都没有明显的优势劣势之分,权利义务基本对等的情况,也是一种平衡的状态。此时,"平衡论"可以推论出的,其实是在那些"高权淡化"的领域中"反向"行政诉讼的适用。

甚至,罗豪才教授还注意到:在某些时刻,行政法上的"失衡"恰恰体现为在行政管理过程中"行政权过于弱小、相对方权利过于强大"。⑤ 所以他提出,行政法不仅要规范行政机关行为,而且要规范相对人的行为。⑥那么在这种情况下,应当如何才能实现"平衡"? 显然,按照"平衡论"的理

---

① 罗豪才、袁曙宏、李文栋:《现代行政法的理论基础——论行政机关与相对一方的权利义务平衡》,载《中国法学》1993年第1期。
② 王锡锌:《再论现代行政法的平衡精神》,载《法商研究(中南政法学院学报)》1995年第2期。
③ 参见孙笑侠:《法律对行政的控制——现代行政法的法理解释》,山东人民出版社1999年版,第2页。
④ 皮纯协、冯军:《关于"平衡论"疏漏问题的几点思考——兼议"平衡论"的完善方向》,载《中国法学》1997年第2期。
⑤ 罗豪才、宋功德:《行政法的失衡与平衡》,载《中国法学》2001年第2期。
⑥ 参见罗豪才、甘雯:《行政法的"平衡"及"平衡论"范畴》,载《中国法学》1996年第4期。

念和要求,如果行政管理关系中真的存在"相对方权利过于强大"的情况,那么在行政诉讼程序中就应当赋予行政机关一方更多权利,至少不能让行政机关继续处于弱势地位。在目前的行政实践中,"相对方权利过于强大"的情况虽然不多,但在某些极端时刻仍然可能存在。比如前文提到,在某些行政协议的履行过程中,相对人故意违约,反而盼望着行政机关行使单方解除权;在行政非诉执行问题上,相对人有时故意不提起复议和诉讼,以拖延方式实现财产的转移;在信访、滥诉等问题上,相对人借助自己的信息公开申请权、复议权、单方起诉权等故意骚扰行政机关,给行政机关制造压力发泄私愤;等等。

在这些情况下,行政相对人借助自己的权利,在行政管理法律关系中已或多或少地处在优势地位。但行政诉讼仍然坚守"民告官"的单向构造,无疑将行政机关推到了更加"水深火热"的境地——一方面,行政机关已被侵害,其自身合法权益或者其代表的国家利益、公共利益需要维护;另一方面,如果行政机关想要法院介入,还得想方设法让相对人去告自己,这明显与"平衡论"的理念不符。所以,恰恰是按照"平衡"的要求,才应当允许行政机关此时去提起"官告民"的"反向"行政诉讼。

总之,"平衡论"本身是合理的,对中国行政法理论和实践具有强大的解释力。其支持行政诉讼的单向构造,在大部分情况下也能够说得通。但受到时代限制,"平衡论"没有将一些特殊情况仔细地纳入讨论。其实,"平衡论"者在很多年前就注意到了这些特殊情形,"平衡论"的内在原理也不排斥这些特殊情况的存在。"平衡论"本身蕴含了巨大的理论张力,使其可以随着社会的发展变化而不断调整,进而实现行政法理论与实践的"动态平衡"。在行政主体与相对人近乎平等甚至相对人占优势的特殊情形下,行政主体与行政相对人之间达至"平衡"的方式,乃在于允许行政机关起诉相对人。从这个意义上,"平衡论"同样是"反向"行政诉讼的理论依据之一。

(二)对公定力的质疑与"反向"行政诉讼

讨论行政诉讼单向构造问题,不可能不涉及行政行为的"公定力"理论。因为"民告官"的单向构造,几乎是行政行为公定力带来的必然结果。行政行为公定力是大陆法系行政法学的根基之一,与传统高权行政的单方性、强制性等一脉相承。公定力理论保证了行政行为的顺利实现,在很大程度上维护了法的稳定性和社会基本秩序,防止了个人肆意抵抗国家管理、侵害公共利益的情况。沈岿教授指出,民主法治国家只能通过权力划分基础上建立的相互制约机制来保护个体利益不受国家权力的威胁。这种"权力制约权力"的方式虽然有自相矛盾的吊诡之处,且总是存在理想与现实的差距,但"相比'人人皆可直接违抗国家'的观念及其可怖后果,这样的吊诡与沟壑或许是更可以容忍和接受的"。①

但是,行政行为公定力理论自引入我国之初,就受到各种各样的质疑,有学者甚至对其进行了彻头彻尾的批判。② 这些质疑包括:第一,公定力的理论基础难以服人。无论是"自我确信说""法安说""社会联带说""既得权说",还是"社会信任说",都存在各种弊病。③ 第二,公定力理论建立在国家权威的基础之上,过于看重行政的高权性,要求人民忍受国家的侵害,与现代法治观念不符。当然,推崇公定力的学者认为公定力是保证依法行政的基础,是行政救济的前提,④但这又被反对者看作"魔鬼因上帝而存在"的诡辩逻辑。⑤ 第三,行政行为公定力的界限,也即公民何时具有抵抗权的问题,在学界众说纷纭。既有推崇"有限公定力",即认为重大明显违法的行政行为无公定力的;⑥也有推崇"完全公定力",认为不能将无效行政行为的辨认权和抗拒权赋予相对人,否则将会使相对人承担判断错误的责任,对相对人并不一定有利的。⑦ 第四,行政行为公定力本身存在逻辑悖论。既然公定力是"推定合法",行政诉讼就应当由相对人承担举证责任,因为"推定"的诉讼法意义就在于对该事实的免证,行政诉讼却恰恰相反。

随着行政法学的发展,"公定力"理论日益受到更加"釜底抽薪"式的质疑。因为"公定力"归根结底是"行政行为"的公定力。若"行政行为"本身改变,则必然对公定力理论产生颠覆性的影响。传统的行政行为理论建立在高权行政基础之上,体现为单方性、强制性等高权特性。但现代民主法治及其相应的服务合作、信任沟通理念,要求行政行为更加注重平等性、过程性、参与性。⑧ 行政协议、行政指导等新兴行政方式的产生,使行政行

---

① 沈岿:《行政行为公定力与妨害公务——兼论公定力理论研究之发展进路》,载《中国法学》2006年第5期。
② 参见柳砚涛:《行政行为公定力质疑》,载《山东大学学报(哲学社会科学版)》2003年第5期。
③ 关于以上学说的介绍,可以参见叶必丰:《论行政行为的公定力》,载《法学研究》1997年第5期。
④ 参见韦忠语:《论行政行为公定力的效用》,载《现代法学》2000年第2期。
⑤ 参见刘东亮:《行政行为公定力理论之检讨》,载《行政法学研究》2001年第2期。
⑥ 参见胡建淼主编:《行政法教程》,法律出版社1996年版,第99页。另可参见学界关于"抵抗权"的讨论,典型的如王锡锌:《行政行为无效理论与相对人抵抗权问题探讨》,载《法学》2001年第10期。
⑦ 参见叶必丰:《论行政行为的公定力》,载《法学研究》1997年第5期。
⑧ 参见叶必丰:《现代行政行为的理念》,载《法律科学(西北政法学院学报)》1999年第6期。

为的面相发生了巨大改变。以行政协议为例,行政协议本身就是双方协商一致的结果,是基于约定而产生的权利义务关系,又何来"推定合法"的问题?姜明安教授曾一针见血地指出:行政行为效力理论"是在总结传统行政行为所运用的传统行政手段的基础上,加以分析、抽象出来的"。[1] 其是将行政行为简单化处理的结果,"不同行政行为的特征各不相同,其效力也不尽相同"。[2] 将固定的行政行为效力理论运用于日益变革的行政行为中,体现出一种明显的不兼容甚至是矛盾之处。[3]

所以,在行政方式日益多元的今天,不能再简单地秉持行政行为具有"公定力"的观点。公定力的内容,注定了其仅适用于"命令—服从"模式之下的单方行政行为。随着时代的变迁和现代法治理念的不断发展,这种构筑在早期国家权威之上,带有强制人民承认并接受行政处分意味的理论,在民主法治国家中存在的基础已经备受质疑。在诸如行政协议等与高权行政明显不同的领域,强行把行政行为"推定合法",继而认为行政机关可以先行为、行政相对人只能后起诉的做法,已经严重背离了行政法治的发展方向。赵宏教授在论及行政行为效力问题时曾经反思道,中国行政法学上的行政行为效力理论,在被引入之初就缺失了其在德国行政法学上的最核心价值:法治国理念。正因如此,学界对行政行为效力的讨论"脱离了服务于法治国的目标框架而陷入了形式主义的泥潭"。[4] "反向"行政诉讼正是试图走出我国行政行为效力理论,尤其是公定力理论的桎梏,从"行政法治"的层面看待日益发展变化的行政行为。在某些领域赋予行政机关起诉权,是行政机关与公民日渐平等的体现,与行政法学的新理念相吻合,与行政法治的发展方向相一致。公定力对行政诉讼单向构造的支持已经岌岌可危,行政行为公定力理论的动摇,成为"反向"行政诉讼得以建立的理论基础之一。

(三)行政法律关系视角与"反向"行政诉讼

"在行政法所有的基础概念当中,最不受重视且最被误解的就是行政法律关系。"[5]抛开"最"字不谈,这句点评可以说是非常恰当。在很长一段

---

[1] 姜明安:《新世纪行政法发展的走向》,载《中国法学》2002年第1期。
[2] 罗豪才、甘雯、沈岿:《中国行政法学》,载罗豪才、孙琬锺编著:《与时俱进的中国法学》,中国法制出版社2001年版,第114页。
[3] 参见石佑启:《论公共行政变革与行政行为理论的完善》,载《中国法学》2005年第2期。
[4] 赵宏:《从存续性到存续力——德国行政行为效力理论的生成逻辑》,载《法商研究》2007年第4期。
[5] 毕洪海:《行政法律关系性质的反思——基于公私法关系区分的考察》,载《北京社会科学》2017年第6期。

时间内,行政法律关系在学界都是"不受重视"的,也是"被误解"的。

说行政法律关系"不受重视",并非无人提及这一概念。在行政法学建构之初,行政法律关系的研究的确为行政法学科建设作出了一定贡献。毕竟,在法理学上,法律部门是调整同类法律关系的法律规范的总和。如果行政法学想要取得独立学科地位,就必须要证明其所调整的"行政法律关系"与其他法律部门调整的法律关系属于不同类型。学者们通过研究,概括出行政法律关系有主体的多样性与恒定性、权利义务的对应性和不对等性、权力与权利的有限性、变动的单方意志性等典型特征,①证明了行政法律关系的独特之处,进而确立了行政法学科在中国法学体系中的地位。

但是,在完成这一使命之后,行政法律关系便迅速"陨落"了。除了在1989年《行政诉讼法》出台前后有过短暂的关于"内外行政法律关系"及"特别权力关系"的讨论外,就此再无波澜。行政法律关系"沦落"至此,根本原因是我国行政法学体系并没有以行政法律关系为核心进行建构。受大陆法系行政法学的影响,我国行政法学的概念体系和理论体系都是以"行政权"及其运行结果——"行政行为"为核心搭建的。

在这种情况下,行政法律关系彻底沦为行政权的一种"法理学表述"。这一点可以从学界对行政法律关系的界定中清晰地看到。杨海坤教授认为:"行政法律关系是行政法律规范在调整国家行政机关对内外行使职权中所发生的各种社会关系。"②王成栋教授认为:"行政法律关系是指行政机关因行政职权的配置、行政职权的行使和对行政的监督,经行政法调整之后所形成的……权利义务关系。"③杜祥平则将行政法律关系界定为法所调整的,与国家行政权力的"信托"和"运行"有关的社会关系。④ 杨解君教授更是直言不讳地指出,行政法的客观基点只能是行政权而不是其他。所以,行政法律关系是法律所调整的,因行政权行使而产生的权利义务关系。⑤ 可见,"行政法律关系"概念只是被行政法学借用过来,用以增加行政法学与法理学的体系吻合度的工具。行政法与其说是调整"行政法律关系"的法,不如说是调整"行政权"的法:行政主体是拥有行政权的主体,行政组织是被赋予行政权的组织,行政行为是行政权具体运用后

---

① 参见罗豪才、方世荣:《论发展变化中的中国行政法律关系》,载《法学评论》1998年第4期。
② 杨海坤:《论行政法律关系》,载《苏州大学学报(哲学社会科学版)》1990年第4期。
③ 王成栋:《行政法律关系基本理论问题研究》,载《政法论坛》2001年第6期。
④ 参见杜祥平:《行政法律关系探微》,载《行政法学研究》2000年第3期。
⑤ 参见杨解君、温晋锋:《行政法律关系新论》,载《南京大学法律评论》1998年第1期。

的外在结果,行政程序是对行政权进行规范的程序,行政救济则是受到行政权侵犯时的救济,甚至行政指导、行政协议等也是行政权的一种"特殊行使方式"。

国内最早触及并反思这一问题的,是以罗豪才教授为代表的"平衡论"学者们。罗豪才教授指出:传统的"管理论"和"控权论"都是从"主体"视角观察行政法,而"平衡论"则试图从"关系"视角研究行政法。① 借此,行政法律关系重新被提及。

"平衡论"提出从"关系视角"研究行政法,在逻辑上确实超出了"行政权"的范畴,其中闪烁着智慧的光芒。但在实际研究过程中,"平衡论"仍然无法摆脱行政权概念的束缚。因为"平衡论"达至平衡的方法,是通过在不同领域内进行权力和权利的差别配置来实现整体的平衡。这些"领域"仍然是以"行政权"为基础划分的,达至平衡的关注点仍然在"控制权力"的问题上。实际上,当"平衡论"考虑问题的范畴仍然是"行政管理法律关系"和"行政监督(救济)法律关系"时,"行政权"的中心地位就凸显出来。罗豪才教授曾指出:"行政法制内容主要围绕行政权与行政相对方权利的分配、限界,以及互相监督制约、激励促进而展开。"②其中,除"分配"一词属于"关系"范畴,限界、监督、制约、激励、促进都明显地指向了"行政权",几乎不涉及行政相对人一方。这也是为什么,"平衡论"关注"关系",并且以"关系"为视角阐释行政法理论基础,但构建出来的行政法框架体系却与"控权论"等理论殊途同归。

行政法律关系真正作为一种独立研究视角,突破传统行政法学以"行政权"及"行政行为"为核心的研究范式,始于德国行政法学。1963年,德国行政法学者巴霍夫敏锐地觉察到国家与市民关系的变化以及行政处分概念功能的衰减趋势,进而提出了以行政法律关系作为行政法核心概念的想法。③ 在我国,随着给付行政、服务行政等成为新的行政理念,行政法与私法的结合成为现代行政法的突出特点,传统的行政处分概念出现了向民事法律行为回归的趋势。④ 将这些新理念、新情况纳入传统行政法框架之中,"显得既不全面也不顺畅"。⑤ 建立在高权行政理念下的行政法框架,

---

① 参见罗豪才主编:《现代行政法制的发展趋势》,法律出版社2004年版,第7页。
② 罗豪才、崔卓兰:《论行政权、行政相对方权利及相互关系》,载《中国法学》1998年第3期。
③ 参见鲁鹏宇:《论行政法学的阿基米德支点——以德国行政法律关系论为核心的考察》,载《当代法学》2009年第5期。
④ 参见余军:《"行政处分"与"民事法律行为"之关系——作为规定功能的法概念》,载《法学》2007年第7期。
⑤ 参见刘莘等主编:《中国行政法学新理念》,中国方正出版社1997年版,第46页。

能否囊括所有的行政活动,能否充分满足行政关系的法律规范结构的要求已经备受质疑。①

在此背景下,学界开始关注真正的、视角转换意义上的"行政法律关系",并将其作为与传统行政法只关注行政权和行政行为相对应的一种观察思路和体系构建基础来研究。"行政法律关系"开始逐渐摆脱以往只是作为法理学词汇被简单套用的尴尬处境。在行政法律关系视角下,行政主体和公民体现为一种真正的平等,两者都只是法律关系的"主体"而已。"所谓行政法律关系,也不过是行政介入(或主导)私人之间利益关系的复合关系形态。"②行政法因此也应当被理解为行政机关与公民之间的行为规范,而不再是行政活动的评判标尺。③ 质言之,行政法律关系的观察点和落脚点在行政机关与行政相对人之间,而不是如传统行政法一样,流转于行政机关与法律之间。

行政法律关系视角的运用,使行政法体系、框架、思维发生了巨大转变,传统行政法学中许多不可变更的理念和制度开始松动,"反向"行政诉讼相应获得了理论支持。

首先,在行政法律关系视角下,行政权不再是行政法的唯一核心。这意味着,行政救济不再以"受到行政权侵犯"作为唯一的理由,"行政行为"不应当成为行政诉讼唯一的审查对象。行政诉讼在"监督控制行政权"的同时,也要解决行政机关与相对人之间的争议,要审查行政相对人行为是否合法。此时,只能由行政机关作被告的"民告官"单向构造,显得没有必要且存在疏漏。

其次,传统意义上的行政诉讼"是以审查公权力行为之适法性,以达人民权利的保护目的,而非以该公权力行为所生之法律关系本身存否为审查对象"。④ 但在行政法律关系视角下,行政诉讼将与民事诉讼类似,关注的焦点是各方主体之间是否存在以及存在何种权利义务,又该如何进行权利义务分配方能公正公平的问题。可见,行政法律关系视角的引入,对行政诉讼的审查逻辑会产生巨大影响。在这种"确定双方权利义务"的司法审

---

① 近年来,行政法学界对行政法学研究范式是否应当转换的思考彰显了这一点。参见张永伟:《行政观念更新与行政法范式的转变》,载《法律科学(西北政法学院学报)》2001年第2期;刘水林、吴锐:《论"规制行政法"的范式革命》,载《法律科学(西北政法大学学报)》2016年第3期;谭宗泽、杨靖文:《面向行政的行政法及其展开》,载《南京社会科学》2017年第1期。

② 鲁鹏宇:《论行政法的观念革新——以公私法二元论的批判为视角》,载《当代法学》2010年第5期。

③ 参见赵宏:《法律关系取代行政行为的可能与困局》,载《法学家》2015年第3期。

④ 翁岳生编:《行政法》(下册),中国法制出版社2002年版,第1322页。

查逻辑之下,双方自然都可以成为原告和被告。

最后,在行政法律关系视角下,行政机关不会再"没有权利",或者不会再仅有以"权力"的形式存在的"权利",而且会有以与相对人一样的形式存在的真正的权利。这是"平衡论"关注到"行政法律关系"但重新陷入"行政权"框架下的症结所在。"平衡论"虽然旗帜鲜明地点出行政机关与相对人"平等",但却没有真正地将双方主体放在平等的位置上。最突出的体现在于,"平衡论"恪守行政主体是"权力"拥有者而相对人是"权利"拥有者的地位,而没有意识到行政机关也可能拥有"权利"而私人也可能拥有"权力",这不得不说是一大遗憾。在真正的行政法律关系视角下,行政主体的权利也受到法律保护,相对人侵犯行政机关权利的行为也要受到司法审查。在行政机关拥有向法院提起救济的核心要素——权利之后,其原告资格也就水到渠成了。

总之,我国以行政权和行政行为为核心构建的行政法体系,已经受到新的行政任务、行政理念、行政行为方式的冲击。在此背景下,行政法律关系作为一种新的行政法研究视角开始被重视。可以想见,在这样一个视角下,行政诉讼的立法目的、审查对象、审查逻辑乃至举证责任等都要相应调整,行政诉讼的单向构造,也将不可避免地被突破。

三、社会转型与变革:"反向"行政诉讼生发的深厚土壤

正如我国行政诉讼单向构造萌发并形成于特定的社会背景中一样,在行政诉讼制度体系中加入"反向"行政诉讼,同样需要广阔的社会背景作支撑。

行政法产生于"公""私"分立的基础上,在学界往往被称为"市民社会的兴起"。这决定了,从行政法视角看当前的社会背景,必然离不开"公—私"这对概念。首先,"公—私"意味着一对主体,从主体角度看,当前的社会背景突出体现为不同阶层的分化与整合,即社会结构的变迁。其次,"公—私"意味着权力与权利的博弈,从这一视角看,当前的社会背景体现为权利观念的勃兴及权力与权利的冲突与平衡。最后,"公—私"意味着一种相互关系和相互作用,从关系视角看,当前的社会背景则体现为互联网时代社会联系加深,公私界限渐渐模糊,两者之间相互协调交融的趋势。

(一)国家社会的分化与合作:社会结构的变迁

社会结构变迁是社会转型的突出表现,观察与分析社会转型问题,往

往要从社会结构的变迁入手。社会学领域研究社会结构的理论有很多,[1]通常认为,社会结构,是指社会体系各组成部分或诸要素之间的比较持久、稳定的相互联系模式。[2] 按照从美国传入的经典实证主义社会学理论,学者往往习惯于从"阶层"视角去透视某种社会结构,"社会结构的核心是社会阶层结构,社会转型最重要的就是社会阶层结构的转型"。[3] 阶层划分一般是在社会关系的分化过程中,根据人们社会地位的不同以及因此导致的不同利益来进行的。[4] 不同的阶层,意味着拥有不同地位的不同利益群体。中国社会科学院在《当代中国社会阶层研究报告》中,将中国的社会结构划分为10个阶层,[5]也有学者将中国的社会结构概括为5个阶层。[6]

法学与社会学既有区别也有联系,法学对社会关系的研究往往从"法律关系"的视角进行。其中,最为便捷的分类工具莫过于以"主体"不同来看待阶层的划分,即从"公—私",或者"国家—市场—社会"等角度去看待社会阶层的产生与变化,进而透视社会结构的整体变迁。

法学界在谈及社会结构变迁时,往往言及"市民社会"的兴起。"市民社会"也称"公民社会",俞可平将其定义为"国家或政府系统,以及市场或企业系统之外的所有民间组织或民间关系的总和"。[7] 中国的"市民社会"是从改革开放之后才慢慢出现的。中华人民共和国成立后,由于短时间内进行了大规模的社会主义改造,全国上下形成了统一的行政化体制即"单位体制"。在单位体制下,国家统一控制和分配资源,每个社会组织都属于行政系统的一部分,都隶属于某个行政部门。公民个人则进入某个组织中,因而也成为国家行政系统内部的一个小元素,就此形成一元化的社会结构:只有"国家"而没有"社会",只有"公"而没有"私"。已故的张树义教授曾论述,中国的"单位"很难但又很容易理解,难是因为无法找到一个对应的实体,而容易,则是因为"单位"这个词本身就代表了一种"整体的

---

[1] 社会学对"社会结构"的研究,分为多个历史阶段,产生了不同的社会结构概念和模型。参见周怡:《社会结构:由"形构"到"解构"——结构功能主义、结构主义和后结构主义理论之走向》,载《社会学研究》2000年第3期。

[2] 参见杜玉华:《社会结构:一个概念的再考评》,载《社会科学》2013年第8期。

[3] 郑杭生、李路路:《社会结构与社会和谐》,载《中国人民大学学报》2005年第2期。

[4] 参见李路路:《社会结构阶层化和利益关系市场化——中国社会管理面临的新挑战》,载《社会学研究》2012年第2期。

[5] 参见陆学艺主编:《当代中国社会阶层研究报告》,社会科学文献出版社2002年版,第10-23页。

[6] 即工人阶层、农民阶层、知识阶层、私有阶层、管理阶层。参见宋林飞:《如何认识中国新社会结构》,载《江海学刊》2005年第1期。

[7] 俞可平:《中国公民社会:概念、分类与制度环境》,载《中国社会科学》2006年第1期。

组成部分"的含义,即"无主体地位的组织"。① 在一元制体制下,几乎没有现代行政法存在的必要,因为整个社会没有"公""私"之间的分立,"公"完全包含了"私",两者之间的利益没有差别,被统一划入集体利益或公共利益中,也就不需要专门调整公权力的法律规范。

随着改革开放的到来,经济领域完全公有制的体制被打破,统包统分的生产关系模式开始变革,市场交易逐渐形成。公民和部分组织相对于国家,形成了有自己独立地位、独特诉求的利益群体,国家和社会的分化终于出现。当然,在这个群体内部,公民因地域、身份、职业或其他因素导致收入及社会地位不同,于是,这个群体内部的利益诉求也开始变得多种多样,进而在我国社会内部形成了不同阶层。但相对于"国家",这个群体的利益诉求却有相当的一致性,即要求国家承认其私人利益,并正视这种利益与国家利益之间的冲突,要求国家不得任意侵犯私人利益,而要给予其充分的自由和保障。至此,中国国家权力与社会结构之间联结方式,从国家权力对社会结构的单向覆盖转移到两者的相互交织。② 在这样的背景下,行政法开始有了存在的必要。可见,中国行政法学产生在公私二元分立、市民社会渐渐分化出来的背景下,其主要任务当然是控权,是防止国家体制入侵私人领域。

但中国的社会结构变迁远远没有这么简单。中国的特殊之处,在于整个社会变迁过程是以官方为主导的,被称为"规划的社会变迁"。"既要求用法律来限制国家权力,同时又把实现法治的希望寄托在国家身上。"③这势必引发相当程度上的纠结、徘徊和矛盾。体现在行政法学上,则是要求政府依法行政,但推动依法行政的主要责任和努力,又在政府自身。何海波教授指出,中国《行政诉讼法》实施的困境"折射了政治体制改革的停滞和国家治理方式的徘徊"。④ 这也恰恰是中国行政法治的困境所在。

中国社会结构变迁的另一不同之处在于,在官方的主导下,中国的社会结构变迁过程虽然时有犹豫乃至停滞,但仍然比一般的变迁过程要快得多,有时甚至会出现"不合常理"的跨越式发展。一方面,在经济体制和政治体制改革尚未完成的情况下,市民社会的发展受到各种各样的阻碍,表

---

① 参见张树义:《中国社会结构变迁的法学透视——行政法学背景分析》,中国政法大学出版社2002年版,第27-28页。
② 参见邵春霞、彭勃:《国家治理能力与公共领域的合法性功能——论国家权力与社会结构的相互联结》,载《南京社会科学》2014年第8期。
③ 梁治平编:《法治在中国:制度、话语与实践》,中国政法大学出版社2002年版,第130页。
④ 何海波:《〈行政诉讼法〉修改的理想与现实》,载《中国法律评论》2014年第4期。

现出方方面面的不成熟——国家在经济领域的后退显得分外谨慎、市场发育不完全导致乱象横生、社会组织虽然数量众多但并不发达、公民自治仅仅在少数地方可以充分开展……可以说,中国的市民社会远远没有形成。无论是个人还是组织,无论是经济还是政治,中国社会对国家的依赖都是显而易见的。另一方面,就是在这样的情况下,由于世界改革大潮的推动,国家通过自身的政策和手段,竟然让我国一下子来到了"公私合作"的阶段。国家主导的"民营化"改革、"PPP模式"等,让一个还没完全独立出来的"私"和一个还没完全退出去的"公",就这样跨越了分立、对抗,直接进入"通力协作"的模式下。

这样令人目不暇接的演变,使中国行政法学陷入了巨大的矛盾:是通过权力的控制和权利的赋予,防止"公"对"私"的侵犯,还是通过变身份为契约,促进"公"与"私"的合作? 体现在行政诉讼上,就是本书现在讨论的问题:继续让行政诉讼保持单向构造,从而坚定地监督控制行政权,还是在某些领域赋予行政机关以起诉权,从而促进双方融合过程中的争议解决?

当然,这两者之间并非完全矛盾。按照马克思主义辩证法的观点,国家与社会之间的分立与合作,本身就是矛盾对立统一的两个方面。矛盾的对立统一,并不是一个周而复始原地踏步的过程,而是一个螺旋上升的过程。国家与社会需要分立,也需要合作,要避免以"合作"为名行"侵犯"之实,就要在合作中实现一种更"高阶"的分立,在分立中实现一种更"高阶"的合作。体现在行政法学上,就是仍然要秉持行政法监督控制行政权的目标和价值导向,但这种控权不能仅仅体现为"对权力的压制",而是要使双方在合作中各安其分。尤其是,不能不恰当地赋予任何一方可以单方要求另一方的权力——这是分立的要求,也是合作的要求。从这个角度讲,行政诉讼的单向构造主要建立在公私"分立"的基础上,而"反向"行政诉讼是在尝试分立与合作的"对立统一":在一定的领域和特定的情况下,行政机关与相对人一样,都没有单方制裁或处罚对方的权利(力),这是双方分立的体现,也是双方合作的基础。

总之,改革开放后中国社会结构发生巨大改变,市民社会慢慢形成,这要求传统行政法和行政诉讼法去监督控制行政权,防止国家权力对公民个人利益的侵害。但由于国家的主导性,在极短的时间内,中国社会结构就在国家、社会尚未完全分开的基础上转而寻求合作,形成了一种极为特殊的、双向冲突又双向奔赴的社会结构模式。此时,行政法、行政诉讼法不能再仅仅考虑为国家和社会的"分立"服务,更要为追求分立与合作的对立统一而努力。"反向"行政诉讼,正是在这样的社会背景下得以萌发的。

(二)权利权力的冲突与平衡:权利观念的革新

权利观念,也称权利意识,是指公民对"权利"这一事物的主观性认识及态度。有学者将权利意识具体划分为权利知识、权利感情和权利意志。[1] 也有学者认为,权利观念除对权利本身的认识外,还包括对如何实现权利和如何救济权利的心理反应。[2] "是否有权利意识,是现代公民与传统臣民的重要区别之一。"[3]我国古代社会是一个义务本位的社会,相对于特权阶层,普通百姓几乎没有现代意义上的"权利",因而只是"臣民"。儒家文化下的"息讼""贱讼"传统,法家思想下"重刑轻民"的法律规范体系,更加抑制了人们权利意识的产生。直至1840年后,我国由于外敌入侵而被迫打开国门,"自由""民主""人权"等观念才开始渐渐兴起。此后的一系列救亡图存的改革运动,又一次次地以这些观念作为旗帜,从而促进了中国人权利意识的萌发。

中华人民共和国成立后,本该彻底觉醒的权利意识很快再次消弭。正如马克思所言:"权利决不能超出社会的经济结构以及由经济结构所制约的社会的文化发展。"[4]相对于古代社会的"没有"权利,中华人民共和国成立之初,人民对于社会主义国家大致可以认为"不需要"权利:首先,我国是人民民主专政,人民是国家的主人,是国家的所有者,国家利益与人民利益完全一致,因而不必区分。其次,在相当长的一段时间内,国家也确实将人民的生活彻彻底底地照顾起来,使权利在很大程度上丧失了用武之地。虽然包括1954年《宪法》在内,国家的许多法律法规中都规定了公民个人的权利。但此后的实践证明,无论是在官方的意识里还是在民众的思想中,中国社会的权利观念都是极为缺乏的。直到改革开放后,随着经济体制改革和民主政治建设的开展,主体性哲学开始引领那个时代的主流社会思潮,[5]整个社会才慢慢出现了个人主体地位和个人权利意识的觉醒。

但如同社会结构变迁一样,将我国社会的权利观念讨论至此是远远不够的。在西方,"权利"自产生之日起就与"权力"息息相关。权利观念本身就是当时新兴的资产阶级抵抗封建国家统治的利器,因而天然地带有权力限制的功能。但在我国,公民的权利观念并非本土生发,而是随着西方

---

[1] 参见黄永忠:《论现代权利观念》,载《江苏社会科学》1998年第2期。
[2] 参见刘月平:《公民权利意识培育与中国民主政治发展》,载《前沿》2008年第9期。
[3] 刘保刚、郑永福:《近代中国公民权利意识演变的历史考察》,载《史学月刊》2007年第8期。
[4] 中共中央马克思恩格斯列宁斯大林著作编译局编译:《马克思恩格斯选集》(第3卷)(第3版),人民出版社2012年版,第364页。
[5] 参见赵修义:《主体觉醒和个人权利意识的增长——当代中国社会思潮的观念史考察》,载《华东师范大学学报(哲学社会科学版)》2003年第3期。

的坚船利炮一同裹挟而来,权利观念在中国始终面临与在地经验间的关系问题。① 即使在改革开放后,现代权利观念仍不免与我国整个的经济、政治、文化、社会情况存在某些矛盾。"尽管中国人引进西方法律制度已有将近百年的历史,但是,透过他们的言行举止不难察觉,实际上存在着另外一套法外的独特的行为准则。"②这也使中国人的权利观念极具特色,并影响了中国语境下的权利与权力关系。

其一,中国的"权利"一词,本身就是"权"与"利"的结合体。与西方"right"与"power"的明显对抗性不同,我们的"权利"将权与利益紧密结合起来。中国几千年来"重权力、轻权利"的文化传统及权力与地位、金钱、名誉之间的可见联系,塑造了国人对权力的极度崇拜。在大部分国人心中,都拥有难以割舍的"权力情结"。③ 官员的"官本位"思想、民众的"青天"理念,包括中国文人念念不忘地在"入仕"与"出仕"中纠结,都源于这样一种偏好。当年,严复正是看到了这种文化倾向,才坚持要将"right"翻译为"民直"而非"权利",④其意欲取《诗经·硕鼠》篇"爰得我直"之语,将"right"翻译成民众"理应拥有的东西",从而规避"权",尤其是"权"与"利"的不当关系。

其二,受我国文化传统的影响,现代权利观念在我国生发出的"抵抗权力"色彩较为淡薄,民众更希望的是权力能"有所作为",即有一种长久的对"权力"的依赖。在我国,重新唤起公民权利观念的,是官方主导的经济和政治体制改革,权力反而起到了催生权利的作用。享受到权利"甜头"的公民囿于自己本身能力的不足和客观条件的限制,自然希望国家进一步运用权力来维护和增进自己的权利。所以,在国人的权利观念中,虽然有以权利对抗权力的部分,但更多的是一种对权力的"期待"乃至"敦促"的态度。

其三,由于国人的权利观念本身带有"权"的意味,使其有非常看重自己权利,却同时忽视他人权利的倾向,往往表现为对权利的"滥用";而由于国人的权利观念与"利"直接相关,又使其坚定地以功利主义作为权利的基本立场,注重权利运用的结果,以结果判断自己是否实际拥有权利,对没有直接利益关联的权利往往不甚看重。这种"唯我独尊性"和"逐利

---

① 参见侯猛:《权利观念的中国化——从民族国家选择到社区伦理挑战》,载《法律科学(西北政法大学学报)》2011年第5期。
② 梁治平、齐海滨等:《新波斯人信札——变化中的法观念》,贵州人民出版社1988年版,第16页。
③ 参见柳飒:《近代中国权利观念的嬗变与重构》,载《法学评论》2012年第3期。
④ 参见王栻主编:《严复集》(第3册),中华书局1986年版,第519页。

性",本身是"权力"所具有的属性,在我国却同样成为"权利"的特点。在我国,许多为一己私利侵犯他人权利的事情都被轻描淡写地归类到"没有道德"的范畴。具体到公私关系上,这种为个人利益而进行的权利滥用,甚至出现在与行政机关打交道的过程中,前述滥用信息公开申请权、滥用起诉权、滥用信访权等皆是如此。

其四,与个人对待自己权利的态度不同,我国长久以来奉行的集体主义价值观,使国家对待公民权利的态度,更倾向于以"公共利益"为先,兼顾私人利益的保护。在"权力"和"权利"的关系语境下,这种态度尤为明显。政府在权力运用过程中,为追求所谓的"国家利益""公共利益"而损害私人利益的事件时有发生。个人的"权利"在此时却陷入了尴尬境地:一方面,权利因与自身利益息息相关而存在加以行使以抵抗权力的必要性;另一方面,其又因为集体主义价值观而面临失去道德正当性的风险和质疑。

其五,随着新情况的不断出现和法治建设的持续推进,法律权利清单的扩展和延伸将不可避免。① 但由于权利观念基础不牢导致的权利异化,又让学者担心"权利泛化"对法治建设的消极作用。② 体现在公私关系上也同样如此:一方面,党和国家有依法执政、依法行政的觉悟和决心,愿意赋予人民更多的权利以促进经济发展、社会变革和人的自我实现;另一方面,特殊的文化背景、长久的人治传统、极端(时而极端强时而极端弱)的法律思维、令人担忧的国民素质,甚至权利本身与道德的裂隙所引发的"做错事的权利",③ 都让政府在权力和权利的进退中一次又一次踌躇。

总之,从"私"的视角来看,在我国,"权利"一方面确实要求"权力"不得侵犯其利益,体现为与"权力"对抗;但更多地又对权力有所依赖,将权利的增加和保障寄希望于官方赋予而非自我"为权力而斗争"。④ 对于已经拥有的权利,则体现出一种将"权利"作为"权力"享受的倾向,时而出现权利的滥用。从"公"的视角来看,一方面,国家要直面公民对权利的期待,赋予人民更多权利;另一方面,又担心过度的权利泛化会阻碍国家的发展。对于已经赋予的权利,则体现出一种强烈的"集体主义"倾向,认为为了公共利益可以适度牺牲个人权利。这样的权利观念,也再一次让中国行政法学陷入两难:既要监督控制行政权,又不能损害行政机关完成行政目

---

① 参见张曦:《"权利泛化"与权利辩护》,载《华东政法大学学报》2016年第3期。
② 参见陈林林:《反思中国法治进程中的权利泛化》,载《法学研究》2014年第1期。
③ 范立波:《权利的内在道德与做错事的权利》,载《华东政法大学学报》2016年第3期。
④ [德]鲁道夫·冯·耶林:《为权利而斗争》,胡宝海译,中国法制出版社2004年版,第23页。

标的能力;既要保护个人权利,又不能纵容个人滥用权利;既要坚持个人的主体性,又要照顾到集体主义的价值取向。

"法律帝国并非由疆界、权力或程序界定,而是由态度界定。"①行政诉讼制度的完善,必须要关照到中国人权利观念的特殊性及时代发展带来的权利意识更新。首要的是,既然从国家到社会、从政府到个人都有对权力的崇拜,就更要以监督控制权力为原则。"如果政府不给予法律受到尊重的权利,它就不能够重建人们对于法律的尊重。"②与此同时,面对公民因权利滥用或其他情形而损害行政机关所代表的公共利益,或因个人私利而严重阻碍国家各项建设进程时,也要赋予行政机关一定的救济途径。双方在一个公正的框架内明辨是非,分清责任,本就是权利的应有之义。将"官告民"纳入行政诉讼框架之中,进而构筑起更加完整的行政诉讼制度,可以说既顺应了公民维护自身权利的需求,又顺应了人们对政府的期待,既限制了权力的滥用,也纠正了权利的滥用,是在个人主义与集体主义中达到的某种微妙的平衡。

(三)虚拟现实的交融与弥合:公私对抗的转变

如果讨论近些年来现实生活的最大变化,只怕莫过于互联网的运用和普及。随着国家网络基础设施建设和智能手机的出现,网络已经深入千家万户,极大地改变了人们的生活方式和生活状态。2023年8月28日,中国互联网络信息中心(China Internet Network Information Center,CNNIC)在京发布第52次《中国互联网络发展状况统计报告》显示,截至2023年6月,我国网民规模达10.79亿人,较2022年12月增长1109万人,互联网普及率达76.4%。互联网已经成为这个时代的最典型特征之一。

行政法学界对网络的普及同样作出了敏感的反应,"网络法""数字法治"等问题成为近几年行政法学研究的热点。但从目前情况来看,现有研究大部分是将互联网作为一个新兴的"对象"或"工具",进而将其特殊性与行政法原理的一般性相结合,设计出符合要求的规制模式。但是,互联网不仅仅是行政法的"对象"或"工具",其更是当前行政法所处的"背景"。互联网作为现代社会本身的特征之一,并不需要通过成为行政法的对象或工具才能引发行政法的变革。它所引领的时代特性,已足以直接冲击人类工业文明的产物——以主权、强制、国家为基本特征的传统行政法治。③

---

① [美]R. 德沃金:《法律帝国》,李常青译,中国大百科全书出版社1996年版,第367页。
② [美]罗纳德·德沃金:《认真对待权利》,信春鹰、吴玉章译,中国大百科出版社1998年版,第270页。
③ 参见周汉华:《互联网对传统法治的挑战》,载《环球法律评论》2001年春季号。

一方面,互联网的发展,在某些方面使"公"与"私"的对抗更加激烈。首先,网络的虚拟性和广阔性极大地改变了人们的思维,焕发了人们心中关于"平等""自由""民主"的感觉,[①]这使人们对公权力的侵犯显得越发敏感和警惕,对控制公权力的期待比以往更高。其次,网络的便利性和我国政治交流渠道的匮乏,使公民迅速地将网络作为反映诉求、发泄不满的工具,中国的网络社会体现出一种"高度政治性特征"。[②] 大量真实或不真实的、针对国家政府的言论在网络上发布出来,公私之间的矛盾不可遏制地凸显,在一定程度上更加消解了公众的政治信任。[③] 最后,网络的普及让整个世界连为一体,大大增加了公共问题的讨论范围和影响范围,进而增加了公私对抗的可能性。如今,哪怕是一件小事,都有可能在网络上迅速发酵,有时甚至会引发巨大的争议。互联网的发展,使行政机关为代表的公权力更有可能受到广泛的质疑。

另一方面,网络的出现,又的确稀释了公私之间的某些对抗。首先,网络本身就是一个平台,它的出现,让公私之间的矛盾有了"汇集区"和"缓冲带"。这一点对于社会组织并不发达的我国而言有更加突出的意义。公民的观点借助网络进行交汇、交锋后产生了一定的倾向,防止了议题的杂乱,同时,网络又适度隔离了诸如"信访"等方式所带来的直接冲突。其次,网络不仅仅本身是平台,它还塑造平台,从而实现了权力的下移。有学者精辟地指出,通过网络实现的"平台治理",与民营化理念一脉相承。[④]平台承担大量准行政任务的同时,也为行政机关阻挡并解决了大量的争议。最后,网络的兴起,赋予了公民广泛的"信息权"。[⑤] 政府有义务帮助公民对浩如烟海的信息进行筛选、过滤,并使其知悉,这将极大地倒逼政府朝更加开放的方向发展,从而在一定程度上减少公私之间的对抗。

更为根本的是,互联网的发展让普通民众远离了某些"社会不平等结构的控制和影响",[⑥]从而在相当程度上脱离了政治和行政"客体"的位置,越来越成为与国家并列的"主体"。互联网引发的政治参与方式的变化、

[①] 参见张宇润:《网络社会、政府与法治》,载《法学杂志》2001年第4期。
[②] 何哲:《网络社会的基本特性及其公共治理策略》,载《甘肃行政学院学报》2014年第3期。
[③] 参见张明新、刘伟:《互联网的政治性使用与我国公众的政治信任———项经验性研究》,载《公共管理学报》2014年第1期。
[④] 参见解志勇、修青华:《互联网治理视域中的平台责任研究》,载《国家行政学院学报》2017年第5期。
[⑤] 参见李海平:《信息社会中的公法变迁》,载《科技与法律》2005年第2期。
[⑥] [英]安德鲁·查德威克:《互联网政治学:国家、公民与新传播技术》,任孟山译,华夏出版社2010年版,第117页。

集权控制能力的削弱、少数派权力的显现等,都极大地改变了传统的权力结构和分配机制。① 所以,互联网背景下公私关系的变化,与其说是一种量的程度变化,不如说是一种质的类型变革,即从高权走向平权、从公权力为中心走向多中心主义。

在这样的大背景下,再过度看重行政权的"高权"属性,就显得与时代格格不入。在网络社会中,公民将以更高的地位、更多的机会、更为便捷的方式参与到国家管理和社会治理过程中。行政机关作为多重治理主体之一,在合作治理的理念和实践下,逐渐丧失了在任何时候都可以不经过对方同意便采取行政措施的权力。法院成为现代社会多元主体在协商之外的主要救济渠道。这个渠道既是公民能够采取的,也是行政机关必须采取的。给予相对人和行政机关双方寻求司法救济的权利,保证公共利益和私人利益之间的均衡分配,在很大程度上成为网络时代的必然。

总而言之,在国家主导的经济、政治体制改革的大背景下,在社会不断发展、技术不断更新的现实条件下,我国社会出现了明显的转型。从法学视角观察,这种转型体现为社会结构的变迁、权利观念的革新和网络社会的兴起,具体到行政法上则表现为国家与社会的分化与融合、权利与权力的冲突与协调、政府与公民的平等与协作。社会转型时期的种种似乎矛盾但又可以协调的利益关系,让行政法必须一方面坚持对公权力的监督控制,另一方面又要保证国家的主导性;一方面必须坚持对公民权利的维护,另一方面又要防止权利的滥用;一方面既要促进公私合作的开展,另一方面又要防止公权对私域的过度入侵。这一切对行政诉讼构造的要求,明显指向一种更加完整的、双向的行政诉讼。可以说,社会转型为"反向"行政诉讼提供了肥沃的土壤,让其在社会现实中生根发芽。

四、立法修改与完善:"反向"行政诉讼发展的大势所趋

"反向"行政诉讼的建立,对整个行政诉讼体系影响巨大。这样的改变,除了要从前端广阔的社会背景和行政学、行政法学的基本原理中找寻根据外,势必还要关注行政诉讼本身的理论和逻辑,并建立在对行政诉讼规律的认识不断加深的基础上。令人欣喜的是,自行政诉讼制度1989年在我国建立以来,学界和实务界经过不懈的探索,发现了这一制度的许多问题,反思了以往的错误认识。国家则通过修法和出台司法解释等方式,对行政诉讼制度进行了多次完善。这一过程充分体现了我国行政诉讼的

---

① 参见韩大元:《因特网时代的宪法学研究新课题》,载《环球法律评论》2001年春季号。

发展方向和完善趋势,在相当程度上为"反向"行政诉讼的建立提供了理论基础。

《行政诉讼法》自1989年正式颁布,迄今为止只经历过2014年一次大修,但2000年、2015年、2018年最高人民法院出台的一系列司法解释,2017年对《行政诉讼法》的补充修改,包括最高人民法院出台的"证据规定""撤诉规定"等单项司法解释等,都在一定程度上反映了不同时段学界对行政诉讼的研究成果,并在客观上解决了行政诉讼制度运行过程中的一些问题。在历次修改中,行政诉讼的部分原则、理念、制度等,都或多或少发生了改变。其中的许多内容,在行政诉讼构建之初,与"民告官"的单向构造一样,也被认为彰显了行政诉讼的特色,有着深厚的理论基础,是行政诉讼与民事诉讼最大的不同所在,因而在某种程度上是"不可动摇"的。这是否能给我们某些启示,或者说,其中是否蕴含着促成行政诉讼单向构造改变的共同原理? 这便是本节所欲探讨的内容。

(一)行政诉讼部分教义在修法中的松动

限于篇幅,本节主要讨论行政诉讼法上一度也被认为是"教义"的三个原则:合法性审查原则、被告负举证责任原则、行政诉讼不适用调解原则。

行政诉讼的合法性审查原则,是指在行政诉讼中,法院的审查对象应当集中于行政行为的合法性问题。这一规定可以具体化为多重含义:其一,除特别明显的情况外,法院不能审查行政行为的合理性,这主要是考虑行政权与司法权的分界,法院应对行政机关的裁量权予以尊重;其二,无论原告诉讼请求如何,法院都应当对行政行为的合法性进行全面、客观的审查,以达到监督控制行政权的目的;其三,行政诉讼主要审查的是行政机关的行为,其不是要审查原告的行为是否合法,即使原告的行为违法,法院也应当审查行政行为的合法性。[1] 这一原则彰显了行政诉讼监督控制行政权的本质,与行政诉讼"民告官"的构造相对应,具有统领行政审判的作用,因而往往被认为是行政诉讼的基本原则或总原则。[2]

但即使是这样的"总原则",在实践中也出现了一些适用上的问题,因而在行政诉讼制度完善的过程中被悄然改变。在1989年《行政诉讼法》中,考虑到当时的行政执法中随意处罚的情况较为严重,就已经有行政处罚显失公正可以判决变更的规定。这或多或少地突破了"合法性审查"的

---

[1] 参见江必新:《论行政诉讼的审查对象》,载《中国法学》1993年第4期。
[2] 参见胡建淼主编:《行政诉讼法学》,高等教育出版社2003年版,第18页;戴建志:《关于行政诉讼以合法性司法审查为总原则的对话》,载《人民司法》2002年第9期。

原则,但因其只针对行政处罚行为,因而被认为是一种例外情况。随着时代的发展,行政任务不断加重,裁量权不可避免地被大量赋予行政机关,对裁量权的规制使合法性审查原则逐步受到理论和实务的挑战,审查行政合理性的问题重新被提出来。解志勇教授指出,行政诉讼"应该逐步建立由合法性审查、合理性审查和合目的性审查组成的全方位行政诉讼审查体系"。① 吴偕林法官也从实践出发,指出了严格的合法性原则所不能处理的实践问题。② 学界渐渐形成了"合法性与合理性只是程度上的区别,对于严重不合理的情形本质上属于违法"的共同认识。③

在这样的背景下,2014年《行政诉讼法》在仍然保留合法性审查原则的基础上,在撤销判决的情形中增加了"明显不当"一类。当然,无论是从规范解释还是审判实践层面,"明显不当"仍然可以被当作一种"违法"来处理,因而与合法性原则相吻合。④ 但从"弱于明显不合理的为合理性问题,等于或强于明显不合理的为合法性问题"的视角,⑤行政诉讼在一定程度上开始关注行政合理性问题是毋庸置疑的。

明确规定被告负举证责任,是我国行政诉讼法的一个突破和创举。其一直被认为是行政诉讼的最大特色之一,也是行政诉讼中相对人具有优势地位的典型制度安排。但在审判实践中,严格执行这一原则在很多情况下是无法实现的。比如,在行政不作为诉讼和要求行政赔偿、补偿的案件中,由于前端行政程序的发起权本身就在行政相对人,行政程序中相对人的证明责任实质上带入了行政诉讼。⑥ 此时要求行政机关完全承担举证责任,既不公正也不合理。正因如此,最高人民法院在2000年《关于执行〈中华人民共和国行政诉讼法〉若干问题的解释》、2002年《关于行政诉讼证据若干问题的规定》以及2014年修改的《行政诉讼法》中,都有限度地将部分举证责任分配给了相对人。个别学者甚至认为,这些规定从本质上证明了行政诉讼仍然秉持着"谁主张,谁举证"的原则。⑦ 这一观点虽然过于极端,但不可否认,行政诉讼完全由行政机关承担举证责任的规定早已被

---

① 解志勇:《论行政诉讼中的合目的性审查》,载《中国法学》2004年第3期。
② 参见吴偕林:《行政诉讼合法性审查三题》,载《法学》2002年第6期。
③ 江必新、梁凤云:《行政诉讼法理论与实务》,法律出版社2016年版,第47页。
④ 参见张峰振:《论不当行政行为的司法救济——从我国〈行政诉讼法〉中的"明显不当行政行为"谈起》,载《政治与法律》2016年第1期。
⑤ 黄锴:《论行政行为明显不当之定位——源于"唐慧案"的思考》,载《云南大学学报(法学版)》2013年第5期。
⑥ 参见刘善春:《行政诉讼举证责任分配规则论纲》,载《中国法学》2003年第3期。
⑦ 参见余凌云:《论行政诉讼法的修改》,载《清华法学》2014年第3期。

与前两个原则类似,1989年《行政诉讼法》确立的行政诉讼不适用调解的原则,也被认为是行政诉讼的一大特色。这一原则对应了行政权行使的合法性要求,彰显了行政权不得随意处分的特质,在当时看来抓住了行政权的本质规律,具有充分的理论合理性。但在行政诉讼实践中,这一原则造成了大量"案结事不了"的情况,甚至在某些时候加深了行政机关与相对人之间的矛盾,损害了相对人的合法权益。司法机关囿于这一规定,也只能适用"协调""和解"等机制,以原告撤诉或行政机关重新作出行政行为的形式来达到调解的目的,在实践操作中受到很多限制,在学理上也被批评为有违法治原则。①

　　实际上,在1989年《行政诉讼法》立法之时,学界和实务界就对这一原则有过争议。在当时的认知水平下,"不适用调解"的理由还是占了明显上风。② 学界后来反思认为,行政诉讼不适用调解这一安排,"过分强调了公权力不能任意处置的要求,同时有点理想色彩"。③ 力推这一制度的应松年教授后来在多个场合中谈到自己"一时看不清、看不准,好心办坏事",并颇为自责。④ 最终,2014年《行政诉讼法》修改了原有规定,虽然还保留了"不适用调解"的大原则,但增加了"行政机关行使法律、法规规定的自由裁量权的案件"作为可以调解的例外。鉴于大部分行政行为或多或少都有一定的裁量空间,这样的规定等于给调解制度的运用"开了一个大口子"。⑤

　　可见,在立法时看似合理的许多特色原则、基本原理、典型制度,都被实践证明或多或少地存在问题,因而在后续发生了改变。这充分证明,实践才是检验真理的唯一标准。"民告官"是否要一直坚持,"官告民"能否建立,还是要以发展的眼光去看待。

　　(二)立法修改对"反向"行政诉讼的启示

　　行政法上的各项原则、规定虽然相互联系,但又是各自独立的。不能认为,前述三个原则有所松动,堪与这些原则比肩的"行政诉讼单向构造"就当然地可以"类推"获得调整的合理性。背后真正的逻辑在于,这三项

---

① 参见姜明安:《行政诉讼法修改的若干问题》,载《法学》2014年第3期。
② 参见姜明安:《行政诉讼法学》,北京大学出版社1993年版,第47-48页。
③ 应松年:《完善行政诉讼制度——行政诉讼法修改核心问题探讨》,载《广东社会科学》2013年第1期。
④ 应松年:《应松年文集》(上卷),中国法制出版社2006年版,序言第5页。
⑤ 莫于川:《〈行政诉讼法〉修改及其遗留争议难题——以推动法治政府建设为视角》,载《行政法学研究》2017年第2期。

原则的调整,在很大程度上说明了我们之前对行政诉讼的规律认识不足。以往那些根深蒂固的观念——合理性审查将使司法权入侵行政权、被告负举证责任是行政诉讼最为特色的设计、调解侵害了国家权力的不可分性等,在理论层面无可厚非,在实践面前却往往显得过于理想化和僵硬。以往的那些担心和质疑——法院如何把握合理性审查的边界、原告举证会不会加剧相对人的弱势、调解是否会损害行政行为的严肃性等,在理论的进一步研究面前也被一一破解。这是否可以让我们有一点警醒:我们对行政诉讼必须是单向"民告官"的认识,对"反向"行政诉讼可能引发的种种问题的担心,是否也会如这三大原则的发展过程一样,在实践需求和理论研究的深入中慢慢烟消云散?

更加深入地观察《行政诉讼法》2014年、2017年的修改可以发现,三大原则的突破,与行政法理论的更新是一脉相承的:行政法治内涵的丰富,行政法主体地位的变化,行政行为方式的调整,注定了行政诉讼不能如之前一样,将目光紧紧关注在"行政权"或"行政行为"上。我们不能认为,在行政诉讼中,将大部分负担施加给行政机关是理所当然,更不能认为行政诉讼就一定需要如何,一定不能如何。行政诉讼"解决行政争议""监督控制行政权""保障公民、法人、其他组织合法权益"的几大目的,实际上对应着不同的诉讼结构和制度设计。若要将它们熔为一炉,行政诉讼本身就要更加包容,更加平衡。厉行法治,实现行政诉讼的最终目标,不是以僵硬地坚持某一个或某几个"教义"为必要条件的。相反,所有的原理、制度都需要以现实为导向,在实践中接受检验,进而在社会的发展变化中不断完善自己。

本章试图对"反向"行政诉讼的合理性进行正面论证。公共管理理论、公共服务理论及随后的治理理论,极大地改变了行政机关角色、行政任务和行政行为方式,这种改变延伸到行政法学上,造就了行政机关与行政相对人的"平权化"趋势,为"反向"行政诉讼的出现创造了契机。在行政法学理上,"平衡论"本身所蕴含的理论张力、对行政行为公定力的否定、行政法律关系视角逐渐被重视,都直接或间接地支持"反向"行政诉讼的成立,成为"反向"行政诉讼的理论根基。从整个社会转型的大背景来看,社会结构的变迁、权利观念的革新和网络社会的兴起引发了"公""私"关系的巨大变革,从而为"反向"行政诉讼的建立提供了深厚的土壤。最后,《行政诉讼法》的历次修改,证明了那些在传统上被认为体现行政诉讼特色、彰显行政诉讼原理而不能被轻易改变的理念和制度,也存在与时俱进的必要。以上诸多方面,共同构筑了"反向"行政诉讼的理论基础。

第五章 "反向"行政诉讼的质疑回应："官告民"的反面证成

"反向"行政诉讼,尤其是其与"民告官"相对应的通俗称谓——"官告民",极易引发某些误会、担心和质疑。对这些误会、担心和质疑进行一定程度的解释,有利于读者更加清晰地了解"反向"行政诉讼的整体面相,明察"反向"行政诉讼的基本逻辑,洞悉"反向"行政诉讼的主要目的,从而更加客观地思考"反向"行政诉讼的合理性和可行性。

当然,本章只是曲突徙薪,以"防患于未然"为目的。目前,"'反向'行政诉讼"的概念只是初步提出,关于"官告民"的许多设想在学界还未引发太多的讨论,学界自然也无从质疑。只是,这并不妨碍我们对一些"注定存在"的问题进行提前的预想和回应——某些疑惑是如此的突出、集中而可以想见,以至于成为几乎每个看到"'反向'行政诉讼"概念的人都会油然而生的感觉。况且,任何新理论、新概念、新制度的出现,都必然要经历对预想中质疑的思考,这是社会科学和自然科学研究都不可避免的"自查"过程,本身也符合科学研究的规律。

本章暂时将这样的疑惑归纳为三个,并尝试予以回答:其一,行政诉讼的学术概念和立法表述就是相对人起诉行政机关的诉讼,"反向"的行政诉讼还能算是行政诉讼吗?其二,行政机关本身就拥有强大的行政权力,如今再赋予其"起诉权"是否有必要,又是否会进一步增强行政权?其三,即使行政机关有起诉相对人的必要,为何不能通过提起民事诉讼的方式来进行?

一、"反向"行政诉讼亦属于行政诉讼

悠久的"民告官"传统和立法的明确规定,使大多数人将行政诉讼是"民告官"视为理所当然。"民告官"不仅是行政诉讼的"特点",是行政诉讼的基础教义,甚至在某种程度上就是行政诉讼概念本身。在根深蒂固的思维下,学界难免会有这样的质疑:"反向"的"官告民"诉讼根本就不是行政诉讼,把"反向"与"行政诉讼"合并到一起的提法,本身就是一个"悖论"。

但在笔者看来,"反向"与"行政诉讼"之间并不存在不可调和的矛盾,并不是只有"民告官"才能被叫作"行政诉讼"。无论从行政诉讼的本质,还是从我国行政诉讼的定位,抑或《行政诉讼法》的立法目的来看,"反向"的行政诉讼都属于"行政诉讼"。

(一)"反向"行政诉讼符合行政诉讼本质

"本质"是事物的根本属性,决定了某一事物不同于其他事物的根本点。行政诉讼的本质可以从两个方向透视。首先,它是一个"诉讼",势必具有所有"诉讼"所共有的属性也即一般性。这决定了其与刑事诉讼、民事诉讼之间的共通之处。其次,它是"行政"诉讼,势必具有行政法上的特殊性,这又决定了其与刑事、民事诉讼之间的不同。行政诉讼的本质,既要看共有的"诉讼"基础,也要看独有的"行政"特色。

从共性的"诉讼"视角来看,行政诉讼本质上是一种争端解决方式。其归根结底是"社会主体为了解决纠纷而进行的交涉与最终达成的合意"。① 诉讼化解与消弭纠纷的作用,是其最古老,也最重要的功能。② 早在古罗马《十二铜表法》中,就有要求人们提起诉讼的规定。③ 这种争端解决方式的特点在于,当公民与他人或国家产生争议,或认为自身利益受到侵犯时,将争议提交到特定国家机关,通过法律程序明辨是非,分清各自权利义务,进而以国家强制力保证权利义务实现或受损利益的恢复。它一方面是对古老的"神判""血亲复仇"等私力救济方式的替代,另一方面也体现了与"和解""调解"等自力救济方式的不同。换言之,诉讼是国家产生之后的产物,是"公力"为纠正和防止"私力"的野性而对"私力"进行的限制与融合。④

所以,"诉讼"本身只是一种"途径"或"机制",它的核心特质,是由国家设立的中立主体——司法机关对当事人之间的争议或是非作出判断,从而在三方之间形成一个稳定的三角结构,并不带有必须由特定一方起诉另外一方的色彩。因此,不能因为"官告民"较之"民告官"在原被告地位上的改变,就否认这本身是一个"诉讼"。

当然,"谁告谁"虽然不影响这一机制是一个"诉讼",却实实在在地影

---

① 夏锦文、史长青:《交涉与合意:论诉讼的本质——一种诉讼法哲学探析》,载《南京社会科学》2006年第9期。
② 参见樊崇义主编:《诉讼原理》,法律出版社2003年版,第62页。
③ 参见[日]中村英郎:《新民事诉讼法讲义》,陈刚等译,法律出版社2001年版,第19页。
④ 参见徐昕:《论私力救济与公力救济的交错——一个法理的阐释》,载《法制与社会发展》2004年第4期。

响了它是一个"什么诉讼"。例如,刑事诉讼除自诉案件外,都是由检察机关所代表的国家权力起诉犯罪嫌疑人而不能调换。如果个人起诉检察机关,则肯定不是刑事诉讼。同理,行政机关作为普通民事主体从事民事活动或所谓"私经济行政"时,同样可以因与私人之间的争议而起诉公民,但此时双方之间的诉讼属于民事诉讼。可见,诉讼构造的改变,的确会使诉讼的"性质"发生变化。"反向"行政诉讼是行政机关作为原告起诉相对人的诉讼。因此问题就转化为:"官告民"即使是一个"诉讼",又是否还仍然是一个"行政"诉讼? 这就涉及行政诉讼"行政"层面的本质。

从"行政"层面来看,行政诉讼的本质乃是司法权对行政权的控制。自产生之日起,行政诉讼就是以"行政的司法审查"作为制度定位来运作的。[1] "司法审查能够作为政治控制行政机关的基本补充……可以通过控制行政决定的效力而有助于官僚管理取得政治上的合法性"。[2] 所以,行政诉讼的本质是国家权力结构的设计,[3] "是权力对权力的审判,是强力对付强力的游戏"。[4] 它与行政组织、行政程序等一道,成为由立法机关主导的行政行为合法性机制的一个组成环节。[5] 有学者甚至认为:"行政诉讼制度所具有的诉讼制度的属性只是其形式或表象。"它的本质"则在于用一种权力制约另一种权力,用一种权力衡量另一种权力的准确性和合法性"。[6] 正是在这个层面上,行政诉讼展现出其与民事、刑事诉讼的最大不同。换言之,行政诉讼之所以是"行政"诉讼,本质原因在于其目的的特殊性,而不在于其结构的特殊性。

"反向"行政诉讼对行政权的监督与控制功能,下文将有详述。这里哪怕只是观察"反向"行政诉讼的现实适用场域——行政协议、行政非诉执行以及行政之债,也都可以明显地看出运用司法权对行政权进行监督控制的必要。"反向"行政诉讼虽然是行政机关起诉相对人的诉讼,但法院不会只审查相对人的行为,而仍然要严格审查行政行为的合法性。行政机关虽然成了"原告",但其违法行使或试图违法行使行政权的行为,同样会

---

[1] 参见罗豪才、王天成:《中国的司法审查制度》,载《中外法学》1991年第6期。
[2] [美]欧内斯特·盖尔霍恩、罗纳德·M.利文:《行政法和行政程序概要》,黄列译,中国社会科学出版社1996年版,第44页。
[3] 参见杨伟东:《权力结构中的行政诉讼法》,北京大学出版社2008年版,第202页。
[4] 胡肖华、江国华:《行政审判方式的特点研究》,载《法律科学(西北政法学院学报)》2000年第5期。
[5] 参见解志勇、陈国栋:《从严格规则主义到程序主义——行政行为合法性机制论纲》,载罗豪才主编:《行政法论丛》(第10卷),法律出版社2007年版。
[6] 关保英:《论〈行政诉讼法〉修改中制度理性的考量》,载《苏州大学学报(哲学社会科学版)》2012年第1期。

使其承担败诉后果。所以,"反向"行政诉讼仍然是在司法权与行政权之间博弈,它不会失去行政的司法审查色彩,完全符合行政诉讼"行政"层面的本质,因而仍然是一个"行政"诉讼。

总之,"反向"行政诉讼虽然采取了与传统"民告官"不同的"官告民"模式,但它与行政诉讼在本质上是相同的。在"官告民"的时刻,行政机关与相对人之间存在争议,权利义务处于不确定状态,需要国家司法机关介入来避免私力救济。同时,这些争议同样涉及行政权的行使,涉及行政合法性的判断,法院的介入体现的仍然是司法权与行政权之间的博弈。所以,从本质上讲,"反向"行政诉讼是"诉讼"而非其他活动,是"行政"诉讼而非民事、刑事诉讼。那种认为行政机关做原告与行政诉讼性质不符的观点,①本质上是从现行的规范和概念出发,将行政诉讼的"结构特征"视作其"性质",实则经不住理论的深入思考。

(二)"反向"行政诉讼衔接行政诉讼主客观定位

行政诉讼的"定位",指行政诉讼是"主观诉讼"还是"客观诉讼"的问题。将诉讼分为主观诉讼和客观诉讼,是法国公法学家狄骥的经典理论。其中,"主观诉讼"是指偏重保护当事人个人权益的诉讼,"客观诉讼"则是更加关注行政合法性的诉讼。② 行政诉讼的定位是"主观诉讼"还是"客观诉讼",将极大地影响行政诉讼的整体构造,因此,部分学者直接将主观与客观诉讼的分类称为行政诉讼的"构造"问题。③ 当然,这种表述是有偏差的。"构造"是由一定主体根据各自地位,拥有和行使一定权利义务而形成的系统性结构,彰显的是制度的组成及实际运作过程。"定位"则与制度的性质、目标和扮演的角色有关,内含的是制度构建和运行的方向。主观诉讼还是客观诉讼的问题,称为行政诉讼的"定位"更为准确。另外,行政诉讼的"定位"与行政诉讼的"目的"之间也容易混淆。④ 行政诉讼"定位"与"目的"并不相同,行政诉讼目的只是行政诉讼定位的其中一个表征。行政诉讼的受案范围、起诉资格、审查对象、举证责任、判决类型等,都可以体现一个国家的行政诉讼是主观诉讼还是客观诉讼。考虑到后文还将单独讨论行政诉讼的目的,本节将更多地从其他方面来观察我国行政诉

---

① 参见袁杰主编:《中华人民共和国行政诉讼法解读》,中国法制出版社2014年版,第45页。
② 参见江利红:《日本行政诉讼法》,知识产权出版社2008年版,第125页。
③ 参见薛刚凌、杨欣:《论我国行政诉讼构造:"主观诉讼"抑或"客观诉讼"?》,载《行政法学研究》2013年第4期。
④ 比如,应松年教授认为:"通过解决行政争议,保护公民权利,监督行政机关,这是对行政诉讼的功能定位。"参见应松年:《行政诉讼法律制度的完善、发展》,载《行政法学研究》2015年第4期。

讼的定位。

我国行政诉讼的定位呈现分裂之势,有学者称为"内错裂"状态。① 从受案范围和起诉资格来看,我国行政诉讼是相对人认为行政机关和行政机关工作人员的行政行为侵犯其合法权益时提起的,即只有行政行为的相对人以及其他与行政行为有利害关系的公民、法人或者其他组织才可以提起行政诉讼。这明显是将行政诉讼作为"主观诉讼"来处理。但从审查对象、举证责任、判决类型来看,我国行政诉讼对行政行为是否合法进行审查,法院在这一问题上不必受限于相对人的诉讼请求;以行政机关承担举证责任为原则,由行政机关对自身行政行为的合法性担负证明责任;以撤销判决作为核心判决类型,辅以确认违法判决、履行判决等。这都明显体现出对客观的违法行政行为予以纠正的意图,使我国的行政诉讼具备了强烈的"客观诉讼"色彩。

从《行政诉讼法》的几次修改来看,立法者也在主观诉讼和客观诉讼间有所徘徊。按照官方的说法,我国行政诉讼制度在立法之初是以监督行政行为为宗旨来设计相关制度,以客观诉讼进行定位。② 但2014年《行政诉讼法》修改,在立法目的中增加"解决行政争议"条款,在举证责任、调解、程序违法等问题上都有一定程度的放松,在判决类型上增加"变更判决""履行给付义务判决"等,都彰显出一定的"主观诉讼"倾向。2017年《行政诉讼法》增加"行政公益诉讼"条款,又毫无疑问地将行政诉讼制度拉到了"客观诉讼"一边。③

当然,在行政诉讼的定位问题上,本身就不能走极端。世界各国的行政诉讼定位,也都只是"偏向"某一方向而已。比如,法国的行政诉讼以客观诉讼为主,客观诉讼大概占七成,主观诉讼大概占三成。④ 德国的行政诉讼则以主观诉讼为主,《德国基本法》规定,受到公权力侵害的人在没有特别救济渠道时,都可以提起司法诉讼。⑤ 英国在司法审查程序改革后,呈现偏向客观诉讼但兼顾主观诉讼的诉讼定位。⑥ 我国学者讨论行政诉

---

① 参见薛刚凌、杨欣:《论我国行政诉讼构造:"主观诉讼"抑或"客观诉讼"?》,载《行政法学研究》2013年第4期。
② 参见袁杰主编:《中华人民共和国行政诉讼法解读》,中国法制出版社2014年版,第192页。
③ "公益诉讼"与个人利益没有直接关联,明显指向行政违法性判断,属于客观诉讼无疑,这一点也是学界通说,参见于安:《行政诉讼的公益诉讼和客观诉讼问题》,载《法学》2001年第5期;林莉红、马立群:《作为客观诉讼的行政公益诉讼》,载《行政法学研究》2011年第4期。
④ 参见薛刚凌:《行政诉讼法修订基本问题之思考》,载《中国法学》2014年第3期。
⑤ 参见于安编著:《德国行政法》,清华大学出版社1999年版,第172页。
⑥ 参见[英]彼得·莱兰、戈登·安东尼:《英国行政法教科书》(第5版),杨伟东译,北京大学出版社2007年版,第261−270页。

讼的主客观定位问题,主要是希望根据不同的诉讼定位建立不同的起诉资格、举证责任、审查对象、判决类型等制度规则。从这个视角来看,对行政诉讼定位的讨论目的,倒是与"行政诉讼类型化"有些相似。

"反向"行政诉讼天然地具有主观诉讼与客观诉讼相一致的属性,可以完美衔接行政诉讼的主客观定位。传统的"民告官"诉讼之所以出现主观诉讼与客观诉讼的撕裂,原因在于行政权的"公权力"属性对行政诉讼的"客观诉讼"定位有必然要求,而维护公民法人其他组织合法权益的目的,却建立在"权利"基础上,因而或多或少地要求行政诉讼秉持"主观诉讼"思维。两者虽然在大部分情况下可以相互协调,即可以在审查行政行为合法性的同时维护相对人的合法权益,但在某些情况下也会出现不一致。例如,在征地拆迁补偿案件中,相对人真正希望的是提高征地补偿数额,但除补偿数额明显不当的情况外,相对人往往只能以该行政决定的主体、程序、法律适用存在问题为由提起诉讼。质言之,一旦诉讼请求和审查对象不一致,或行政行为违法性的判断与相对人的合法权益实现之间尚有距离时,行政诉讼的主客观定位的矛盾便会显现出来。

"反向"行政诉讼因为结构反转,在这个问题上反而有自身的优势。首先,"反向"行政诉讼本身就发生在较以往更为"平权"的领域,公权力以一种更加柔性和平衡的方式在运用,主观诉讼和客观诉讼的差别并不如传统"民告官"诉讼那么明显。其次,行政机关成为原告,其诉讼请求必然涉及双方权益之间的矛盾,而行政权行使的主体同样是行政机关,这就使原告诉讼请求与对行政行为合法性的审查天然合一。解决"反向"行政诉讼中的争议,一方面一定会审查行政行为的合法性,另一方面在判决的逻辑和内容上又会天然地具备"权利义务分配"的特征,主观诉讼与客观诉讼在这个维度上实现了完全的吻合。换言之,"原告"身份与"行政权行使者"身份的同一性,使"反向"行政诉讼之下行政诉讼的主客观定位不但没有出现分裂,反而实现了融合。这在相当程度上显示出"反向"行政诉讼的合理性所在,证明了"反向"行政诉讼也是行政诉讼。

(三)"反向"行政诉讼实现行政诉讼多重目的

"目的是全部法律的创造者,每条法律规则的产生都源于一种目的,即一种实际的动机。"[1]这句至理名言证明了"目的"的重要性,也内在地指明了"目的"的含义。法的目的是立法者根据法的内在规律及社会现实情况

---

[1] [美]E. 博登海默:《法理学:法律哲学与法律方法》,邓正来译,中国政法大学出版社2004年版,第115-116页。

等所提前预设的,希冀法律规范发挥的作用或达到的效果。为了使法律规范内在协调、体系顺畅,也为了在价值冲突时能够有所取舍,每部法都会提前预设其立法目的,从而确定整部法的立法方向,进而对该法的体系结构、权利义务配置甚至表述等有所指引。

法律目的不可避免地要涉及价值冲突或利益衡量,因而很容易引发争议,行政诉讼法也不例外。1989年《行政诉讼法》的"立法目的"条款中是否应当有"维护"行政权行使的表达,就曾引发过广泛的讨论。2014年《行政诉讼法》修改,关于这一问题的争论告一段落,但新的问题随之产生:解决行政争议,保护公民、法人、其他组织的合法权益,监督行政机关依法行使职权三个目的之间是何种关系?三者是并列的,还是应当以某一个为主?对此,学界众说纷纭。一般来说,"解决行政争议"不被认为是行政诉讼的根本目的。鉴于行政诉讼都是由行政争议引发的,解决行政争议只被认为是行政诉讼的"直接目的",是另外两个目的实现的契机和方式。

在此基础上,一种观点认为,行政诉讼的根本目的在于保护公民、法人、其他组织的合法权益。比如,有学者从行政行为效力变化的角度,认为"行政行为违法或合法对原告而言只具有时态上的阶段性意义,不符合其最终目的"。[①] 换言之,法院对行政行为进行合法性审查,只是为了将行政行为的公定力或者说存续力斩断,进而可以依照自己的理解去救济相对人。监督行政机关依法行使职权只是这个过程的附随效果。还有学者从行政诉讼结构转换的角度,从正面直接论证了行政诉讼的根本目的在于维护相对人合法权益。[②] 江必新法官也指出:行政的司法审查"要摒弃权利与救济相分离的思路",[③] 司法审查的目标就是要提供无漏洞的权利救济体系,就是要维护公民的合法权益。

但学界同样有将"监督行政机关依法行使职权"作为行政诉讼根本目的的观点。有学者从行政诉讼与民事诉讼分离的角度出发,认为行政诉讼如果只是解决行政争议、保护公民权利,那么根本没有必要单独设立,因为这两个目的在民事诉讼中完全可以实现。[④] 这一观点在域外行政法上也

[①] 李晓定:《关注行政行为"不法"还是原告之"损害"——勘定〈行政诉讼法〉第1条修改后的行政诉讼标的》,载《行政与法》2016年第8期。

[②] 参见谭宗泽:《行政诉讼目的新论——以行政诉讼结构转换为维度》,载《现代法学》2010年第4期。

[③] 江必新:《行政法治理念的反思与重构——以"支撑性概念"为分析基础》,载《法学》2009年第12期。

[④] 参见邓刚宏、马立群:《对行政诉讼之特质的梳理与反思——以与民事诉讼比较为视角》,载《政治与法律》2011年第6期。

得到了支持。在德国,行政诉讼设立的根本目的,就在于实现其《德意志联邦共和国基本法》第 20 条规定的行政合法性原则。[1] 在英国,"司法部门将解决涉及这些规则之含义的纠纷,尤其是把行政部门限定在法律的疆界之内"。[2] 监督行政机关依法行使职权被视作行政诉讼的"特质",因而也是其"根本"。

当然,立法者肯定希望行政诉讼的各个目的可以同时实现,"行政权力必须受到制约、行政纠纷必须得到解决、行政损害应当得到救济"。[3] 在大部分情况下,由于三个目的之间的联系性,它们确实可以同时达成。但是,"有时候对行政权的制约并不必然带来对相对人权利的保护,或者对相对人权利的保护也不必然伴随着对政府权力的制约"。[4] 这种分裂和龃龉,从前文对行政诉讼定位的讨论中已经可以窥见。出现这一问题的根源在于,行政诉讼的三大目的内含着行政诉讼视角的不同,本身遵循着不同的逻辑。

监督行政机关依法行使职权的目的,是将视角放置于"行政机关"一方,观察的对象是行政机关的行为。此时,行政诉讼即使考虑相对人的行为,也主要是为判断行政机关行为的合法性而服务。传统的行政法和行政诉讼法都明显地带有这种色彩。解决行政争议的目的,是将视角同时放置于行政机关和相对人双方,要求对双方的行为都进行关注,对双方的诉求综合考虑,对双方的利益一体衡量。虽然 2014 年《行政诉讼法》引入这一立法目的,但更多的是想要强调行政争议在诉讼环节实现"最终解决",防止"案结事不了"引发后续社会矛盾的情况。[5] 在视角转换维度上,相关制度设计体现得并不明显。维护相对人合法权益的目的,是将视角放置于"相对人"一方,观察的视角是相对人是否受到损害,受到了何种损害,这种损害是否与行政机关有因果关系,又该如何弥补等。三种不同的视角,意味着不同的审查重点和制度运行逻辑,其中难免有分歧。鉴于此,学界也有借助行政诉讼类型的划分将这三个目的同时作为根本目的的观点,这正是看到了行政诉讼目的之间存在的视角差别而尝试作出的平衡之法。[6]

---

[1] 参见薛刚凌主编:《外国及港澳台行政诉讼制度》,北京大学出版社 2006 年版,第 1 页。
[2] [英]马丁·洛克林:《公法和政治理论》,郑戈译,商务印书馆 2002 年版,第 204 页。
[3] 何海波:《行政诉讼法》,法律出版社 2011 年版,第 6 页。
[4] 张淑芳:《规范性文件行政复议制度》,载《法学研究》2002 年第 4 期。
[5] 参见袁杰主编:《中华人民共和国行政诉讼法解读》,中国法制出版社 2014 年版,第 4 页。
[6] 参见赵清林:《类型化视野下行政诉讼目的新论》,载《当代法学》2017 年第 6 期。作者在文章中认为:"主观抗告诉讼的目的旨在救济权利,客观抗告诉讼的目的仅为监督行政,当事人诉讼的目的在于解决纠纷。"这种观点正是看到了行政诉讼三大目的之间的龃龉,并试图通过分类加以解决。

"反向"行政诉讼在适用时，可以同时实现行政诉讼的三个目的。发生于行政协议、行政之债等领域中的行政争议，最大特点在于既有明显的"平权"性质，又带有一定"高权"色彩。这导致这些争议以行政权直接处理，则会无视法律关系的平等性而忽略相对人一方，因而不符合正义观念；以民事诉讼方式处理，则会无视法律关系中的高权色彩而忽略了行政机关一方，因而对行政的合法性控制不足。恰恰是将这些争议纳入"反向"行政诉讼，可以既解决争议，又监督行政机关依法行政，还保障相对人合法权益。可以说，我国行政诉讼试图兼顾各项追求而不得的问题，在"反向"行政诉讼中要好得多。

　　另外，也有学者尝试从更高层级上去探讨行政诉讼的目的。例如，有学者认为行政诉讼的目的在于程序正义、利益平衡、促进合作和道德成本最低化。[1] 还有学者从"法"与"治"的关系入手，试图使司法发挥对行政机关的指引功能，从而实现国家法治现代化。[2] "反向"行政诉讼与这一类观点也十分契合。"反向"行政诉讼要求行政机关将不适合自己处理的争议提交到法院，其中的价值取向就是程序正义，就是为了双方利益的平衡。行政协议、行政之债等新兴行政模式的兴起，也是为了更好地实现实质的行政法治。如果行政诉讼真要追求以上目的，"反向"行政诉讼就应更成为其中不可或缺的诉讼模式。"反向"行政诉讼与行政诉讼目的的契合性，从另一个层面证明了其与行政诉讼本质相同、方向一致，只是一种结构特殊的行政诉讼罢了。

　　总之，"反向"行政诉讼虽然是"官告民"，与传统的"民告官"存在结构上的不同，但其同样具有行政诉讼的"诉讼"本质和"行政"本质，因而与行政诉讼的概念并不矛盾。"反向"行政诉讼因其原告身份与行政权行使者身份相重合，天然兼具主观诉讼与客观诉讼的属性。"反向"行政诉讼适用场域"平权"与"高权"相结合的特点，则使司法可以同时顾及行政主体和行政相对人双方，从而避免了行政诉讼多重目的的冲突。所以，"反向"行政诉讼与传统"民告官"的诉讼之间只是模式和构造不同，不存在实质的差异，两者不仅不矛盾，而且相互搭配可以使行政诉讼结构更加完整，体制更加顺畅，目的也可以更加充分地实现。

---

[1] 参见胡肖华：《行政诉讼目的论》，载《中国法学》2001年第6期。
[2] 参见谭宗泽、杨靖文：《行政诉讼功能变迁与路径选择——以法与治的关系为主线》，载《行政法学研究》2016年第4期。

二、"反向"行政诉讼可以更好地控制行政权

对"反向"行政诉讼的第二个质疑或担心在于,"反向"行政诉讼是否是在"维护"行政机关行使职权？其是否会使行政机关得以借助司法的力量去制裁相对人,从而使双方本就不对等的地位变得更加悬殊？

这一担心虽然是对"反向"行政诉讼的误会,却可以理解。在"管理"时代过去之后,行政法在基础理论上无论选择"控权论"、"平衡论"还是其他理论,其"监督控制行政权"的价值取向和制度色彩都是不能否认的。行政法是动态的宪法,①现代行政法治要求彰显宪法的人权保障功能,必须依法对国家的权力进行规范。在有行政强权传统的我国,这一点更是不可更易的真理。随着时代的发展,司法逐步成为人权的最终救济手段。②如果行政机关也拥有主动发起行政诉讼的权利,司法的"控权"意味就会改变,就有可能成为行政权的工具。另外,2014年《行政诉讼法》修改,将行政诉讼"立法目的"条款中"维护"行政机关行使职权的表述删除,判决类型中的"维持判决"也相应删掉。这一修改是学界共同争取的结果,也是我们对行政诉讼内在规律的认识不断加深的重要体现：行政机关不需要司法机关来"维护"自己,公民提起行政诉讼也不可能是为了让司法机关去"维护"行政机关,司法机关自己更不能容许自己扮演"维护"行政权力的角色。以此论之,"反向"行政诉讼看起来像一种"倒行逆施",再一次试图让法院去"维护"行政机关。

本节试图说明,"反向"行政诉讼虽然赋予了行政机关提起行政诉讼的权利,但并不是要让司法机关去维护行政机关。在"反向"行政诉讼之下,行政机关的确有可能通过获得有利于己的裁判结果,维护自身的利益或自身所代表的公共利益,但这一制度本身并不是在维护行政权的行使。相反,"反向"行政诉讼是对行政权更加完备、更加合理、更加先进的监督,其在"控权"理念上,与传统的"民告官"诉讼是完全一致的。

（一）"官告民"比"官管民"更符合控权理念

与"民告官"在监督控制行政权上的一目了然相比,"反向"行政诉讼的"官告民"呈现一种显而易见的"相反性"。尤其是它与"民告官"在词汇结构上的对应,更容易使人对其内在逻辑有所误会,似乎"官告民"不是在监督控制行政权,而是在维护乃至帮助行政权。

---

① 参见龚祥瑞：《比较宪法与行政法》（第2版）,法律出版社2003年版,第5页。
② 参见莫纪宏：《论人权的司法最终救济性》,载《法学家》2001年第3期。

这是一个误解。"反向"行政诉讼的最基本逻辑是,要求行政机关去起诉相对人,意味着行政机关不能以自己的行政权力直接制裁相对人。正是在这个意义上,"反向"行政诉讼表现出明显的"权力控制"特征。行政权作为行政主体"对行政事务主动、直接、连续、具体管理的权力",[①]表现为对行政相对人的要求、强制乃至一定程度的制裁都无可厚非,甚至是保障行政权顺利行使的必然。但在某些特定的领域,行政权并不能够被当然地使用。这或者是因为行政机关与相对人居于几乎平等的地位,直接动用行政权将会造成明显的不公平(行政协议中的相对人违约就是一例);或者是因为某些情况关系重大且很可能存在争议,在相对人没有参与程序的前提下,行政机关能否直接动用行政权需要特别谨慎(行政非诉执行就属于这种情况);再或者是行政机关本身就是法律关系中的"利益相关者",直接以行政权进行"法律的第一次适用"将违背自然公正原则(行政之债中的债权保障就是典型)。"反向"行政诉讼,就是要求行政机关在遇到这些问题时,将是非曲直的判断交给法院,而不能留给自己。

从更为广阔的国家与公民关系的视角观察这一问题,可以更加清晰地理解上述逻辑。耶里内克指出,个人相对于国家具有四种法律地位:被动地位、消极地位、主动地位、参与地位。[②] 以此为启发,我们可以将行政机关与行政相对人的地位做一个对应的分类,概括为官管民、官告民、民告官、民管官(官民共治)。四者的相互关系如图 5-1。

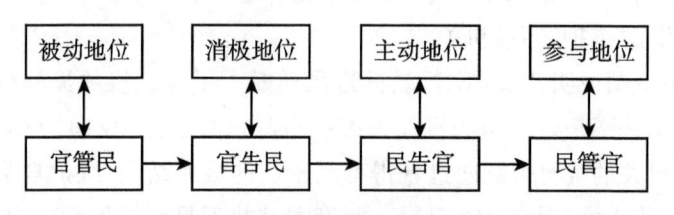

图 5-1 行政机关与相对人关系

"官管民"对应个人的"被动地位"。此时,公民只是法律关系的"客体",是被统治或被管理的对象。国家为公民设置各种义务,要求其按照自己的意愿行动并遵守法令,否则就要受到制裁,个人对于国家的行为只能容忍而不能反抗。我国古代统治阶级与平民百姓的关系就是这样。当然,现代社会中同样存在公民处于"被动地位"的情况,只是这种被动建立在法治的理念下。法律规范中那些向公民科以义务的规范,都属于公民"被

---

① 应松年、薛刚凌:《论行政权》,载《政法论坛》2001 年第 4 期。
② 参见徐以祥:《耶里内克的公法权利思想》,载《比较法研究》2009 年第 6 期。

动地位"的范畴。在行政法上,出于提升行政管理效率、确保行政目标顺利实现的需要,包括考虑现代社会越来越强的行政专业性,"官"在许多领域直接"管民"。行政行为因此有单方性、单向性,且具有推定合法的公定力,要求相对人除明显违法可行使"抵抗权"的情况外,都必须先行服从。

"官告民"对应个人的"消极地位"。个人在此时并不是完全被动的,他是一个独立的主体,享有一定的自由空间和个体利益。国家被要求没有法定权限或不经法定程序不能进入这一领域,不能侵犯公民的合法权益。但是,国家此时仍然处于更加强大和优势的位置,仍然有冲动,至少不排除有可能去侵犯公民的自由和利益。所以,为了确保国家行为的合法性,维护公民合法权益,法律采取多种方式规范国家权力,防止国家权力的恣意滥用。在行政法和行政诉讼法上,要求行政机关克制权力扩张的冲动,谨守权力运行的边界,在与相对人存在争议时,将争议提交给司法机关处理。

"民告官"对应个人的"主动地位"。公民此时享有主动向国家表达诉求,要求国家为或不为一定行为的权利,也就是耶利内克的公法权利思想。在行政诉讼领域,则体现为行政诉讼程序的发起权归相对人,其可以视行政机关的行为而决定自身的行动。面对行政机关运用行政权作出的种种行为,相对人拥有要求司法审查的完全"主动权",只要他愿意,就可以将行政机关作出的、与自身相关的行为提交到法院进行审查。

"民管官"对应个人的"参与地位"。公民成为国家真正的主人,享有真正的"主体"地位。在宪法上,他们可以通过选举与被选举、言论、出版、集会、游行、示威、批评监督等基本权利直接或间接参与国家事务,表达自己的观点。在经济社会生活中,他们可以组成各类组织进行"自治",或者与国家权力一道实现"官民共治""合作治理"。在行政法上,他们可以通过公众参与等现代行政程序,对与自身利益切实相关的问题发表意见乃至进行决断。这体现出一种完全的"主权在民"的状态。

耶里内克提出的四种分类,是对公民法律地位的事实陈述,其目的在于解释公民在哪种情况下享有"公权利"的问题,并不是要对这四种地位进行价值评判。但当我们将这种分类类比到行政法上时,以上四种"静态地位"则演变为四种"动态模式",并呈现一种内在的逻辑递进关系:"官管民"因其强制性、危险性而应当限缩,行政法的发展方向在于"官民共治",也即"公众参与""合作治理"。当然,出于行政事务的专业性、复杂性以及对效率、公共利益等问题的考虑,任何一个国家都是将以上四种模式结合起来运用,根据不同情况,在不同的领域赋予公民不同的地位。不可能因为"官民共治"最为先进,就在全部问题上都采取"合作治理"的模式。

但是,通过以上的思路观察我国的行政法治情况,就会发现其中的问题:我国公民相对于国家虽然有"消极地位",即不允许国家擅自进入的领域,但行政法上却没有相应的"官告民"模式。没有"官告民"模式是可怕的。没有"官告民",那些原本应当依靠"官告民"来解决的问题,在我国行政法治尚不健全的情况下,会默认演变成"官管民",而非向后演化为"官民共治"。公民只能在被"管"了之后再进行"民告官"。这种越过"官告民"直接进入"民告官"的方式,不仅放大了救济的滞后性弊端,而且使公民的权利时刻处于被侵犯的危险中。

其中的转换逻辑如图5-2所示。

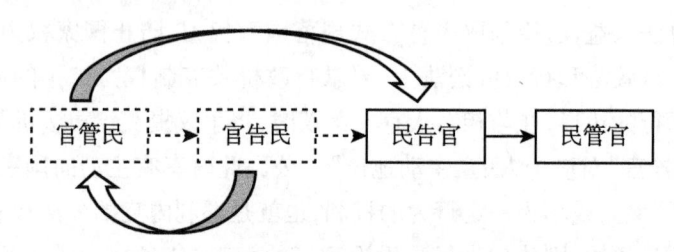

图 5-2 行政机关与相对人关系的转换

所以,真正与"民告官"相对应的,并不是"官告民",而是"官管民",正如与"主动地位"对应的不是"消极地位",而是"被动地位"一样。不能仅仅因为修辞的对应性,就去比较"民告官"和"官告民"哪一个能更有效地监督控制行政权。这两者发生在不同的场域和情况下,不仅可以共存,还可以形成合力共同规范权力。真正要比较的,是"官"通过诉讼"告民"和"官"直接用行政权力"管民"孰优孰劣。

综上,"官告民"的实质,在于行政机关只有通过严格司法程序才能进入那些不能直接进入的领域。在这些领域,不能仅仅因为行政机关单方面认为存在问题,就直接凭借行政权力加以干涉和制裁。归根结底,"官告民"是要求行政机关具备一定的"边界意识",[1]要求其践行行政权的"有限性原则"。[2] 所以,"反向"行政诉讼背后体现的,是行政机关对公民某些自由和权益的消极不侵犯,是行政机关对自身权力扩张本能的克制,是行政权自身的一种"谦抑",是行政机关主动"提请"司法权进行裁判的觉悟。正因这一逻辑,"官告民"也是监督控制行政权,保护公民法人其他组织合法权益的有效方式。

---

[1] 参见张弘、杨阳:《行政权的边界意识及其法律培植研究》,载《政法论丛》2013年第5期。
[2] 参见赵肖筠、张建康:《行政权的定位与政府机构改革》,载《中国法学》1999年第2期。

（二）"反向"行政诉讼践行司法最终解决原则

司法最终解决原则源于西方，是西方国家在三权分立思维下逐步形成的，对司法权地位的认识和相应功能的表述，彰显了对司法的倚仗和尊重。在我国，由于特殊的政治体制、法律传统及司法本身的权威性问题，这一原则并未根深蒂固。学界对这一原则的研究也并不发达，部分认识尚有偏差。比如，有观点认为，司法最终解决原则是"司法机关对诉诸司法途径解决的社会纠纷具有最终解决权"。[①] 这种观点将"未诉诸司法"的纠纷排除在该原则之外，是非常危险的：私人之间的争议尚可以不诉诸司法，但若国家公权力与私人之间的争议"不能"诉诸司法，那就等于为国家侵害公民权益打开了方便之门。所以，"司法最终解决原则"的落脚点并不在"解决"一词，而在于"最终"一词。这里的"最终"，不是指司法只能作为最后一步的选择，不是要求当事人要穷尽其他救济途径后才可以选择司法，而是指"无条件保底"。质言之，对于任何的争议，即使没有其他任何救济方式，争议的相关主体也必须被赋予"提起诉讼"的权利，从而保证司法能够作为哪怕唯一一种手段介入。有学者将司法最终解决原则落脚在司法的全面覆盖之上，提出"一切因适用宪法和法律而引起的法律纠纷和相应的违宪违法行为由法院进行裁决"，[②]可以说是比较准确的认识。

司法最终解决原则也适用于行政法学。行政法治的基本理念是依法行政，要求"法律是行政机关据以活动和人们对该活动进行评判的标准"。[③] 在依法行政理念下，"任何一个由国家机关所作的决定总要有一个最后的裁决者"[④]，这个裁决者无疑只能是司法机关。因此，司法最终解决原则在行政法上的最重要体现，就在于不能有脱离于司法之外的行政权力。在英美法系，"几乎所有政治问题迟早都要变成司法问题"，[⑤]国家与其成员间产生的纠纷只能诉诸法庭，其他方案均不合理。[⑥]《德国行政法院法》第41条也规定："公法上之争议，非属宪法性质者，皆得向行政法院提起诉讼。"马怀德教授曾指出，中国社会矛盾的解决"过于依赖行政手

---

① 程琥：《司法最终原则与涉法涉诉信访问题法治化解决》，载《人民司法》2015年第5期。
② 宋炉安：《司法最终权——行政诉讼引发的思考》，载《行政法学研究》1999年第4期。
③ 应松年：《依法行政论纲》，载《中国法学》1997年第1期。
④ 宋炉安：《论行政审判权》，载罗豪才主编：《行政法论丛》（第1卷），法律出版社1998年版，第424页。
⑤ ［法］托克维尔：《论美国的民主（上卷）》，董良果译，商务印书馆1988年版，第310页。
⑥ 参见［美］汉密尔顿、杰伊、麦迪逊：《联邦党人文集》，程逢如等译，商务印书馆1980年版，第400页。

段,忽略了法治手段"。① 所以,行政法的任务之一就在于"消除权利救济的真空"。② 韩春晖教授在归纳总结世界各国行政法治历史的基础上,发现每个国家都有自己的"国家法治形象"。其中,英国、美国经过一系列的发展,如今已经转变到"司法国家"阶段。③ 可见,司法最终解决原则能否被践行,是行政法治实现与否的重要标准。

"反向"行政诉讼正是试图将行政权纳入司法裁判中,防止行政机关在某些时刻不经过司法的判断就贸然将权力施加于相对人。因此,"反向"行政诉讼是对司法最终解决原则的有力坚持,它避免了某些时刻行政权力逃脱司法的控制,因而具备明显的"权力控制"色彩。

但这样的思路难免面临以下质疑:司法最终解决原则是为了保护公民的合法权益而设计的,在公法上体现为对国家权力的控制。将起诉权赋予行政机关,虽然也是"司法最终解决",但是否会因此而保护行政机关,从而违背司法最终解决原则在公法上应用的初衷?笔者认为,将起诉权赋予行政机关,并不会造成司法最终解决原则的异化,问题的关键在于区分两个概念。

其一,利益和权力不同。原告提起诉讼,是希望法院可以支持自己,进而维护自己的合法权益,这是自然之理。所以,行政机关提起"反向"行政诉讼,也必然有这一目的在其中,否则,行政机关就不会有动力去提起诉讼。但行政机关的"利益"和行政机关的"权力"是不同的,维护行政机关的合法权益不能等同于维护了行政权。行政机关提起"反向"行政诉讼,法院确实有可能在经过审查后判决行政机关胜诉,并且也会维护行政机关的"利益"。但这并不代表"反向"行政诉讼存在问题。因为行政机关的"利益",尤其是其背后所代表的公共利益理应受到法律的保护,因而可以被司法裁判所维护。法院不能维护的是行政机关的"权力",司法权不能放弃对行政权的审查,放任行政权被滥用。所以,即使法院最终做出了维护行政机关"利益"的判决或裁定,也是建立在对行政机关的"权力"进行严格审查的基础上,此时,行政诉讼监督行政机关依法行使权力的目的已经达到。不能因为"反向"行政诉讼可能维护行政机关的"利益",就否认其监督了行政机关的"权力"。

其二,起诉和胜诉不同。将起诉权赋予行政机关,并不代表行政机关

---

① 马怀德:《法治政府建设:挑战与任务》,载《国家行政学院学报》2014年第5期。
② 马怀德:《法治难题与行政法的任务》,载《求是学刊》2002年第5期。
③ 参见韩春晖:《从"行政国家"到"法治政府"——我国行政法治中的国家形象研究》,载《中国法学》2010年第6期。

一定会胜诉。换句话说,行政相对人成为被告,不代表行政相对人一定会承担法律责任或法律后果。所以,在"反向"行政诉讼下,法院最终维护的是哪一方,或者双方的权利义务如何安排,还要看法院对事实的审查和对法律的适用。从这个意义上,"民告官"还是"官告民"并没有本质区别:在"民告官"中,也有相对人诉讼请求被驳回的时候;在"官告民"中,也有法院不支持行政机关的可能。不能因为行政机关可以起诉相对人,就想当然地否定法院在是非曲直判断上的公正性和中立性,更不能因为相对人成了被告,就认为相对人的权益一定会被侵害。

当然,受限于传统的"民告官"思维,如果不仔细体会,我们很容易会认为"反向"行政诉讼审查的是"被告"行政相对人,"被告"会处于更加不利的地位。但其实,行政诉讼的审查对象是"行政行为合法性",并由"行政机关"就其行为的合法性承担举证责任,这并不是由"民告官"的诉讼结构决定的,而是由行政诉讼的本质决定的。"反向"行政诉讼也是一个"行政诉讼",当然也要审查行政行为的合法性,也要由行政机关就自己行为的合法性负举证责任,这一点没有变化。被告被施加了各种限制和要求,是传统行政诉讼带给我们的刻板印象,因为传统的行政诉讼只能由行政机关作被告。在"反向"行政诉讼之下,行政机关成为"原告",此时则会出现"原告"受到各种限制和要求的情况。相对人不会因为成为"被告",就当然地陷入弱势地位。

所以,在"司法最终解决原则"之下,司法权对于行政权最大的"帮助",恰恰在于不对行政权的运用进行审查。"反向"行政诉讼不是要维护行政权,不是要将相对人置于弱势的地位,而是要将司法全面覆盖到行政权行使的各个场域,并使之成为"保底"的手段。从这个意义上,"反向"行政诉讼可以更好地监督控制行政权。

(三)"反向"行政诉讼是司法监督的提前化

沿着司法最终解决原则的进路继续延伸,另外一个质疑可能更具有根本性,即对司法最终解决原则的坚持,完全可以通过进一步扩张行政诉讼受案范围来实现。只要规定足够大的行政诉讼受案范围,甚至赋予相对人概括性的起诉资格,司法仍然可以成为权利救济的最终保底环节,而且还可以保持行政诉讼单向的"民告官"构造。为何要苦心孤诣或者说大动干戈地设计"反向"行政诉讼制度?为何一定要赋予行政机关提起行政诉讼的资格?

这主要是为了避免司法救济的滞后问题。司法救济只能在损害发生之后提起的特点,使其天然地具有"滞后性"。当然,在大多数情况下,这

163

一特点是司法保持其中立性、被动性的必然选择,是合理使用司法资源的必备条件。但是,司法的滞后也不可避免地减弱了其救济效果。事实上,无论如何"救济"和"恢复",时间的推移都会使当事人的权益不可能回到之前的状态,这一点在公法领域尤其明显。例如,拘留等限制人身自由的行政处罚,即使后来被认定违法、被撤销乃至给予国家赔偿,公民自由的丧失都是无法弥补的。某些侵害健康权、生命权的行政事实行为,更非后续救济所能恢复。即便是仅涉及财产的行政处罚、行政强制等,事后的金钱补救也存在许多损失无法计入的问题。"行政诉讼总以谦虚抑制的态度来独善其身,消极中立的态度致使其沦为毫无意志的实现法律的工具。"①正是考虑到行政权力的危险程度和后果的不可恢复,行政法对行政权力的控制从一开始就不仅仅着眼于后端的行政诉讼,而是以全方位的权限、程序、监督、公众参与、裁量基准等包裹行政活动每个阶段,"行政法学回答问题的场域,从司法中心拓展到行政过程"。②

在这个大潮中,司法似乎也不甘心仅仅在后端"待命"。在坚持"不告不理"原则的前提下,司法通过受案范围或者诉讼类型的变化,试图接纳一些"尚未发生的争议","法院的权力由事后的审判权推进到事前的制止权"。③ 在这种思路下,"预防性行政诉讼"逐渐走入行政诉讼的视野。

所谓"预防性行政诉讼",是指"相对人认为行政机关的行政行为或事实行为正在侵害或即将危害自己的合法权益,向人民法院提起诉讼,要求确认法律关系、行政行为无效、事实行为违法,或者判令禁止或停止行政行为或事实行为实施的司法制度"。④ 在德国,公民提起的预防性确认之诉和预防性不作为诉讼,都属于预防性诉讼;⑤在英国,公民也可以通过阻止令、禁止令而在受到损害之前就向法院申请救济。⑥ 可见,预防性行政诉讼之"预防性",就体现在其"提前性"。其目的在于提前阻止违法行为,避免损害发生后的司法审查尤其是撤销诉讼不能真正救济相对人合法权益的弊端。

"反向"行政诉讼与"预防性行政诉讼"在这一思路上有异曲同工之

---

① 谭宗泽、杨靖文:《行政法结构失衡与行政诉讼功能变迁——一个结构功能主义的维度》,载《西南政法大学学报》2011年第5期。
② 郑春燕:《基本权利的功能体系与行政法治的进路》,载《法学研究》2015年第5期。
③ 张坤世、欧爱民:《现代行政诉讼制度发展的特点——兼与我国相关制度比较》,载《国家行政学院学报》2002年第5期。
④ 解志勇:《预防性行政诉讼》,载《法学研究》2010年第4期。
⑤ 参见刘飞:《行政诉讼类型制度探析——德国法的视角》,载《法学》2004年第3期。
⑥ 参见王名扬:《英国行政法》,中国政法大学出版社1987年版,第184页以下。

妙。"反向"行政诉讼要求行政机关去"告"相对人,其实是希望行政机关在动用行政权力之前先经过法院的审查和裁判,而不是如传统行政模式一样,先进行行政行为,待公民合法权益受损后,再寻求"民告官"的司法救济。所以,"反向"行政诉讼相较于"民告官"诉讼,可以"预防"行政行为的违法和行政争议的产生,防止事后救济的"无力感"。在某种意义上,"反向"行政诉讼相当于让行政机关获得一个"行动许可"(这一点在行政非诉执行中尤为明显,在另外两个场域也可以窥见端倪),使司法对行政权的监督,在时间上可以提前到行政权运用结果产生之前,彰显了司法"化被动为主动"的态度,是司法监督的提前化。这也更加明显地体现出"反向"行政诉讼的内在逻辑和"控权"本质。

那么,为什么单单是适用"反向"行政诉讼的那些场域,行政机关需要取得"提前许可"?这一点前文已多次提及:在"反向"行政诉讼适用的场域,或者由于双方法律地位几乎平等,行政行为公定力无从发挥;或者由于行政机关成为利益相关人,容许其单方动用行政权力有失公正;或者是相对人的行为——不执行行政决定,已经明显透露出行政争议的存在和相对人权益受损的可能性,此时采取"先行为—后救济"的模式,不仅与行政机关所处的地位不吻合,也会造成程序的循环和资源的浪费。

最后,以上的解释必须面对的一个诘问是,既然"反向"行政诉讼是"监督控制行政权"的,行政机关又何来"动力"去提起"反向"行政诉讼?其背后的真正问题是,一个行政机关主动提起的诉讼,又怎么可能是一个监督控制其权力的诉讼?"反向"行政诉讼的种种理念,是不是过于理论化,甚至理想化了?

行政机关提起"反向"行政诉讼的动力源于以下几点。首先,在大部分情况下,"反向"行政诉讼都是由《行政诉讼法》严格规定的,并不会给行政机关以选择权。行政机关此时若不经过司法审查就直接动用行政权力,属于行政行为违法。这一点类似于行政程序,并不考虑行政机关愿意遵守与否,而是要求其必须遵守。其次,在某些事项上,行政机关是利益受损者,它也希望提起"反向"行政诉讼来确认自身行为的合法性,并寻求法院对自身利益或自身所代表的公共利益的保护。最后,行政机关做被告的压力,包括行政行为违法给行政机关工作人员在考核奖惩上带来的压力,甚至包括维护社会稳定的压力等,都使行政机关更希望法院先行审查,从而用司法裁判给自己一道"金牌令箭"。哪怕在司法审查中败诉,至少提前知道了司法机关的态度,防止自己作出违法的行政行为,对行政机关并没有坏处。所以,纵然提起"反向"行政诉讼不可避免地要让法院审查自己，不如直接动用行政权来的"自由"，但行政机关仍然有动力提起"反向"行政诉讼。这一点，在前述"反向"行政诉讼的司法判例中同样有所体现。

所以，"反向"行政诉讼的"官告民"，意味着官不能"直接管民"。它要求行政机关在某些场域、某些时刻先取得法院的"许可"，然后方能行使行政权。这一制度践行了司法最终解决原则，防止了不受控制的行政权力的存在，为公民的权益保障提供了保底的司法救济途径。同时，它巧妙地将司法的触手伸到行政行为做出之前，起到了"预防"的作用，满足了现代社会对司法能动性的要求。因此，"反向"行政诉讼不会维护行政权，它与传统的"民告官"诉讼一样，都是司法权对行政权的监督与控制。

三、"反向"行政诉讼比民事诉讼更适合解决争议

对"反向"行政诉讼的第三个疑问，在于其是否可以以民事诉讼方式来替代。鉴于"反向"行政诉讼的设计对行政诉讼的传统观念和框架体系变动过大，人们不禁会有这样的疑问：即使行政机关需要提起诉讼来解决争议或救济自身，将这些案件纳入民事诉讼中，似乎更能保持诉讼框架的稳定。况且，笔者自己也多次提到，许多适用"反向"行政诉讼的案件都或多或少地带有"平权"色彩，这种平权色彩岂非恰恰为民事诉讼的适用提供了可能性？

这种观点值得考虑，也有一定的道理。毕竟，在当前没有"反向"行政诉讼的情况下，许多现实的争议仍然需要，也正在被解决，而解决的方式之一就是民事诉讼。只是在笔者看来，民事诉讼只是囿于没有"反向"行政诉讼而进行的"无奈"之选。以民事诉讼解决本应由"反向"行政诉讼解决的争议，存在诸多不合理和不尽如人意之处。对此，本书的第二章、第三章已经有所涉及。本节试图从抽象的视角出发，在学理上论证"反向"行政诉讼为何不能由民事诉讼所替代。

（一）相关争议的"行政"属性要求"反向"行政诉讼

出于谨慎和逻辑的周延，本小节的标题使用了"相关争议"一词。这是不希望将拟由"反向"行政诉讼解决的争议提前认定为"行政争议"，进而出现"行政"诉讼更适合处理"行政"争议的循环论证思路。但笔者的确认为，行政协议中的相对人违约、行政非诉执行、行政之债中的债权保障等争议属于"行政争议"。正是因为这些事项中蕴含的"行政权运用"要素，才使得适用"反向"行政诉讼相较于适用民事诉讼，在这些争议的解决上更具备合理性。

在1989年《行政诉讼法》出台之前,老一辈的行政法学家们就意识到,将行政诉讼从民事诉讼中分离出来的前提,是为行政诉讼找寻足以与民事诉讼相区分的"审理对象"。他们将这些对象称为"行政案件"。在那个时候,行政法学者找寻所谓的"行政案件",也是要论证为什么民事诉讼不适宜处理这些情况,这与我们正在进行的工作异曲同工。费宗祎教授指出:"所谓行政案件,是指因行政机关行使其处分职权所引起的争议案件。"① 朱维究教授认为,除了对外行使处分权的案件外,部分人事纠纷案件以及因赋予权利而产生的纠纷也应该纳入行政诉讼范围,为的是"给公民和法人通过诉讼形式,最终保留一条司法途径"。②

随着1989年《行政诉讼法》的出台及学界对行政法理论体系的构建逐渐成型,"行政争议"一词逐步流行开来。马怀德教授认为,行政争议是指自然人、法人或者其他组织与行政机关之间发生的因行政机关实施行政行为而产生的法律上的争执。③ 薛刚凌教授则将行政争议范围扩大,使其包括行政机关和公务员之间以及行政机关之间发生的各种争执。④ 关于"行政争议"概念,有一个必须澄清的逻辑顺序问题:讨论何谓"行政争议",是为了让行政诉讼筛选出哪些案件应当置于行政诉讼而非民事、刑事诉讼程序中审理,即确定行政诉讼的审理对象。因此,必然是对"行政争议"的界定在前,确定行政诉讼受理哪些案件在后,不能反其道而行之,否则就会陷入循环论证的陷阱。当然,这里还要进行实然和应然的区分:如果在立法中,尤其是行政诉讼受案范围中包含某类行政案件,确实可以作为其属于"行政争议"的一个证据(当然,也可以作为一个靶子进行反驳)。但是,不能仅仅因认为行政诉讼"应当"包含某类案件,就反过来将其纳入"行政争议"概念之中。比如,早年间有学者认为,若要成立"行政案件"必须具备两个特点,其一,行政机关在管理国家事务时同相对人发生的纠纷才是可能引起行政诉讼的纠纷,排除行政系统内部的纠纷;其二,必须把行政诉讼限制在行政机关作为被告,即"民告官"的范畴内。⑤ 对于第二个特点,明显出现了循环论证的情况:以"预想"中的行政诉讼结构反推"行政案件"的概念,然后又以这一概念来吻合行政诉讼的单向构造。

---

① 费宗祎:《什么是"法律规定由人民法院审理的行政案件"?》,载《人民司法》1983年第3期。
② 朱维究:《我国应当建立独立的行政诉讼制度——兼论民事诉讼与行政诉讼的关系》,载《政法论坛》1987年第3期。
③ 参见马怀德主编:《司法改革与行政诉讼制度的完善》,中国政法大学出版社2004年版,第106页。
④ 参见薛刚凌主编:《行政诉讼法学》,华文出版社1998年版,第2页。
⑤ 参见应松年:《论行政诉讼的几个理论问题》,载《政治与法律》1987年第3期。

所以,何谓"行政争议"或"行政案件",不能以现行行政诉讼制度来反推。对"反向"行政诉讼这样一个试图突破行政诉讼教义的制度建构而言,尤其如此。一个争议之所以成为"行政"而不是"民事""刑事"争议,就如同某一法律关系属于"行政法律关系"而非民事、刑事法律关系一样,关键在于"行政权"在其中的存在。有学者指出,行政争议的判断,要综合考虑各方面要素,包括主体要素、公权力要素、法律适用要素、权利义务要素和公共利益要素。[①] 这一观点不可谓不全面,却埋没了行政争议的最本质属性。笔者认为,行政争议的核心要素就在于行政权的运用:只要是因行政权运用而产生的争议,都属于"行政争议",反之则不属于行政争议。其余要素如主体、法律适用、公共利益等差别,只要有行政权运用这一要素就势必会产生,因而不必一一列举。行政权运用,又包括是否运用(不作为问题)、谁运用(权限违法或机关诉讼问题)、如何运用(程序问题)、运用结果如何(裁量、适用法律等问题)等一系列问题,这些问题引发的争议都属于"行政争议"。当然,并不是所有的行政争议都有资格进入行政诉讼中。行政诉讼与行政争议之间是充分不必要关系,那些没有进入行政诉讼中的争议,如果其中有行政权运用,也属于行政争议,只是由于某些原因暂时未列入行政诉讼的"受案范围",因而无法进入行政诉讼罢了。

正是行政争议的本质要素——行政权运用,决定了行政争议无法,也不应当在民事诉讼的框架下审理。我国《民事诉讼法》属于纯粹的诉讼程序规定,不具备判断行政合法性的能力。即使行政单行立法如《行政处罚法》《行政强制法》等对某一类行政行为的实体合法标准有所规定,民事诉讼也难以适用这些单行立法。另外,民事诉讼建立在诉讼双方完全平等的基础上,其中的许多原则、理念根本无法适用于行政合法性的审查。在这个问题上,行政协议争议就表现得非常明显。2014年《行政诉讼法》修改时将行政协议纳入行政诉讼受案范围,就是因为实务界的经验已经充分证明"对于存在行政权因素的案件,民庭没有办法审理"。[②] 最后也是最为关键的,"行政诉讼与民事诉讼的区别在于所解决争议的性质不同"。[③] 我国实质上的"二元制"行政纠纷解决体制,造成了(行政与民事)实体法律关

---

① 参见杨书翔:《论行政争议——兼论行政争议与民事争议之区分》,载《西南政法大学学报》2004年第1期。
② 全国人大常委会法制工作委员会行政法室编:《行政诉讼法立法背景与观点全集》,法律出版社2015年版,第91页。
③ 马怀德、张红:《行政争议与民事争议的交织与处理》,载《法商研究》2003年第4期。

系不得不分的局面。① 在很久之前,学界就意识到:"在民事诉讼中否定行政主体特权行使的具体行政行为的法律效力,在《行政诉讼法》公布实施后与我国的诉讼体制是不相符合的。"②所以,只要是行政争议,在我国的司法框架下就应当纳入行政诉讼而非民事诉讼中。

"反向"行政诉讼所适用的领域,无论是行政协议中相对人违约、行政非诉执行还是行政之债中的债权保障,都有明显的行政权运用因素在其中,因而属于行政争议。在行政协议中,看似是相对人违约,但其中有很大可能涉及行政机关行为的合法性判断问题。在行政强制执行中,执行的就是行政决定,当然事关行政权的运用。在行政之债的债权保障中,也会涉及前端某个行政决定的效力判断或行政机关规范性文件的理解等,这些都只有放在行政诉讼框架下,以"反向"行政诉讼的方式才能妥善解决。不能为了照顾行政诉讼的"民告官"的传统,就选择性忽略这些争议中的行政权运用要素,无视这些争议的行政属性而强行通过民事诉讼程序来处理。这既是对司法机关的为难,也是对诉讼双方主体的不负责任,更是以错误认识否定客观事实的本末倒置。

(二)相关争议的"公益"要素要求"反向"行政诉讼

"反向"行政诉讼所适用的案件,除了有"行政权运用"的要素在其中外,还体现出明显的"公共利益"要素。解决这些争议,不能将目光仅仅限缩于诉讼当事人之间,还要在相当程度上考虑维护公共利益的目的,这也成为这些争议不适宜纳入民事诉讼的理由。

"反向"行政诉讼同样是行政诉讼,行政机关必然是诉讼的其中一方当事人,这一点不因"民告官"还是"官告民"而有区别。无论从现实情况还是"公共利益"中"公共"一词的词源分析,现代社会,政府作为民意支撑的组织,都是公共利益最主要的提供者、代表者和维护者。③ 公共利益是公共权力行使的道德基础和伦理基础,④公共权力的合法性就源于其"以普遍利益的形式而出现"。⑤ 所以,当行政机关出现在某一法律关系之中,并且还运用了公权力的时候,该法律关系就不可避免地与"公共利益"产生了牵连。

---

① 参见马怀德:《公务法人问题研究》,载《中国法学》2000年第4期。
② 郑京水、余辛文:《行政合同纠纷纳入行政诉讼问题探讨》,载《行政法学研究》1996年第4期。
③ 参见胡鸿高:《论公共利益的法律界定——从要素解释的路径》,载《中国法学》2008年第4期。
④ 参见王景斌:《论公共利益之界定——一个公法学基石性范畴的法理学分析》,载《法制与社会发展》2005年第1期。
⑤ 范进学:《定义"公共利益"的方法论及概念诠释》,载《法学论坛》2005年第1期。

但公共利益在许多时候会与私人利益产生冲突。在某种意义上,"公共利益"一词的价值本身就在于其与个人利益的冲突性。公共管理学"需求溢出理论"指出:"公共利益只有在利益冲突的情况下才存在并有其现实意义。"① 公共利益本质上是"一种否定性的主张",它在很多时候是作为抑制个人权利的正当性理由而存在的。② 众所周知,公共利益很难被正向地界定为"是什么",这恰恰是因为,它只是政府调和竞争的(个人)利益之后所获得的佣金。③ 最早出现的乌尔比安对公法与私法的划分,也是以保护公共利益还是保护私人利益来作为标准。④ 我国2004年《宪法修正案》,首先在征收领域明确提出"公共利益"概念,其宪法上的意义同样是作为基本权利的"界限"而存在的。⑤

公共利益与私人利益的内生性矛盾,决定了对公共利益的维护只能通过特殊的机制来实现。在以维护私人利益为主要目的的机制里,虽然有"兼顾公共利益"的某些可能,但两者之间的冲突会更为常见。人类社会最早产生的争议是私人之间的财产、行为争议,即后来法律上所谓的"债"。彼时尚无国家出现,自然没有"诉讼"。后来,随着国家的建立和法的出现,诉讼制度逐步产生。但由于早期人类社会的社会形态以"统治权"为核心,不存在国家与私人之间以法律解决争议的可能性,诉讼制度仍然将目光停留在私人之间,明显地指向私人主体间争议。"民事诉讼"和"刑事诉讼"在本质上都是为了解决私人纠纷而存在的,其建立和发展的整个过程,很少考虑国家或政府与私人的关系问题。现代民事、刑事法律制度虽然已将公共利益纳入考量,民事诉讼中也已经开始存在"公益诉讼",但显然不是作为制度的重点和核心,其对公共利益的界定,包括维护公共利益的内在逻辑与公法也不尽相同。

与之相比,行政诉讼的产生本身就与民主政治的发展息息相关,以人民主权、有限政府等思想观念为基础。⑥ 换言之,行政诉讼自产生之初就将"政府"作为诉讼的角色考虑在内,因而本身就有维护公共利益的目的在其中。高家伟教授指出:"行政诉权具有公益性,是一种公益诉权。"⑦ 叶

---

① 刘太刚:《公共利益法治论——基于需求溢出理论的分析》,载《法学家》2011年第6期。
② 参见刘连泰:《"公共利益"的解释困境及其突围》,载《文史哲》2006年第2期。
③ See JohnBell, *Public Interest: Policy or Principle*, Roger Browns worded. Law and The Public Interest, Franz Steiner Verlag, Stuttgart, 1993, p. 27.
④ [意]桑德罗·斯奇巴尼:《正义和法》,黄风译,中国政法大学出版社1992年版,第35页。
⑤ 参见胡锦光、王锴:《论我国宪法中"公共利益"的界定》,载《中国法学》2005年第1期。
⑥ 参见胡玉鸿:《行政诉讼制度产生条件的分析》,载《甘肃社会科学》1998年第3期。
⑦ 高家伟:《论行政诉权》,载《政法论坛》1998年第1期。

必丰教授也将行政诉讼界定为"审查行政行为是否真正体现公共利益的法律机制"。① 在德国,行政诉讼程序中还专门设置了公益代表人制度。② 公益代表人最重要的职能,就在于代表沉默之多数,从法律秩序之维护方面来保护大众之法律利益。为了防止在行政诉讼中,法官仅仅解决双方当事人之间的争议而忽略了公共利益的考量,公益代表人在行政诉讼判决之后,对于其认为行政法院违背公益的判决,无论原告、被告是否同意都可以径自提起上诉,要求变更。③ 我国《行政诉讼法》也规定,法院对行政行为的合法性进行审查,而不必局限于相对人的诉讼请求。这背后的考量,除监督控制行政权外,也在于保护行政权背后所承载的公共利益。考虑到代表民意的法律在很大程度上是公共利益的集合和体现,"合法性"在这个层面上与"合公共利益"实现了高度一致。

在"反向"行政诉讼所适用的场域中,行政协议是行政机关达成行政目标的方式,明显与公共利益相关联;行政强制执行,执行的是行政决定,其中当然也存在公共利益因素;行政之债则与国家财产息息相关,更是公共利益的最直接表现。所以,这些争议的解决不能仅仅在双方当事人之间徘徊,而需要由"法官的智慧来配合经过公开讨论程序而制定公益条款"。④ 这也决定了,它们更应当在行政诉讼而非民事诉讼的框架下解决。

(三)行政法主体的"不对等"特点要求"反向"行政诉讼

虽然在行政协议、行政之债两个场域中,行政机关与行政相对人之间较传统高权行政显现出更加"平等且对等"的特点,但这是对双方法律地位或者说角色的表述。在客观层面,行政机关毕竟拥有行政权力,也掌握大量的人力、物力、财力等资源,这决定了其仍然是诉讼过程中更有优势的一方。为了更均衡地保护双方当事人的合法权益,防止诉讼制度在客观上造成弱势一方的救济不能,在行政协议、行政之债(更不必说强制执行)等问题上,仍然要偏重保护相对人,这也导致民事诉讼不适宜处理相关争议。

为了使相对人在行政诉讼中受到更多的保护,现行的"民告官"诉讼从两个层面进行了制度设计。其一,在行政诉讼中,单方赋予行政相对人某些权利,但行政机关并不享有。比如,诉讼法上的"自认"权利,行政机关便并不享有。自认,"指一方当事人就对方当事人主张对其不利事实予

---

① 叶必丰:《公共利益本位论与行政诉讼》,载《中央政法管理干部学院学报》1995 年第 6 期。
② 参见田凯:《论国外行政公诉的产生与发展》,载《西南政法大学学报》2008 年第 3 期。
③ 参见胡建淼:《十国行政法比较研究》,中国政法大学出版社 1993 年版,第 223 页。
④ 陈新民:《德国公法学基础理论(上册)》,山东人民出版社 2001 年版,第 197 页。

以承认的声明或者表示"。① 在诉讼法上,自认,尤其是诉讼程序内的自认具有很强的证明力。其二,在民事诉讼中,如果一方当事人进行了自认,在不涉及特殊案件和第三人利益的情况下,对该事实无须再行举证,法院应直接确认该事实。② 但在公法领域,"自认"规则向来是受到限制的。比如,按照《刑事诉讼法》的相关规定,仅有被告人的供述而没有其他证据的,不能认定被告人有罪。这就是考虑到国家权力的强势而对自认规则在刑事诉讼中进行的调整。

在行政法学界,学者们也普遍认为,赋予行政机关"自认"的权利需要谨慎。理由如下:其一,"自认"规则的理论基础在于辩论主义原则、处分原则和诉讼经济原则,③在行政机关身上,"处分原则"的适用受到极大限制。其二,"自认"规则的本质作用是免除对方当事人的举证责任,但行政诉讼以行政机关负举证责任为原则,行政机关的自认如果被承认,实际上是免除了自己的举证责任。虽然这种"免除"会使行政机关败诉,但其仍然是"随意放弃职权"。④ 其三,行政机关的自认有可能构成与相对人的串通行为,进而损害国家利益、公共利益或第三人利益。质言之,行政机关是由民意代表机关产生的国家机关,其拥有的是"国家权力"或"公共权力"。这种"权力"同时是一种"责任"或"义务",由于与公共利益息息相关,因而在一般情况下不可轻易转让、放弃。这间接导致了行政机关在诉讼中不享有某些"诉讼权利"。

当然,"没有自认权利"不代表行政机关在行政诉讼中不会做出"自认"行为,而是指行政机关的"自认"行为对法院并没有必然的拘束力。最高人民法院《关于行政诉讼证据若干问题的规定》第65条规定:"在庭审中一方当事人或者其代理人在代理权限范围内对另一方当事人陈述的案件事实明确表示认可的,人民法院可以对该事实予以认定。但有相反的证据足以推翻的除外。"这一规定的最大特点在于:人民法院只是"可以"对自认的事实进行认定,并不必然受其拘束。法院审查行政行为合法与否,这一判断不能完全由原被告双方自行决定。行政机关的"自认"行为只是法院进行合法性判断的一个证据或理由。

与"自认"规则类似,在行政诉讼中,行政机关同样没有变更、放弃实

---

① 蔡小雪:《行政诉讼自认规则的理论与适用》,载《法律适用》2002年第12期。
② 参见宋朝武:《论民事诉讼中的自认》,载《中国法学》2003年第2期。
③ 参见胡煜:《我国行政诉讼自认之反思与完善》,载《重庆社会科学》2017年第6期。
④ 张向阳:《行政诉讼中被告的自认不能免除其举证责任》,载《法律科学(西北政法学院学报)》1992年第6期。

体权利或行政职权的权利。前者如，行政机关面对由于行政协议或行政法上的不当得利而产生的债权债务纠纷时，就不能如同民事主体一样"放弃债权"。因为这些"债权"本质上是国家所有，不能因为行政机关的意愿而导致国家财产的损失。后者如，行政机关不能通过与原告协商而将自己所拥有的法定行政职权的行使主体、行使程序、行使标准等进行变更或放弃。有学者称两者为行政职权的"不可通融性"和"不可推卸性"。① 行政诉讼"不允许调解"的规定，立法者的原意也是从行政权的不可处分性，以及调解可能诱发公共利益损害的层面考虑的。②

平衡行政机关优势的另一个方式，在于让行政机关承担更重的义务，或虽然行政机关享有某些诉讼权利，但享有的诉讼权利受到很大限制。比如，在行政诉讼中，行政机关就行政行为的合法性承担举证责任，这里的举证责任是"说服责任"，而相对人仅仅在部分案件中承担"推进责任"。这种安排除了考虑行政决定过程理应依法进行，因而本身就应当具备充足的证据外，也是考虑到了相对人举证能力不足的现实情况。另外，《行政诉讼法》第35条规定："在诉讼过程中，被告及其诉讼代理人不得自行向原告、第三人和证人收集证据。"行政机关向原告、第三人和证人收集证据并非完全不可以，但是要经过法院的同意，其收集证据的权利受到一定的限制，以防止行政机关借助自己更强的人力、物力、财力而向其他当事人施加压力。

可见，行政机关所拥有的行政权的不可通融性、不可推卸性，行政机关本身的公共利益代表性，行政机关在地位和人财物方面的优势等，共同决定了行政机关在诉讼中不能是"自由"的。它不能仅仅凭借自己的意志参与诉讼活动，而是要受到法律的严格控制的。

以上种种特殊限制，明显只能通过行政诉讼而非民事诉讼来完成。在民事诉讼这样一个以双方当事人"完全平等"为基本逻辑构建的机制中，无法实现对行政机关诉讼权利的约束，相应地也无法抵消行政机关在客观上的优势。如果由于行政机关不能做被告，便把部分行政争议纳入民事诉讼中，则有可能使行政权面临失控的风险，使公共利益处于几乎无法被保护的状态下，使相对人处于更加弱势而危险的地位。

总之，"反向"行政诉讼所适用的场域，无论是行政协议、行政非诉执行还是行政之债，在主体上都有行政机关参与，在内容上都有行政权运用

---

① 参见高家伟：《论行政职权》，载《行政法学研究》1996年第3期。
② 参见朱新力、高春燕：《行政诉讼应该确立调解原则吗？》，载《行政法学研究》2004年第4期。

的因素,在目标上都有公共利益保护的追求,因而显然属于"行政争议"。面对这些争议,司法机关不能仅仅将目光徘徊于双方主体之间,司法程序也不能无视行政机关的特殊性及其与相对人在能力上的巨大差距。为了防止行政权的失控,为了保护公共利益,为了平衡诉讼主体的地位,也防止公权力被任意放弃或用来交易,这些行政争议不能也不应当在民事诉讼框架下解决。其理应归入行政诉讼制度中,以"反向"行政诉讼的方式加以处理。

实际上,如果仔细体会,本节对行政诉讼与民事诉讼差异的分析,并不仅仅限于"反向"行政诉讼,而是适用于所有的行政争议,或者说整个行政诉讼制度。马怀德教授指出:行政诉讼从民事诉讼中脱离的原因有三点:给人民权利以特殊的保护、保障公共利益或维护公共秩序、出于诉讼经济的考虑。① 可见,行政协议、行政非诉执行、行政之债等争议适用"反向"行政诉讼而不适用民事诉讼的理由,其实就是行政诉讼从民事诉讼中独立出来的理由。这从另外一个层面印证了,"反向"行政诉讼本身就是行政诉讼。任何以"为何不适用民事诉讼"为理由对"反向"行政诉讼进行质疑的观点,都将使传统的"民告官"的行政诉讼面临同样的攻讦。如果"反向"行政诉讼涉及的争议可以纳入民事诉讼中处理,那么全部的"民告官"诉讼也可以因为同样的理由而纳入民事诉讼处理——毕竟,"反向"行政诉讼适用的争议,与传统的"民告官"诉讼所处理的争议是一致的,都是"行政争议"。这可能是对这一问题最为根本的解答。

本章试图通过对"反向"行政诉讼可能出现的质疑进行提前回应,彰显"反向"行政诉讼的基本面相、内在逻辑和制度优势。"反向"行政诉讼虽然是"官告民",但它符合行政诉讼的本质、吻合行政诉讼的定位、契合行政诉讼的目标,也属于行政诉讼。它坚持行政诉讼监督控制行政权的理念,要求行政机关在动用行政权时受到必要的司法审查,是对司法最终解决原则的坚持,是司法监督的提前化。"反向"行政诉讼在行政诉讼框架内解决争议,可以通过制度安排应对行政权的不可通融性、不可推卸性,保护公共利益,防止民事诉讼在行政争议解决上的捉襟见肘与力所不及。所以,"反向"行政诉讼是合理的、可行的,是符合行政诉讼的基本逻辑和一般原理的。

---

① 参见马怀德主编:《行政诉讼原理》(第2版),法律出版社2009年版,第3页。

第六章 "反向"行政诉讼的具体制度设计

"反向"行政诉讼"官告民"的诉讼结构,使其不可避免与传统的"民告官"诉讼有一些不同的制度安排。当然,"反向"行政诉讼与传统的"民告官"诉讼在目标理念、基本逻辑、价值取向等方面一脉相承,决定了其不会大幅变动乃至颠覆目前已经基本趋于稳定的行政诉讼制度框架。但原告、被告的改变,毕竟会使"反向"行政诉讼的某些方面呈现出一种新样态。

本章所谓"'反向'行政诉讼的具体制度设计",主要把目光放置于"反向"行政诉讼与传统"民告官"诉讼有明显不同的地方,对两者基本相同或完全相同之处,则一笔带过或不予提及。本章将主要从受案范围、起诉资格、审查对象、举证责任、判决类型等方面对"反向"行政诉讼进行初步的制度建构。

一、"反向"行政诉讼的受案范围

行政诉讼"受案范围",在德国法上称为"审查密度",在英美法系称为"审查范围",在日本法上则被称为"审查界限",[①]是指立法所规定的,能够进入行政诉讼的行政争议的范围。"受案范围"是行政诉讼独有的概念,对行政诉讼的三方主体都有举足轻重的影响。对于行政机关而言,受案范围决定着行政权受司法审查监督的范围;对于行政相对人而言,受案范围决定了其诉权的大小;对于法院而言,受案范围是司法审查的边界。[②]另有学者指出,行政诉讼受案范围的确定还有助于其与其他救济制度之间合理分工,[③]亦有一定道理。

"受案范围"概念在初看之下比较明确,实际上,学界对"受案范围"的理解还是存在些许不同的。首先,行政诉讼受案范围涉及对"司法审查"

---

① 参见杨伟东:《行政行为司法审查强度研究——行政审判权纵向范围分析》,中国人民大学出版社2003年版,第6页。
② 参见张树义主编:《寻求行政诉讼制度发展的良性循环》,中国政法大学出版社2000年版,第1-2页。
③ 参见姜明安:《扩大受案范围是行政诉讼法修改的重头戏》,载《广东社会科学》2013年第1期。

一词的理解。"司法审查"一词,在出现之初是指宪法学层面司法机关对立法的审查,是一种对"民主"的监督。此后,随着行政权力的扩张和"行政国家"的到来,人们对行政权滥用的担忧渐渐产生。行政的司法审查——几乎等同于最初的行政法,逐步开始出现。通过司法审查行政行为的合法性与审查立法行为的合宪性一道,同时成为司法审查的内容要素。① 依此,行政诉讼的受案范围,是指行政权受到司法权审查的范围。所以,本节所说的"受案范围",不包括那些根本不涉及行政权运用的争议,而是以行政权的运用,或者说争议本身属于"行政争议"为基础。② 其次,要区分行政诉讼的"受案范围"与行政诉讼的"审查强度"。学理上的"审查强度"概念包含横向和纵向两个方面。其中,横向的审查强度是指哪些争议可以进入行政诉讼的问题,即行政诉讼的受案范围;纵向的审查强度则是指法院对进入行政诉讼的行政行为可以进行何种程度的审查,更类似于审查标准。③ 依这一观点,本节仅讨论"反向"行政诉讼横向的审查强度问题。

(一)影响行政诉讼受案范围的因素

在三大诉讼中,只有行政诉讼有"受案范围"问题。换言之,在某一事项本身属于民事争议或涉嫌刑事犯罪的前提下,民事诉讼和刑事诉讼不会"拒绝"案件进入。但行政诉讼有"受案范围"的存在,证明某些争议虽然涉及行政权的运用,属于"行政争议",法院却不对其进行司法审查,其中蕴含的机理不可不察。其意义在于,"反向"行政诉讼既然也是行政诉讼,其受案范围的确定,就必须尊重和顾及行政诉讼受案范围确定时所考虑的一般性原理和因素。

关于行政诉讼受案范围的确定,一个公认的观点是,行政诉讼既然是司法权对行政权的监督,势必涉及两种国家权力的关系问题,受案范围作为一个"关口",最直接和最本质的功能则在于划分司法权与行政权二者的界限。④ 权力分立是权力监督和制约的前提,权力之间存在边界,彼此相互分离,是谈论两者之间关系的基础。行政诉讼"受案范围"的存在,表明司法权对行政权进行监督的同时,还必须照顾到行政权与司法权的分

---

① 参见季金华:《历史与逻辑:司法审查的制度化机理》,载《法律科学(西北政法大学学报)》2010年第4期。
② 虽然学界通说将《行政诉讼法》第13条的规定认定为行政诉讼受案范围的"反向列举",但笔者认为,第13条第1项"国防、外交等国家行为"不涉及行政权运用,原本就不属于行政争议,所以无所谓排除在行政诉讼"受案范围"之外,将其与其他几类事项并列是不恰当的。
③ 参见江必新:《司法审查强度问题研究》,载《法治研究》2012年第10期。
④ 参见谭炜杰:《行政诉讼受案范围否定性列举之反思》,载《行政法学研究》2015年第1期。

离。学者指出:"权力的相对封闭性和自治性是行政诉讼受案范围有限性的重要原因。"①所以,"司法权对行政权监督不管有多么充分的理由,必须为行政主体保留出一部分司法审查豁免的领地"。②

行政权与司法权的分离,产生了"司法审查有限原则",即司法权在监督行政权时,其对行政权的介入在深度和广度上必须保持一定限度。"司法审查有限原则"被许多学者认为是行政诉讼的基本原则,贯穿于整个《行政诉讼法》,影响了行政诉讼的诸多制度。③《行政诉讼法》规定了有限的原告资格——反射利益不得提起行政诉讼、公民个人不得提起行政公益诉讼,有限的审查范围——以行政合法性审查为原则,有限的判决内容——变更判决适用范围狭窄,大部分判决仍有待于行政机关再次作出行政行为,都是受司法审查有限性原则影响的结果。受案范围的存在,也是这一原则的体现之一。④ 但以上最多只能说明行政诉讼需要有一定的受案范围,对行政诉讼的受案范围应当是什么,应当以何种标准确定行政诉讼的受案范围却无法回答。实际上,行政诉讼受案范围的确定需要考量多种因素,也正是这些因素的发展,使行政诉讼的受案范围不断变化。

对于行政诉讼受案范围确定时应考虑哪些因素,学界也有所讨论。邓刚宏教授认为,在客观诉讼模式下,应假定一切行政争议皆可审查,而在主观诉讼模式下,行政诉讼受案范围的确定则要取决于问题本身的性质、行政事项的复杂程度、行政诉讼审查强度、相对人权利性质、行政行为的性质。⑤ 章剑生教授认为,行政行为是否能否进入司法审查之中,主要取决于司法审查的可行性和行政权行使的有效性,⑥具体又可细分为行政行为纳入司法审查的合理性,行政行为的政策性、特殊性、不宜性等。⑦ 陈宏光等则研究得更加现实,认为影响行政诉讼受案范围变动的因素主要包括公民权利意识的强弱、行政权的运行范围、行政权力的运作方式、司法权与行政权的力量对比以及司法权的作用能力。⑧

以上观点都有一定道理,也可以给予我们许多启发。但其并不成体

---

① 李涛:《行政诉讼受案范围与国家权力结构》,载《武汉公安干部学院学报》2005 年第 4 期。
② 黄维:《公民权、行政权和司法权的三权博弈——从行政诉讼受案范围演变的视角解读与展望》,载《行政与法》2010 年第 4 期。
③ 参见孔繁华:《行政诉讼基本原则新辨》,载《政治与法律》2011 年第 4 期。
④ 参见章剑生:《现代行政法基本原则之重构》,载《中国法学》2003 年第 3 期。
⑤ 参见邓刚宏:《行政诉讼受案范围的基本逻辑与制度构想——以行政诉讼功能模式为分析框架》,载《东方法学》2017 年第 5 期。
⑥ 参见章剑生:《有关行政诉讼受案范围的几个理论问题探析》,载《中国法学》1998 年第 2 期。
⑦ 参见章剑生:《论司法审查有限原则》,载《行政法学研究》1998 年第 2 期。
⑧ 参见陈宏光、尚华:《行政诉讼受案范围动态分析与现实思考》,载《政法论坛》2002 年第 1 期。

系,诸多因素之间的内部逻辑并不清晰。行政诉讼受案范围既然是行政权与司法权分立制约的结果,那么行政诉讼受案范围的确定势必要从行政权、司法权的特点出发去探求。依此,笔者认为,行政诉讼受案范围的确定要综合考虑以下因素。

在行政权的层面,有以下三点。第一,行政的高效性。现代社会,行政任务日益加重,各类新兴的行政理念都对行政机关的效率提出了极高的要求。行政机关必须不断提高自己的行政能力,在依法行政的同时快速处理不断变化的情况,确保行政任务高效完成。司法在应对行政权扩张而对其进行监督控制,防止其被滥用的同时,对行政权还要进行一定的引导,使其更加有效。[1] 因此,司法审查不能过于严重地损害行政效率,否则反而会扰乱社会秩序,窒息社会变革的力量。"当法院侵略性地使用它们的审查权力时,它们有可能破坏行政机关针对公众的愿望作出合法反应的能力。"[2]行政的高效性对整个行政诉讼制度都有巨大的影响。确定行政诉讼的受案范围,既要给予相对人充足的保护,又要防止可能出现严重阻碍行政机关行动,对其管理服务能力带来损害的情况。

第二,行政的专业性。随着社会分工的发展,行政事务变得越发专业,这也是立法机关难以继续依靠传统国会立法方式控制行政权的原因之一。连立法机关都无力覆盖全部的行政事务,遑论司法机关。所以,"受案范围"的存在,就是要让司法机关去判断那些自己可以评判,或者至少不会因专业限制而一筹莫展的问题。毕竟,司法不能拒绝裁判,将过于专业的内容交给司法机关判断,对司法机关而言也是强人所难。在美国,司法机关对行政机关予以尊让的传统在法院的司法审查权确立第一案——"马伯里诉麦迪逊案"中就已经确立下来。[3] 在大陆法系,"特别权利关系"理论同样有行政专业性的考虑在内。我国《行政诉讼法》将内部行政行为排除在行政诉讼受案范围之外,同样有尊重行政专业性的考虑。

第三,行政的裁量性。由于行政机关要进行"法律的第一次适用",立法即使再严密精细,裁量空间也自始至终存在。现代行政法治要求裁量也要受到法律的严格控制,而裁量的广泛性又使其日益成为行政法的核心问题。王天华教授指出,行政裁量理论最主要的功能场域就在于行政诉讼,

---

[1] 参见苏力:《阅读秩序》,山东教育出版社 1999 年版,第 165 页。
[2] [美]欧内斯特·盖尔霍恩、罗纳德·M. 利文:《行政法和行政程序概要》,黄列译,中国社会科学出版社 1996 年版,第 74 页。
[3] 参见刘晗:《宪制整体结构与行政权的司法审查——"马伯里诉麦迪逊案"再解读》,载《中外法学》2014 年第 3 期。

对这一理论的探讨,就是为了在法院的审查和行政创意之间有一个"滑动的准据"。① 行政的裁量性要求司法审查有一定的范围和边界,从而既对行政权予以一定尊重,又对其有一定的约束。② 目前,学界逐渐认同并倡导对行政裁量权进行分类的控制,以不同的司法审查强度审查不同的裁量问题。③ 这显然会影响行政诉讼的受案范围。裁量空间的存在,决定了司法不能也无法进入某些行政权运用的领域,行政诉讼的受案范围的确定,必须将其考虑在内。

在司法的视角,同样存在诸多因素影响行政诉讼的受案范围。第一,司法的承受力。虽然我国行政诉讼的案件数量较民事诉讼、刑事诉讼少得多,但这并不代表行政诉讼受案范围的确定,尤其是受案范围的扩大不需要考虑司法机关的承受力。在1989年《行政诉讼法》制定之初,立法者就对行政诉讼的受案范围进行过说明,其中除考虑行政权行使的有效性外,还专门提到了司法的"承受力"问题。④ 这里的承受力包括两个方面。其一是人员、场地、财力方面的承受力,盲目扩大行政诉讼受案范围会使司法机关不堪重负。例如,立法规定个人不得提起行政公益诉讼,就是考虑到一旦放开这个限制,大量案件会在短时间内涌入法院,行政审判机构将难以应对。其二是国家权威方面的承受力,如根据我国《行政复议法》的相关规定,对国务院各部门和省一级人民政府作出的行政行为不服的,应向该部门或省级人民政府申请复议,对复议决定不服的,可以选择向国务院申请裁决,但该裁决为终局裁决,不能受到司法审查。这就避免了国务院成为被告,主要考虑的就是国务院成为被告对其权威有损害。

第二,司法的适宜性。法院是明辨是非、解决纠纷的地方,但不代表每一个问题的是非曲直都适合由法院判断,每一个纠纷都适合由法院解决。法院也有不适宜审查和处理的问题。例如,行政机关内部的奖惩任免决定向来被排除在行政诉讼受案范围之外。因为行政机关人员的奖惩任免需要综合考虑任职条件、个人能力、平日表现、道德素养等多种因素,由法院来判断并不合适。再如,我国《集会游行示威法》规定,集会、游行、示威的负责人对主管机关不许可其申请的决定不服的,只能提起行政复议,不能

---

① 参见王天华:《作为教义学概念的行政裁量——兼论行政裁量论的范式》,载《政治与法律》2011年第10期。
② 参见周佑勇:《行政裁量的治理》,载《法学研究》2007年第2期。
③ 参见王贵松:《论行政裁量的司法审查强度》,载《法商研究》2012年第4期;刘艺:《论我国行政裁量司法控制模式的建构》,载《法学家》2013年第4期。
④ 参见时任全国人大常委会副委员长、法制工作委员会主任王汉斌关于《中华人民共和国行政诉讼法(草案)》的说明。

提起行政诉讼。行政诉讼目前不能审理涉及公民"政治权利"的事项,因为这些问题太过敏感,往往有国家利益、政治因素、社会矛盾乃至宗教、民族等问题掺杂其中,不宜由法院做出判断。反之,公民"受教育权"受到侵害的案件可以逐步进入行政诉讼的视野,也是一步一步突破了"法院不适合评判相关案件"的观念的结果。[①] 所以,司法审查的适宜性同样是影响行政诉讼受案范围的重要因素。

综上,行政诉讼受案范围的存在,是由行政诉讼的本质,即司法对行政的监督决定的。它以"司法审查有限原则"为理论基础,受到行政权和司法权各自特点的影响。行政的高效性、专业性、裁量性,司法的承受力、适宜性,都对行政诉讼受案范围有重要影响。"反向"行政诉讼受案范围的确定,势必综合考虑以上因素。

(二)"反向"行政诉讼的例外适用原则

行政诉讼受案范围的大小与其"规定模式"息息相关。所谓行政诉讼受案范围的"规定模式",是指一国行政诉讼法确定受案范围的法律条文间的相互关系及其背后所体现的逻辑联系。世界各国行政诉讼受案范围的规定模式不外乎列举式、概括式和混合式(结合式)三种。[②] 正常来讲,一国行政诉讼受案范围的规定模式是比较清晰的,但我国行政诉讼法学界对这一问题却争议颇多。这一争议延伸到实践中,又加剧了实务界对行政诉讼受案范围的理解差异。据统计,自1989年《行政诉讼法》实施至2005年,在高级人民法院向最高人民法院请示的问题中,有关行政诉讼受案范围的问题几乎占据30%以上。[③]

1989年《行政诉讼法》出台之时,按照立法者的思路,我国行政诉讼受案范围的规定属于"列举式",包括第11条的肯定列举和第12条的否定列举,两者共同构成行政诉讼受案范围的边界。[④] 但随着社会的发展,理论界和实务界都发现,1989年《行政诉讼法》采用列举方式规定的受案范围太过狭窄,哪怕有第8项"认为行政机关侵犯其他人身权、财产权的"作为兜底条款,仍然难以满足现实需要。因此,以"田某诉北京科技大学案"为

[①] 何海波教授对"田某诉北京科技大学案"为何能够突破阻碍进入行政诉讼有过极为精彩的论述,参见何海波:《行政诉讼受案范围:一页司法权的实践史(1990—2000)》,载《北大法律评论》2001年第2期。

[②] 有学者将混合式(结合式)模式又进一步细致区分为概括列举结合式和列举概括结合式两种。参见胡建淼主编:《行政诉讼法教程》,杭州大学出版社1990年版,第73页。

[③] 参见江必新主编:《中国行政诉讼制度的完善》,法律出版社2005年版,第93页。

[④] 参见最高人民法院《行政诉讼法》培训班主编:《行政诉讼法专题讲座》,人民法院出版社1989年版,第106页。

代表,司法机关开始超出人身权、财产权的范畴,将其他一些明显侵害相对人合法权益的行政行为纳入行政诉讼受案范围。

2000年,最高人民法院出台了《关于执行〈中华人民共和国行政诉讼法〉若干问题的解释》。其中第1条第1款规定:"公民、法人或者其他组织对具有国家行政职权的机关和组织及其工作人员的行政行为不服,依法提起诉讼的,属于人民法院行政诉讼的受案范围。"条文的抽象表述配合以第2款的否定列举,彰显出一种"概括式"的篇章逻辑。虽然江必新法官专门撰文解释该规定只是将行政诉讼受案范围恢复到了1989年《行政诉讼法》的立法原意。① 但鉴于最高人民法院专门指出,该条文应理解为某一行政行为是否属于行政诉讼受案范围,主要看该行政行为对相对人权利义务是否产生实际影响。② 因而被许多学者认为是受案范围的"概括式"规定模式。

2014年《行政诉讼法》修改,相较于原规定只是将"具体行政行为"改为"行政行为",同时增加了正向列举项,并没有改变旧条文"列举式"的规定模式。2018年新通过的行政诉讼法司法解释,也只是在排除项上进行了更多列举。立法者并未采取各方在立法建议稿中大力倡导的"概括式"立法模式,③体现出在行政诉讼受案范围扩张问题上的谨慎。在这种情况下,学界还是敏锐地观察到了2014年《行政诉讼法》在受案范围正向列举最后一项,兜底条款上的表述变化。"认为行政机关侵犯其他人身权、财产权等合法权益"的表述,较1989年《行政诉讼法》的同一条款多了"等合法权益"几个字。有学者认为,这里的"等"是等外等之意,换言之,只要属于"合法权益"的,都属于行政诉讼受案范围。④ 此时,行政诉讼受案范围的规定模式被称为"全项列举",这种列举的效果等同于"概括式"。⑤

以上对行政诉讼受案范围规定模式的梳理,一方面说明立法者对行政

---

① 参见江必新:《是恢复,不是扩大——谈〈若干解释〉对行政诉讼受案范围的规定》,载《法律适用》2000年第7期。
② 参见最高人民法院行政审判庭编:《〈关于执行《中华人民共和国行政诉讼法》若干问题的解释〉释义》,中国城市出版社2000年版,第5-9页。
③ 中国政法大学、北京大学、中国人民大学提出的修改建议稿中,都采取了"概括式"规定模式来界定行政诉讼受案范围,参见江必新等编著:《行政诉讼法修改资料汇纂》,中国法制出版社2015年版,第35-39页。
④ 参见江必新、邵长茂:《新行政诉讼法修改条文理解与适用》,中国法制出版社2015年版,第57页。
⑤ 参见朱芒:《概括主义的行政诉讼"受案范围"——一种法解释路径的备忘录》,载《华东政法大学学报》2015年第6期。

诉讼受案范围的扩大持一种谨慎的态度,对受案范围应当扩大到何种程度还有相当的犹豫和纠结;另一方面也充分证明了规定模式对行政诉讼受案范围的巨大影响。可以这样说,采取"列举式"规定模式的,只要不是"全项列举",其规定的受案范围大概率要小于"混合式"规定模式,更小于"概括式"规定模式。行政诉讼受案范围到底采取哪一种规定模式,在很大程度上显示出立法者对行政诉讼受案范围大小的预设和态度。

按照这一逻辑,"反向"行政诉讼的受案范围应当偏向以"列举式"模式进行规定,即对"反向"行政诉讼的受案范围要进行相当的限制。这也是本节所谓的"例外适用原则"。行政机关仅在法律有明确规定的情况下,可以就特定的事项提起"官告民"的行政诉讼,对列举之外的其他情况和事项没有起诉权。之所以采取"例外适用原则",是为了彰显行政诉讼的主要构造仍然为"民告官","官告民"仅属于"特殊情况",两者是有主次之分的。"反向"行政诉讼的受案范围采取这种规定模式,主要考虑如下。

第一,从行政效率来看,"反向"行政诉讼要求行政机关通过提起行政诉讼的方式解决争议,维护自身权益,相比于直接行使行政权,确实会在一定程度上降低行政效率。但"反向"行政诉讼只是想在公正和效率之间"稍微"偏向前者,并希望通过争议的提前解决实现公正与效率间的平衡,甚至在部分时刻提升行政效率,并不是要完全牺牲效率。因此,"反向"行政诉讼的受案范围要严格限制,只有涉及的争议明显不适合行政机关直接动用行政权加以处理时,才可以在一定程度上冒降低行政效率的风险。

第二,从行政专业性来看,行政的专业性对"民告官"和"官告民"的影响是一样的,都要求法院对行政权予以一定的尊重。一方面,对于行政机关更加专业的问题,"事后审查"尚且需要尊让,遑论"官告民"的提前监督,更加需要尊重行政专业性,不能轻易让司法机关代替行政机关去判断行政上更专业的事项;另一方面,正是因为行政机关在某些问题上并没有更专业,或者虽然专业但处于利益相关人的地位,行政机关直接行使行政权才站不住脚,"反向"行政诉讼也才有了适用余地。

第三,从行政裁量性来看,行政裁量是行政权的应有之义,将裁量权赋予行政机关,目的在于使行政机关更好地运用行政权力,实现行政目标,维护公共利益。所以,原则上司法不能轻易或者过度地深入行政裁量领域中,要给行政机关留下空间。但是,基于同样的原理,在行政机关因为利益相关而不被信任的情况下,法院也有理由按照自己的判断,去安排行政机关与相对人之间的权利义务。鉴于这种情况毕竟是少数,"例外适用原则"足以应对。

第四，从司法的承受力来看，"反向"行政诉讼是对行政权的提前控制，这对已经习惯了事后审查的司法机关提出了极高的要求。若事事要求司法"提前介入"，一来与司法权的特点不符，二来也会降低行政机关的积极性。最为关键的问题是，提前的司法审查，相当于让法院明确对行政争议的态度，并对行政机关的后续行为提出确定的指引，这大大增加了法院的责任。一旦法院判断有误，司法将或者"助纣为虐"，或者对行政机关形成掣肘。所以，"反向"行政诉讼对案件的审判质量提出了极高的要求，必须在目前行政审判条件足以支撑的情况下进行受案范围的设计。

第五，从司法的适宜性来看，"反向"行政诉讼毕竟是对传统行政诉讼模式的改变，是对一直以来根深蒂固的"民告官"理念的革新。无论是行政机关、相对人还是法院，都需要一定时间来适应，该制度的实践效果也有待于观察。选取几个现实可见的、制度需求急迫的领域作为试点，再结合制度运行过程中发现的问题和逐步积累的经验，循序渐进地推进"反向"行政诉讼，不失为一种积极稳妥的办法。所以，"反向"行政诉讼受案范围在短时间内不应过大。

综上，"反向"行政诉讼的受案范围应遵从"例外适用原则"，以立法的明文列举为限。行政诉讼仍然要以传统的"民告官"作为基本模式，仅在几个特定场域和情况下，才赋予行政机关以起诉权。

(三)"反向"行政诉讼的具体适用范围

在"反向"行政诉讼刚刚产生的阶段，其受案范围可以限于以下几项。

首先，在行政协议的履行过程中，行政机关认为协议的相对人一方不履行、不按约定履行协议的，可以视情况行使单方解除权、变更权，在法律有规定的情况下可以依法行使协议履行监督权，也可以直接向法院提起行政诉讼。

对于这一列举，需要做以下说明。第一，如何确定"行政协议"的问题，立法上自然以最高人民法院《关于审理行政协议案件若干问题的规定》第1、2、3条为依据，但在实践中如何操作和适用，目前学界众说纷纭，尚需确立更加合理且易辨识的判断标准。另外，虽有学者从判例角度总结出了几大类典型行政协议案件，[1]但随着社会的发展和公私合作的深入，政府与公民、法人或其他组织间各种各样新形式的协议都可能会被纳入"行政协议"范畴。"反向"行政诉讼建立后，除立法或司法解释的明文规

---

[1] 参见韩宁：《行政协议判断标准之重构——以"行政法上权利义务"为核心》，载《华东政法大学学报》2017年第1期。

定外,人民法院认为应当纳入行政协议范畴的,都属于项下的"行政协议"。第二,行政机关提起行政诉讼,仅限于行政相对人"违约"的情况,如果行政相对人的行为本质上是一种"违法"行为,有权的行政机关可以直接对其施以行政处罚、行政强制等制裁措施,不必提起诉讼。行政机关就此提起"反向"行政诉讼的,人民法院也应不予受理或驳回起诉。第三,在行政相对人违约的情况下,行政机关可以视情况行使单方解除权、变更权,或在法律有规定的情况下依法行使协议履行监督权,不是必须提起"反向"行政诉讼。若相对人认为行政机关变更、解除行政协议,或监督行政协议履行的行为违法,则可提起"民告官"的行政诉讼。

将行政协议中相对人违约的情形纳入"反向"行政诉讼的受案范围,基于以下考量。第一,前文已述,行政机关面对行政协议中相对人违约的情况,采取现有的处理方式,存在各种各样的困难,实际效果也不尽如人意。第二,也是最主要的一点,即行政协议的"协议性"是行政协议与传统行政行为最大的不同。它要求行政机关平等地对待相对人,尊重对方意志,重视对方权利,加强自己的信用和责任感。① 行政机关既然与相对人签订了"协议",就应当允许相对人讨价还价,这是契约"交换精神"的体现。② 因此,行政机关在单方解除权、变更权和立法明确规定的协议履行监督权之外,就不能再享有高权地位,不能命令协议另一方按照自己的意思来履行协议,更不能因为对方未按自己的意思履行协议就制裁对方。第三,行政协议中的"违约"问题,大量体现为合同履行过程中的履行方式、时间地点、标的物质量、合同价款等纠纷,不存在行政专业性。但在这些争议背后,大概率涉及行政权行使、情势变更、政策理解等问题,由司法机关通过行政诉讼程序来判断最为中立和公正。

其次,行政机关做出行政决定后,相对人在法定期限内既不履行义务,也不提起行政复议或行政诉讼,没有强制执行权的行政机关应当向法院提起行政诉讼,在获得法院的许可后方可强制执行。

对于这一列举,需要做以下说明:其一,对于相对人不履行行政决定,也不提起复议和诉讼的情况,有强制执行权的行政机关应当自行强制执行,不能向法院提起"反向"行政诉讼,否则,人民法院应不予受理或驳回起诉;其二,如前所述,为防止改"非诉"执行为"诉讼"执行对行政效率产生过大的影响,应适度调整"行政执行"和"司法执行"之间的比重,可考虑

---

① 参见孙笑侠:《契约下的行政——从行政合同本质到现代行政法功能的再解释》,载《比较法研究》1997 年第 3 期。
② 参见孙笑侠:《法律对行政的控制》(修订二版),光明日报出版社 2018 年版,第 240 页。

在后续出台的"行政法典"中统一规定行政执行与司法执行的分配标准，其他单行法律法规的规定不得与这一"总则"相违背。

在行政机关申请法院强制执行的情形中，行政机关仍然属于传统的高权主体，这与前述行政协议双方的地位存在根本不同。将这一情形纳入"反向"行政诉讼中，主要考虑到被审查的行政决定牵涉到行政相对人的重大利益——行政机关之所以没有被赋予直接的强制执行权，正是证明了这一点。在这种情况下，行政决定必须经过更为标准和完整的"诉讼审查"，才能进入后续的强制执行程序。尤其考虑到我国现在的法治环境和现实条件，人民法院进行选择性司法有其深刻的政治、社会和法律原因，有许多的无奈之处。① 行政诉讼上虽然有"立案登记制"等严格要求，但法院在实际立案过程中要考虑众多因素。② 行政相对人在法定期限内"不提起复议也不提起诉讼"不一定真是由相对人怠于履行权利而造成的，法院对相对人的起诉"置之不理"的情况在某些地方仍然存在。"反向"行政诉讼，相当于逼迫司法机关必须给相对人一个参与司法程序的机会。

再次，行政机关认为相对人的行为严重扰乱了本单位的工作秩序，或严重侵犯了本单位的名誉的，可以向人民法院提起行政诉讼。相对人扰乱的是有法定管理或制裁权的行政机关的工作秩序，或侵犯了有法定管理或制裁权的行政机关的名誉的，行政机关不得直接对相对人施加制裁，可以向人民法院提起行政诉讼。

对于这一列举，具体说明如下。其一，有法定权限的行政机关（如公安机关）认为行政相对人的行为扰乱了社会秩序或公共秩序，或侵害了他人名誉的，可以依法直接对其进行制裁。相对人对制裁行为不服的，可以提起"民告官"的行政诉讼。其二，行政机关认为相对人的行为严重扰乱了本单位的工作秩序，或严重侵犯了本单位的名誉的，都可以选择提起或不提起"反向"行政诉讼维护自身权益。但有法定管理和制裁权的行政机关，由于本身是受害人，即使不提起"反向"诉讼，也不能直接制裁相对人。其三，行政相对人的行为既扰乱了行政机关的工作秩序又扰乱了社会或公共秩序，或既侵犯了行政机关名誉也侵犯了他人名誉的，侵害他人的行为应当由有权机关依法予以制裁，侵害行政机关的行为应当由该机关提起

---

① 参见陆永棣：《从立案审查到立案登记：法院在社会转型中的司法角色》，载《中国法学》2016年第2期。在文章中，作者作为实务人员甚至总结了法院不受理案件的几类典型情况。
② 关于法院在立案问题上考虑因素的实证研究，参见丁卫：《基层法院立案的政治与经济逻辑剖析》，载《求索》2017年第12期；应星：《行政诉讼程序运作中的法律、行政与社会——以一个"赤脚律师"的诉讼代理实践为切入点》，载《北大法律评论》2008年第1期。

"反向"行政诉讼。对于联系紧密不能区分的,应当提起"反向"行政诉讼。其四,相对人的行为只有"严重"损害本单位的工作秩序或侵害行政机关名誉的,行政机关才可以提起诉讼。对于相对人正常的反映意见或批评指责行为,行政机关应当予以容忍。司法机关在审判过程中也应当从严把握。其五,公民侵犯行政机关工作人员的个人名誉,受害人以个人身份提起名誉权诉讼,属于民事诉讼范畴。但相对人通过损害行政机关工作人员名誉,实际上达到损害行政机关名誉的效果的,行政机关可以提起"反向"行政诉讼。

又次,行政机关认为行政相对人没有法定或约定的事由而获益,并使本机关的利益或本机关所代表的国家利益、公共利益受到损害的,在法律未规定行政机关有权直接采取相应措施的情况下,应当提起行政诉讼挽回损失。

对本条的列举解释如下。其一,本条所言不当得利的情形,必须是相对人从行政机关(或国家)处得利。公民相对于其他私人的不当得利情况,属于民事法律关系。其二,我国不当得利中的"没有合法依据"要件采取的是财产移转主义。所以,与民法一样,行政法上的不当得利也有可能出现"竞合"的情况。比如,在行政协议中,相对人一方在取得一定利益后不履行协议义务,可能同时构成违约和不当得利。此时,行政机关可以选择一个理由提起"反向"行政诉讼。其三,在部分单行法律法规中,规定了行政机关在相对人不当得利时可以采取一定手段直接追回相对人所获利益,此时行政机关不应再提起"反向"行政诉讼。其四,行政法上的不当得利与民法上的不当得利的不同之处在于,行政法上的"利益"表现为多种形式,除金钱外有时还体现为获得某些资格、优惠条件等。对于非财产化的利益,行政机关也可以提起"反向"行政诉讼,提请法院在审查后"准许"自己取消相对人的资格或优惠。

最后,公民应当履行法定义务而不履行,行政机关在没有法定义务的情况下代替其履行义务的,行政机关可以要求公民承担相应费用。公民个人因自身重大过错导致自身发生危险,寻求行政机关帮助的,行政机关应当予以帮助,但事后可以要求公民承担相关费用。行政机关与公民就前述费用的承担发生争议的,可以提起行政诉讼。

本条列举即行政法上的无因管理,有几点需要进一步解释。第一,在公民应当履行法定义务而不履行的情况下,对行政机关是否有法定义务要采取"严格而直接"的标准认定,不能因行政机关有概括性义务而认为其不属于无因管理。第二,公民发生危险时向行政机关求助,无论出于何种原因,行政机关都有救助义务,不得推脱。第三,行政机关救助遇险公民可以要求偿还费用的情况,仅限于公民"严重违法""不顾警示"等存在重大过错情况。公民非因自身重大过错而发生危险的,行政机关不能要求公民承担救助费用。第四,与不当得利的情况相似,如果单行法律法规赋予了行政机关一定的权力,使其可以直接运用行政权从相对人处得到费用补偿,则行政机关不应再提起"反向"行政诉讼。

以前述五种情况的后三种列举,同属于行政之债的问题。之所以将它们纳入"反向"行政诉讼的范围,主要是考虑到行政机关在这些情况下因"利益相关"已经不具备中立地位,直接运用行政权进行"法律的第一次适用"变得正当性不足。此时若允许行政机关在没有立法授权的情况下,直接以自己对法律关系的认定来处理相关争议,难以保证其公正性和公共利益代表性,将置行政相对人于十分不利的境地,也违背"任何人不得做自己的法官"的自然正义原则。另外,上述情况中涉及国家财产的追回等问题,理应赋予行政机关一定的权利。

二、"反向"行政诉讼的原告资格

原告资格,按照《布莱克法律词典》的解释,是指某人在司法性争端中所享有的,将该争端诉诸司法程序的足够的利益。[①] 原告资格解决的是向法院提起诉讼的人是否与案件有足够的联系,因而具备条件成为该案正当原告的问题。无论在英美法系还是大陆法系,诉讼中都有"原告资格"这一制度,其作用在于"排除那些完全没有任何道理或好事之徒提出的无关紧要的申请"。[②] 可见,原告资格的意义在于限制一部分与争议无关的人提起诉讼,从而节约司法资源,防止被告人受到无故的讼累。

原告资格的这一属性,使其在我国的行政诉讼中显得非常重要。防止滥诉只是其中一方面,毕竟在我国,行政诉讼案件数量是太少而非太多,民众更多的是不敢告官、不愿告官,而不是整天想着给自己和国家机关找麻烦。虽然行政滥诉问题确实存在,但我国行政滥诉以信访群体为主体,以政府信息公开为主要滥诉领域的特征,决定了采取其他方式规制该问题远比限制原告资格要容易和合理得多。[③] 行政诉讼原告资格的真正重要之

---

① See *Black's Law Dictionary*,1979 the Fifth Edition,West Publishing Company,p. 1260 – 1261.
② [英]彼得·莱兰、戈登·安东尼:《英国行政法教科书》,杨伟东译,北京大学出版社2007年版,第521页。
③ 关于行政滥诉的规制方式,参见闫映全:《行政滥诉的构成及规制》,载《行政法学研究》2017年第4期。

处在于,其设计得合理与否,直接关系到公民的诉权大小及相应的实体权利能否得到保障。原告资格的设计一旦出现了不当限制公民诉权的情况,就会成为"法律制度中一个黑暗的真空"。① 这也是为什么,关于行政诉讼原告资格的讨论在我国行政诉讼法学界一直是重中之重。

对"反向"行政诉讼"原告资格"的探讨,需要提前界定几个概念。首先是"原告资格"与"起诉资格""起诉条件"的区分。在学界,一般认为原告资格就是起诉资格。② 但也有学者将起诉资格设计成原告资格的上位概念,认为行政诉讼起诉资格包括行政诉讼原告资格和行政诉讼受案范围,符合行政诉讼受案范围也是"起诉的资格"之一。③ 笔者认为,原告资格与受案范围之间以区别为主,二者虽有联系,但体现这种联系不需要以增加新概念为手段。所以,本节仍然从传统意义上使用"原告资格"概念,并认为其与"起诉资格"同义。关于行政诉讼的"起诉条件",学界公认的是《行政诉讼法》第49条之规定。④ 可以看出,起诉条件是指公民提起诉讼应当具备的条件,或法院在受理案件时应当审查的项目,原告具备起诉资格仅是起诉条件之一。本节仅讨论原告资格问题,不多涉及其他的起诉条件。

其次是"原告资格"与"原告"的关系问题。从词汇结构上理解,"资格"一词本身就证明了原告资格是成为原告的前提条件,因而一定是先有原告资格,后才能成为原告,学界部分学者也持这样的观点。⑤ 但在司法实践中,由于起诉人起诉时,法院无法也不应当对其原告资格进行实体性审查,所以经常出现进入诉讼后,法院经过审理认为起诉者不具备原告资格的情况。⑥ 这种偏差,是由于"原告"这一身份在诉讼法上可以分为"形

---

① Tom Zwart, *Comparing Standing Regimes From A Sepatation of Power Perspective*, Northern Ireland Legal Quarterly, 2002(53), p.403.
② 参见高家伟:《论行政诉讼原告资格》,载《法商研究(中南政法学院学报)》1997年第1期。
③ 参见余凌云、郎小凤:《对行政诉讼起诉资格作用的再认识》,载《中国人民公安大学学报(社会科学版)》2005年第3期。
④ 《行政诉讼法》第49条规定:提起诉讼应当符合下列条件:(1)原告是符合本法第25条规定的公民、法人或者其他组织;(2)有明确的被告;(3)有具体的诉讼请求和事实根据;(4)属于人民法院受案范围和受诉人民法院管辖。
⑤ 参见胡锦光、王丛虎:《论行政诉讼原告资格》,载陈光中、江伟主编:《诉讼法论丛》(第4卷),法律出版社2000年版,第593页。
⑥ 在实践中,法院以起诉人"不具备原告资格"为由驳回起诉,但在裁定书中将起诉人列为"原告"的比比皆是,从其裁定书行文也明显能够看出,法院是在经过实体审查后方才发现原告不具有原告资格。参见胡某珊诉无锡市锡山区发展计划局价格核定案,江苏省无锡市锡山区人民法院(2004)锡法行初字第17号民事裁定书;孟某国与本溪市房地产综合开发管理办公室、本溪市人民政府政府信息公开纠纷案,本溪市平山区人民法院(2017)辽0502行初40号民事裁定书。

式原告"与"实质原告"。① 根据诉讼法学上的"当事人适格"理论,原告资格的审查过程,本质上就是审查"形式原告"是否具备一定条件,从而能够成为"实质原告"的过程。因此,只要起诉人提起诉讼,并满足了形式上的起诉条件,其就取得了"原告"的地位,对其"原告资格"的审查应在后续进行。按照诉讼法学将诉讼过程应当满足的条件分为起诉要件、诉讼要件和本案要件的理论,原告资格属于公认的"诉讼要件"而非"起诉要件",更非"本案要件"。② 我国《行政诉讼法》将"原告资格"的审查放进"起诉条件"中,其实并不准确。③ 本质上,这是将原告资格这一"诉讼要件"当成了"起诉要件"去审查。④ 正是这种不恰当的提前,导致了起诉条件"高阶化"的问题。在"立案登记制"之下,至少可以认为,对"起诉条件"中包括原告资格在内的各个项目的审查应当是形式性的。本节采上述观点,将"原告资格"理解为原告"适格"的条件。

最后是"原告资格"与"受案范围"的关系问题。原告资格与受案范围作为对公民行政诉权的限制,在实际审判中都有将部分案件排除在司法审查之外的效果,因而具有天然的联系性。有学者认为,2014 年《行政诉讼法》关于行政诉讼受案范围列举中,最后一项兜底条款的"等合法权益"的表述,与该法第 2 条"公民、法人或者其他组织认为行政机关和行政机关工作人员的行政行为侵犯其合法权益"的规定使用了同样的"合法权益"概念,受案范围和原告资格在这个意义上实现了互动和连接。⑤ 笔者认为,行政诉讼受案范围和原告资格虽然有联系,但这种联系更多是表面的,它们本质上截然不同,讨论的是两个问题。受案范围讨论的是"法院能审哪些案件"的问题,本质上是行政权与司法权的界限问题;原告资格讨论的是"哪些人能成为适格原告"的问题,本质上是公民权利是否受到司法保护的问题。换一个角度说,如果某一案件,任何人起诉法院都不能审查,那是因为它不属于行政诉讼"受案范围";如果某个案件,有的人拥有诉权而有的人没有,那是因为部分人没有"原告资格"。所以,受案范围审查的是"案件",是诉权客体;而原告资格审查的是"人",是诉权主体。虽然从形式逻辑上说,受案范围的审查是原告资格审查的前提,但两者的区别是远

---

① 参见范志勇:《立案登记制下的行政诉讼原告资格》,载《法学杂志》2015 年第 8 期。
② 参见陈亮:《诉讼要件抑或本案要件?——美国关于原告资格定性之争及其对我国的启示》,载《清华法学》2015 年第 3 期。
③ 参见章剑生:《现代行政法总论》,法律出版社 2014 年版,第 362 页。
④ 参见张卫平:《起诉条件与实体判决要件》,载《法学研究》2004 年第 6 期。
⑤ 参见汤军:《论行政诉讼原告资格认定的"权益保护"路径》,载《政治与法律》2013 年第 9 期。

远大于其联系的。

在"反向"行政诉讼中,行政机关成了原告。这种转换,仍然要以诉讼法上关于"原告"的理论为基础,一方面要考虑影响行政诉讼原告资格的种种因素,另一方面也要兼顾行政法上的特有问题,如行政主体理论等。

(一)"反向"行政诉讼原告资格的理论基础:诉权、行政诉权

无论是传统的"民告官"还是"反向"的"官告民",讨论"原告资格"问题,都避不开其背后共通的理论基础:诉权。诉权是从诉讼法的专业视角就各种各样的诉讼现象所提炼的共有理论之一。对诉权及行政诉权的探讨,一方面可以为"反向"行政诉讼原告资格的确定打下理论基础,另一方面也可以论证行政机关成为原告的合理性所在。

诉权是学界最为基础,同时又是最有高度、深度的理论之一。每个学者似乎都知道诉权、熟悉诉权,但又难以将其中的道理说清道明。所以,其至今"仍然是一个性质与特点都会引起激烈争论的概念"。[1] 在我国,对诉权的讨论是从民事诉讼领域开始的,但经过激烈的争辩,关于诉权的定义、性质等不仅没有形成定论,反而越发令人迷惑。最早的诉权说是以萨维尼为代表的历史法学派所提出的,被称为"私法诉权说",其认为诉权是私权(实体权利)受到侵害后而衍生出来的权利。[2] 在这种观念下,诉权依附于实体权利,没有实体权利就没有诉权。但是,随着人们对"程序正义"的认识,诉权的独立价值体现出来,如今学界已经较少有认为诉权必须依附于实体权利存在的观点。但诉权理论的这一发展反而使诉权走向更加复杂的境地。在民事诉讼法学界,出现了"具体诉权说""本案判决请求说""二元诉权说""抽象诉权说"等诸多观点。

鉴于本节讨论的是"原告资格"的问题,归根结底是一个"谁可以拥有诉权"的问题。所以,我们可以从获得诉权的条件上看待这几种学说。对此,"本案判决请求说"认为,诉权只要具备诉讼权利保护要件(当事人适格和诉的利益)即可存在。"具体诉权说"主张,除诉讼权利保护要件之外,诉权的取得还需要具备实体权利保护要件(实体权利是否存在的事实)。[3] 在此基础上,源于苏联的"二元诉权说"则认为诉权的内涵包括程序意义和实体意义两个方面:程序含义是指在程序上向法院请求行使审判

---

[1] [法]让·文森、塞尔日·金沙尔:《法国民事诉讼法要义(上)》,罗结珍译,中国法制出版社2001年版,第115页。

[2] 参见[日]新堂幸司:《新民事诉讼法》,林剑锋译,法律出版社2008年版,第176页以下。

[3] 参见张培:《民事诉权滥用界说》,载《湖北社会科学》2012年第1期。

权的权利,实体含义则是指保护民事权益或解决民事纠纷的请求。① 相应地,程序意义上的诉权存在与实体意义上的诉权存在需要不同的要件。②"抽象诉权说"则有明显的不同,虽然它分为传统的抽象诉权说和改良后的"司法行为请求权"说,但它们共同的特点是,认为诉权的取得是不需要任何条件的。③

笔者认为,诉权的取得不能没有任何条件,但抽象诉权说并不因此而必然错误。有条件的诉权诸说和无条件的抽象诉权说看似同样针对"诉权取得"问题,但实际上是站在不同的"目的"上讨论问题。因此,两者并非针锋相对,而是可以融合和协调一致的。近年来,诉权是宪法权利、是基本人权的观点渐渐得到接受,④起诉高阶化引发的"起诉难"问题也确实存在。"抽象诉权说"试图无条件地将诉权赋予公民,正是为了避免"诉权"成为人们寻求司法救济的制度障碍,这是其合理之处。但是,抽象诉权说也承认诉讼的案件是需要被"筛选"的,有的人不能起诉,有的案件法院不能审。只是他们认为,这种筛选不应当通过"诉权"来进行。"固然可以说当事人必须适格,必须有诉的利益,才能要求获得实体判决,但也不能因此将它们设定为诉权的要件。"⑤可见,"抽象诉权说"与其他有条件的诉权说只是在对"诉权"的概念范围进行争论。根据"形式原告"理论,只要提起诉讼的主体都是"原告",但该原告是否适格,则要看该原告是否具有"诉权"。所以,抽象诉权说是试图从"提起诉讼"开始就界定诉权,而本书以"形式原告"代替了抽象诉权说在起诉时的作用,进而认为起诉时还没有诉权问题,在提起诉讼后才可以讨论"诉权",两者并不矛盾。只是形式原告+有无诉权(原告适格)的理论,较一体化的"抽象诉权"理论在逻辑上更加清楚,也可以避免不必要的争议和误解。

行政行为与公共利益之间的紧密联系,使某个主体是否具有"诉权"较民事诉讼显得更加难以判断,诉权的"筛选"作用更加重要。行政诉讼一方面要保证受到行政行为侵害的公民能够获得救济,另一方面还要将那些没有诉权的主体排除在诉讼之外,以保证司法资源的有效利用,甚至还需要在某些时刻考虑公共利益而赋予某些客观诉讼者以诉权。这种复杂

---

① 参见江伟、邵明、陈刚:《民事诉权研究》,法律出版社2002年版,第45-52页。
② 一般来说,二元诉权论认为,当事人适格是拥有程序意义的诉权的要件,而当事人主张的实体权利的存在是拥有实体意义上的诉权的要件。参见张卫平:《民事诉讼:关键词的展开》,中国人民大学出版社2005年版,第124页。
③ 参见严仁群:《回到抽象的诉权说》,载《法学研究》2011年第1期。
④ 参见吴英姿:《论诉权的人权属性——以历史演进为视角》,载《中国社会科学》2015年第6期。
⑤ 参见严仁群:《回到抽象的诉权说》,载《法学研究》2011年第1期。

的平衡和拿捏，以"抽象诉权"来处理反而容易发生问题。所以，有学者提出："何人在具体之行政诉讼案件中得为适格之原告，而有效实施行政诉讼之权能者，行政诉讼法学上以'诉讼权能'或简称'诉权'之概念称之。"① 依此，有"诉权"的主体才有"原告资格"，在立法上拥有原告资格的主体，也就是立法者赋予其诉权的主体，对两者的判断是可以画等号的。

但是，如果从更加精细和严格的角度发问，则还有一个问题需要解决。即"原告资格"到底是"诉权"问题，还是"起诉权"问题？对此，学界尚有争议。根据英美法各人词典的解释，"诉权"就是"提起诉讼的权利"。② 在"行政诉权"概念出现之初，许多学者也认为"行政诉权"就是"行政起诉权"。如应松年教授认为："诉权是公民、法人或者其他组织要求人民法院以判决保护其合法权益的权利。"③但按诉讼法学界的观点，无论认为诉权包括"程序诉权"和"实体诉权"两部分，④还是认为诉权仅仅是程序性权利，⑤起诉权都只是诉权的下位概念。随着行政诉讼理论研究的深入，后来的行政法学者也大多认为，"行政诉权"不仅仅局限于"起诉权"，而是"在行政诉讼过程中依法享有的全部程序性权利的总称"。⑥ 笔者同样认为，"诉权"不等同于"起诉权"，原告资格本质上是"起诉权"的问题。从诉讼阶段和诉讼法理来看，存在"判断"问题的，实际上也是"起诉权"而非"诉权"。对于公民而言，问题的关键乃是先进入诉讼之中，所以，许多看似关于"诉权"的讨论，实际上讨论的是"起诉权"。行政法学界在讨论"行政诉权保护"时，也往往会指向"扩大行政诉讼受案范围""赋予利害关系人原告资格"等，⑦是同样的道理。

所以，"反向"行政诉讼的"原告资格"问题，本质上转化为哪些行政机关有"起诉权"的问题。在传统的"民告官"诉讼下，学界一致认为，哪怕行

---

① 蔡志方：《行政救济法新论》，台北，元照出版公司2007年版，第163页。
② 比如，《牛津法律大辞典》认为，诉权就是"提起诉讼的权利"，《元照英美法词典》认为，诉权是"为实现自己的权利或寻求法律救济而在法院就特定案件提起诉讼的权利"，《布莱克法律词典》也认为，诉权是"提起诉讼的权利"。参见周永坤：《诉权法理研究论纲》，载《中国法学》2004年第5期。
③ 应松年：《行政诉讼新探——行政诉讼法实施一周年的思考》，载《政法论坛》1991年第5期。
④ 参见江伟主编：《民事诉讼法学》，复旦大学出版社2002年版，第53-54页。
⑤ 参见辜恩臻：《论诉权的性质及其适用》，载《法学杂志》2008年第3期。
⑥ 赵正群：《行政诉权在中国大陆的生成及其面临的挑战》，载陈光中、江伟主编：《诉讼法论丛》（第6卷），法律出版社2001年版，第773页。
⑦ 实际上，几乎所有关于行政"诉权"保护的探讨最终都会转化成为行政"起诉权"保护的探讨。参见喜子：《反思与重构：完善行政诉讼受案范围的诉权视角》，载《中国法学》2004年第1期；孔繁华：《行政诉权的法律形态及其实现路径——兼评最高人民法院法发〔2009〕54号文件》，载《法学评论》2011年第1期。

政机关在参与诉讼的过程中不可避免地会拥有部分"诉权",其也没有"起诉权"。但这种观点更多的是以立法反推理论的结果,行政诉讼的"起诉权"不能赋予行政机关,在纯粹的学理层面是很难找到根据的。

首先,出于更好地保护诉权的目的,诉讼法学界目前的主流是以"诉的利益"为核心要件来判断诉权有无,继而确定原告资格。[①] 所谓"诉的利益",是指当权益受到侵害或者与他人发生纠纷时,需要运用诉讼予以救济的必要性。[②] 随着行政法的发展,行政机关在越来越多的场合需要与相对人平等协商,也在越来越多的时候拥有了自己的合法权益。如果此时仍认为行政机关没有运用诉讼来救济自身的"必要性",则无疑是承认了行政机关在任何时候的高权地位,承认了其动用行政权力应对这些侵害和纠纷的资格。这是不符合现代行政法治理念的。质言之,坚持认为行政机关没有"诉的利益"因而没有"起诉权",不仅对行政机关而言不公平,更是一种"逼迫"行政机关行使行政强权的陈旧理念。

其次,在诉权的性质上,随着"私法诉权说"被抛弃,人们逐渐认识到,诉权不是一个私人主体与另一个私人主体之间的关系,而是权益受到侵害的主体与法院之间的关系,是一种"公权利"。在现代社会不允许私人进行非法的私力救济的情况下,将争议提交到法院成为公民最重要的救济途径,诉权因此甚至被认为是一种宪法权利、一项高于司法权的基本人权。[③] 可见,"诉权"实际上是针对法院的权利,是要求法院给予自己救济自身的机会。行政诉讼看似是"民"和"官"之间的事,但从诉权角度来看,这涉及双方"与法院产生联系"的可能性和路径。在"民"可以要求法院救济自身的情况下,"官"不能要求法院解决自己的争议,维护自己的合法权益或自己代表的国家利益、公共利益,其背后很难说有什么理由。所以,学界认为行政机关没有"起诉权"其实是一种"倒推",是把立法中行政机关不能成为原告的规定,强行解释成行政机关没有起诉权。事实上,在很早之前,就有学者在讨论"行政诉权"问题时敏锐地发现了行政机关拥有起诉权的可能,[④] 也有学者从"机关诉讼"的视角讨论了行政机关的起诉权。[⑤] 可见,至少在特定的情形下,行政机关是可以有起诉权的,抛开行政诉讼单向构造

[①] 参见廖永安:《论诉的利益》,载《法学家》2005 年第 6 期。
[②] 参见邵明:《论诉的利益》,载《中国人民大学学报》2000 年第 4 期。
[③] 参见莫纪宏:《现代宪法的逻辑基础》,法律出版社 2001 年版,第 307 页。
[④] 参见赵正群:《行政之诉与诉权》,载《法学研究》1995 年第 6 期;丁良喜:《论行政诉权的特征及相对人诉权之保护》,载《江西社会科学》2000 年第 10 期;翁博:《论行政机关的行政诉权》,载《安徽警官职业学院学报》2011 年第 2 期。
[⑤] 参见孔维臣:《行政机关行政诉权探析》,载《太原理工大学学报(社会科学版)》2012 年第 1 期。

的限制,将起诉权赋予行政机关并没有理论上的障碍。

(二)"民告官"诉讼原告资格的演变:确定原告资格的因素

具备诉的利益的主体才拥有诉权,拥有诉权的主体就具备原告资格。但是,哪些人才有"诉的利益",或者说原告资格的范围其实是可以变化也一直在变化的——"行政法的任何方面都没有有关原告资格方面的法律变化迅速"。[①] 立法者选择赋予哪些主体以原告资格,则又受到各种各样因素的影响。

与受案范围一样,由于"反向"行政诉讼本就是行政诉讼的一种模式,所以其原告资格的确定势必会与也应与行政诉讼总的原告资格理论一脉相承。质言之,影响"民告官"诉讼原告资格的因素,也同样会影响"官告民"诉讼的原告资格。

1989年《行政诉讼法》对原告资格的规定可以从第2、41条尝试解读。其中第2条规定:"公民、法人或者其他组织认为行政机关和行政机关工作人员的具体行政行为侵犯其合法权益,有权依照本法向人民法院提起诉讼。"第41条规定:"提起诉讼应当符合下列条件:(一)原告是认为具体行政行为侵犯其合法权益的公民、法人或者其他组织……"这两条规定看似清晰且前后协调,却在理论界和实务界引发了巨大争议。一种意见认为,凡是自己"认为"自己的合法权益受到损害的人,都可以提起行政诉讼;[②] 另一种意见认为,只有合法权益客观上受到损害的公民才具备原告资格。至于如何认定公民的合法权益是否受损害,则又有不同观点:如周汉华教授提出"受益人+因果关系+损害程度"的判断模式,[③] 汤军法官提出在鉴别请求权基础上以权益受到实际损害或影响为标准,[④] 还有学者认为,"合法权益受到损害"的判断标准就是后来出台的司法解释中所规定的"有利害关系"。[⑤]

但在2000年最高人民法院《关于执行〈中华人民共和国行政诉讼法〉若干问题的解释》出台之前,学界和实务界的通说和通行做法,都是只将行政行为中的"相对人"作为有原告资格的人。换言之,只有行政行为所直接指向的,直接承担行政行为后果的行政相对方才能提起行政诉讼。[⑥] 后

[①] [美]伯纳德·施瓦茨:《行政法》,徐炳译,群众出版社1986年版,第419页。
[②] 参见周虞:《行政诉讼的原告应包括非行政管理相对人》,载《人民司法》1993年第6期。
[③] 参见周汉华:《论行政诉讼原告资格审查》,载《中国法学》1991年第6期。
[④] 参见汤军:《论行政诉讼原告资格认定的"权益保护"路径》,载《政治与法律》2013年第9期。
[⑤] 参见沈福俊:《论对我国行政诉讼原告资格制度的认识及其发展》,载《华东政法学院学报》2000年第5期。
[⑥] 参见方世荣主编:《行政法与行政诉讼法》,中国政法大学出版社1999年版,第363页。

经过十余年的行政审判实践,立法者渐渐认识到,只有"相对人"具备原告资格是远远不够的。于是,2000 年最高人民法院《关于执行〈中华人民共和国行政诉讼法〉若干问题的解释》第 12 条规定,"与具体行政行为有法律上利害关系的公民、法人或者其他组织对该行为不服的,可以依法提起行政诉讼",借此确立了"法律上利害关系"的原告资格判断标准。按照江必新法官的解读,所谓"有法律上利害关系",是指被诉行政行为对公民、法人或其他组织的权利义务产生或必然产生实际影响。[1] 但如何判断"实际影响",学界同样众说纷纭。在司法实践中,某些通常看来与行政行为有利害关系或受到实际影响的主体并没有获得原告资格,让这一不确定性法律概念变得更加扑朔迷离。2014 年修改后的《行政诉讼法》第 25 条规定,"行政行为的相对人以及其他与行政行为有利害关系的公民、法人或者其他组织,有权提起诉讼"。这一方面明显继承了 2000 年最高人民法院《关于执行〈中华人民共和国行政诉讼法〉若干问题的解释》的精神,另一方面又删去了利害关系之前"法律上"这个修饰词。2017 年《行政诉讼法》加入行政公益诉讼的内容。虽然目前行政公益诉讼规定得还比较谨慎,仅有人民检察院具备原告资格,但公益诉讼的出现本身就体现了原告资格扩大的趋势,也为后来原告资格进一步扩张提供了契机。2018 年新出台的最高人民法院《关于适用〈中华人民共和国行政诉讼法〉的解释》,则通过列举的方式更加明确了几种有"利害关系"的情形,算是在一定程度上拓宽了有原告资格的主体的范围。综上,我国"民告官"诉讼的原告资格经历了"行政相对人"标准到"法律上利害关系"标准再到"利害关系人"标准的过程,[2] 并有进一步扩张到民众诉讼标准的可能性。

  行政诉讼原告资格演变的背后,是复杂的利益平衡和各种因素的考量。王万华教授认为,"民告官"诉讼原告资格的确定,受到国家权力结构、经济发展水平、法律文化传统、行政诉讼目的定位等各方面因素的影响。[3] 吴偕林法官则将原告资格的影响因素归纳为行政诉讼的目的宗旨、一国的法制监督状况、行政诉讼受案范围、行政诉讼诉讼期限。[4] 章剑生教授指出,我国行政诉讼的理论体系整体继受于国外,在判定行政诉讼原告资格时,要特别注意将本国的宪法体制、司法结构以及公民权利保护状

---

[1] 参见江必新:《新行政诉讼法专题讲座》,中国法制出版社 2015 年版,第 110 页。
[2] 参见张扩振:《论行政诉讼原告资格发展之历程与理念转换》,载《政治与法律》2015 年第 8 期。
[3] 参见王万华:《行政诉讼原告资格》,载《行政法学研究》1997 年第 2 期。
[4] 参见吴偕林:《行政诉讼原告资格新论》,载《行政法学研究》1993 年第 4 期。

况等纳入考虑,从而使域外法理论真正完成"本土化"。① 从我国"民告官"诉讼原告资格的演变趋势来看,在扩大原告资格这个总的原则下,行政诉讼原告资格的确定主要考虑了以下因素。

第一,行政诉讼的发展阶段。行政诉讼发展初期,由于民众的认知度和法院的承受力问题,行政诉讼各方面限制都比较严格,整体上显得比较谨慎,原告资格也不例外。所以,虽然1989年《行政诉讼法》出台后,学界有行政诉讼原告资格不仅仅限于相对人的声音,但权威学者的观点还是暂时将其限制在相对人本人。② 在实践中,各级人民法院考虑到自身的情况及行政机关的态度等,大多也遵从了这一标准。

第二,避免司法救济的缺位。由于行政行为的对世效力,任何人都必须受到行政行为的约束。因此,行政行为不仅仅会影响相对人的合法权益,而且会使相关人受到波及,此时如果不赋予相关人原告资格,相关人将丧失司法救济的途径。行政诉讼原告资格的发展趋势是不断扩大,这种趋势的直接目的就是为除相对人之外受到行政行为影响的人提供一个进入司法的渠道。

第三,行政诉讼的定位。行政诉讼的定位,即行政诉讼是"主观诉讼"还是"客观诉讼"的问题。显而易见,客观诉讼在原告资格上要比主观诉讼广得多。因此,行政诉讼追求的是"权利保护"还是"权力控制",会在很大程度上影响其原告资格的确定。随着行政诉讼向监督控制行政权的"客观诉讼"演进,司法程序的目标向更具精华的"公益诉讼"转换。③ "权利"对原告资格的限制将逐步降低,原告资格势必逐步扩大。但是,另外一种思考可能更加有益。有学者指出,如果行政诉讼过于看重权力监督问题,那么原告资格将无限扩大至直接取消,但诡异的是,如果行政诉讼过于看重个人权利保护,那么原告资格无限扩大至直接取消同样可以为最多人提供权利保护。④ 所以,"原告资格"与"诉讼定位"的联系可能是一种假象,原告资格发展的最终趋势并不会因为诉讼定位不同而不同。

第四,司法资源的有限性。行政诉讼原告资格的演变过程中,最明显的考量因素,就是既要以扩大原告资格为主要方向,又要尽力避免因范围

---

① 参见章剑生:《行政诉讼原告资格中"利害关系"的判断结构》,载《中国法学》2019年第4期。
② 参见罗豪才主编:《行政审判问题研究》,北京大学出版社1990年版,第66—71页。
③ 参见[英]卡罗尔·哈洛、理查德·罗林斯:《法律与行政》(下卷),杨伟东等译,商务印书馆2004年版,第999页。
④ 参见余凌云、郎小凤:《对行政诉讼起诉资格作用的再认识》,载《中国人民公安大学学报(社会科学版)》2005年第3期。

过大而引发的滥诉问题。这是任何一个国家的诉讼制度规定原告资格的共同原因,也是原告资格最现实的考虑。过于宽泛的原告资格,除了会使法院承受案件大量增加的负担外,还会使法院一直处于"骇人听闻的、荒谬的、折磨人的"诉讼中,[①]进而将司法资源消耗于欺诈性、骚扰性、轻率性、多余性、重复性、琐碎性的诉讼。[②] 对于合法权益真正受到行政行为侵害的公民而言,是一种更大的不公平。

第五,法律关系的稳定性。过于狭窄的原告资格不能保护受侵害的公民的合法权益,但过于宽泛的原告资格将破坏法律关系的稳定性。法律关系的稳定性,既包括行政管理法律关系的稳定,也包括行政救济法律关系的稳定。对于前者而言,如果原告资格过宽,将超出行政机关作出行政行为时的考虑范围,行政行为会面临不知何处而来的各种挑战,对行政目标的实现和社会秩序的稳定都是不利的。对于后者而言,如果原告资格过宽,法院将不可能想到案件还存在这样的"第三人",司法裁判将陷入迟迟无法彻底解决争议的境地,面临大量的重复裁判,降低司法的产出。这两者都是不可取的。

总之,行政诉讼的发展阶段、为公民权益提供尽可能的保护、行政诉讼的定位、司法资源的有限性和法律关系的稳定都是确定行政诉讼原告资格应当考虑的因素。这些因素虽然是从"民告官"诉讼中总结出来的,但同样可以适用于"官告民"诉讼。虽然本节的讨论尚不足以完全归纳"反向"行政诉讼的原告资格,但我们可以确定一个基本方向:"反向"行政诉讼作为新生事物,其原告资格的范围要考虑法院和行政机关的实际情况,要综合多种因素并以谨慎的态度循序渐进,整体上不宜操之过急。当然,无论根据哪种理论,考虑哪些因素,在"反向"行政诉讼中,公民、法人、其他组织的行为所直接针对的行政机关,当然拥有原告资格。

(三)"反向"行政诉讼中"利害关系人"的原告资格

传统的"民告官"诉讼的原告资格,最大的争议就在于"利害关系"的认定问题。"反向"行政诉讼是否也存在这一问题?换言之,除了公民、法人、其他组织的行为所直接针对的行政机关外,是否存在"有利害关系的行政机关"?对这一问题的解答,还是要先回到"民告官"诉讼关于"利害关系"的讨论中。

[①] 此为《英国最高法院诉讼规则》对滥诉的形容。参见邵明:《滥用民事诉权及其规制》,载《政法论坛》2011年第6期。

[②] 参见汤维建:《恶意诉讼及其防治》,载陈光中主编:《诉讼法理论与实践(2002年民事、行政诉讼法学卷)》(下),中国政法大学出版社2003年版,第331-335页。

自"利害关系"概念出现后,学界对于"民告官"诉讼中"利害关系"的含义、范围等有过大量研究,形成了各种各样的观点。第一种意见是,所谓"利害关系",是指行政行为对或必然对公民、法人、其他组织的权利义务产生实际的不利影响。① 这也是最高人民法院官方及最高人民法院行政庭大法官们的意见。② 但"实际影响"一词与"利害关系"一样,都太过模糊。例如,相邻权人有原告资格是立法直接规定的,物权因行政行为而受到影响的相关人可以提起行政诉讼也已经为最高人民法院所确认。③ 但是,继承权受到婚姻登记行为的影响,却被最高人民法院认定为没有利害关系。④ 虽然这可能是由于婚姻关系的人身属性影响了利害关系范围的外扩,但从"产生实际的不利影响"的角度来讲,却难说两种不同结果内在是协调一致的。2018年行政诉讼法司法解释否定了大部分债权人的行政诉讼原告资格。但从朴素的理解来看,债权人与行政行为是有很大程度的"利害关系"的。可见,以"实际影响"作为"利害关系"的解释,并没有为原告资格确定一个明确的标准,反而陷入另一个不确定性概念的解释之中。

　　为了避免这一问题,学界又提出了"合法权益"的观点。⑤ 这一观点认为,所谓的"利害关系",是指公民、法人、其他组织的合法权益受到了行政行为的侵害。"合法权益"较之"实际影响"确实有清晰的优点。尤其是,如果将"合法权益"理解成法律所明确规定的权利和利益,那么在实定法规范之下,某主体是否有起诉资格可以较为容易地进行判断。但是,"合法权益"标准也受到了一定的批评。首先,合法权益标准会受到法律滞后性的影响,对于新出现的应当被保护的某些价值不能及时提供保护。有学者认为,所谓"合法权益",除包括立法已经规定的权益外,还包括法律上"应当"保护的,或起诉人可以期望被保护的利益。⑥ 但若如此,合法权益标准

---

① 参见杨海坤、黄学贤:《行政诉讼:基本原理与制度完善》,中国人事出版社2005年版,第175页;黄学贤:《行政诉讼原告资格若干问题探讨》,载《法学》2006年第8期。
② 参见最高人民法院行政庭编:《〈关于执行中华人民共和国行政诉讼法若干问题的解释〉释义》,中国城市出版社2000年版,第26－27页;江必新、梁凤云:《行政诉讼法理论与实务》(上卷)(第2版),北京大学出版社2011年版,第346－347页。
③ 参见最高人民法院行政审判庭编:《中国行政审判指导案例》,中国法制出版社2010年版,第9页。
④ 参见《最高人民法院行政审判庭关于婚姻登记行政案件原告资格及判决方式有关问题的答复》,法[2005]行他字第13号。
⑤ 参见王克稳:《论行政诉讼中利害关系人的原告资格——以两案为例》,载《行政法学研究》2013年第1期。
⑥ 参见杨寅:《行政诉讼原告资格新说》,载《法学》2002年第5期。

又会陷入不确定的范围中。其次,以"合法权益"作为原告资格的判断标准,极易涉及实体判断,进而提高起诉门槛。2014年《行政诉讼法》修改,特地将"法律上的利害关系"改为"利害关系",并不是说利害关系可以无限扩大至法律之外,①而是为了防止实践中对"法律上"这一修饰词有所误解,进而提前进行实体判断,出现限制公民起诉权的情况。② 最后,从前文所引案例来看,相邻权、债权、继承权都属于"合法权益",但公民是否享有起诉资格并不相同,可见,合法权益标准本身也存在一定的不当之处。

考虑到单一解释标准难免有所疏漏,学界出现了"利害关系"要通过数个要件来判断的观点。例如,以"公权利+成熟行政行为+因果关系"三要件判断,③或以"自己的权益+法律上的权益+因果关系"来判断等。④还有学者将原告资格区分为多个层次分别进行判断,⑤或认为应当以类型化的思维来研究行政诉讼原告资格,改变以往"非此即彼"的思维模式。⑥

此后,最高人民法院借"刘某明诉张家港市人民政府行政复议案",引入"保护规范理论"作为判断"利害关系"的标准。最高人民法院在裁定书中详细论述到:"'有利害关系的公民、法人或者其他组织',不能扩大理解为所有直接或者间接受行政行为影响的公民、法人或者其他组织;所谓'利害关系'仍应限于法律上的利害关系,不宜包括反射性利益受到影响的公民、法人或者其他组织……只有主观公权利,即公法领域权利和利益,受到行政行为影响,存在受到损害的可能性的当事人,才与行政行为具有法律上利害关系,才形成了行政法上权利义务关系,才具有原告主体资格(原告适格),才有资格提起行政诉讼……即以行政机关作出行政行为时所依据的行政实体法和所适用的行政实体法律规范体系,是否要求行政机关考虑、尊重和保护原告诉请保护的权利或法律上的利益(以下统称权益),作为判断是否存在公法上利害关系的重要标准。"⑦最高人民法院的解释具有一定的理论依据和可操作性,结合中国具体国情形塑了一个由公法规范要件、法定权益要件和个别保护要件组成的行政诉讼原告资格的判断结

---

① 参见袁杰主编:《中华人民共和国行政诉讼法解读》,中国法制出版社2014年版,第135页。
② 参见信春鹰主编:《中华人民共和国行政诉讼法释义》,法律出版社2014年版,第70页。
③ 参见张旭勇:《"法律上利害关系"新表述——利害关系人原告资格生成模式探析》,载《华东政法大学学报》2001年第6期。
④ 参见宋雅芳:《行政诉讼原告资格的生成模式剖析》,载《贵州社会科学》2007年第10期。
⑤ 参见陈鹏:《行政诉讼原告资格的多层次构造》,载《中外法学》2017年第5期。
⑥ 参见章志远、李玉强:《行政诉讼原告资格认定标准的新阐释》,载《苏州大学学报(哲学社会科学版)》2009年第6期。
⑦ 刘某明诉张家港市人民政府行政复议案,最高人民法院(2017)行申169号行政裁定书。

构,①在"利害关系"的判断上前进了一大步。但该判断模式并非没有争议,在其实际适用过程中会产生适用范围过窄、不当限缩当事人诉权等问题,因而需要进一步的调整和完善。②

笔者认为,对于行政诉讼原告资格的界定,不能一直徘徊于"概念"之中,而应当从更加本质的视角去观察。行政诉讼的原告资格,其直接目的是"筛选"起诉者,从而保护那些真正需要保护的人。权利具备利益、主张、资格、力量、自由五个要素,每一个要素都能表示权利的某种本质。③"诉权"从作用上看明显是"资格"性质的权利,起筛选的作用。这个筛选分为两步:第一要有权益,第二要有"足够的"权益。前者指不能是假想的权益,后者指不能是微弱的利益。这两个步骤存在内在的一致性,因为微弱的利益至零就是没有利益,两者都不值得花费宝贵的司法资源去进行保护。沈岿教授在精细地考察了实践中法官认定原告资格的推理过程后认为,法院在实践中实际上采取的是"实际和相当可能性"标准来认定原告资格的。④ 此外,原告资格的判断除了审视起诉人本身的权益外,还审视该权益与行政行为的关系。毕竟被诉的是行政行为,这决定了起诉者必须与该行政行为间存在某种联系。"利害关系"一词也正是从这种朴素的观念生发出来的。即使是公益诉讼,也只是在现代社会下,将这种"联系"进行了大幅扩张而已。

所以,"民告官"诉讼中原告资格中的"利害关系"更适合解释为"公权利+因果关系"。其中,"公权利"借鉴德国法上的理论,证明了权益的存在和足够,这也是最高人民法院的观点,因果关系则证明了起诉者与行政行为之间的联系。这一结构可以很好地弥补前述种种观点的漏洞。"公权力"通过与"反射利益"的区分,对"合法权益"进行了一定的界定,防止其过宽或过窄;"因果关系"则在一定程度上说明了"实际影响"的存在,借鉴了"实际影响"理论的合理内核。换言之,只要起诉者拥有足够的权益,且该权益被影响与行政行为有表面上的因果关系,就应当被认为有"利害关系",因而具备原告资格。

奇妙的是,以此标准来审视"反向"行政诉讼的原告资格的话,会发现在"反向"行政诉讼中,并不存在这样有"利害关系"的行政机关。从"具备

---

① 参见章剑生:《行政诉讼原告资格中"利害关系"的判断结构》,载《中国法学》2019年第4期。
② 参见白云锋:《保护规范理论反思与本土化修正》,载《交大法学》2021年第1期;何源:《保护规范理论的适用困境及其纾解》,载《法商研究》2022年第3期。
③ 参见夏勇:《权利哲学的基本问题》,载《法学研究》2004年第3期。
④ 沈岿:《行政诉讼原告资格:司法裁量的空间与限度》,载《中外法学》2004年第2期。

足够权益"的要件来看,在"反向"行政诉讼的适用场域内,具备足够权益的行政机关的范围极其狭窄。在行政协议领域,相对人不履行行政协议,很难想象签订协议以外的机关与该行为存在"足够利益"。在非诉执行领域,由于行政权限的划分以及行政决定作出后主体的确定性,更不可能出现除行政决定作出主体之外的另一个行政机关与非诉执行有"足够利益"。在行政之债领域,或许会有行政机关认为相对人的行为使自己也受到影响,但这种影响同样很难被认为是"足够的利益"。

从"因果关系"的要件来看,"反向"行政诉讼中同样无法存在"有利害关系"的行政机关。在"民告官"诉讼中,之所以会出现"利害关系人"的权益与行政机关的行政行为有因果联系的情况,往往是由于利害关系人与行政行为相对人之间存在某种特定法律关系或事实上的联系。前者例如,利害关系人与相对人之间存在债权债务关系或相邻权关系,后者例如,利害关系人与相对人之间存在竞争关系,甚至利害关系人是相对人违法行为的直接受害人等。正是这种联系,使利害关系人的权益与行政行为产生了关联。但是,行政机关与行政机关之间,很难存在这些法律上或事实上的关系,遑论受到相对人行为的影响。所以,在"官告民"的诉讼下,除非相对人的行为直接针对两个或两个以上行政机关,否则,至少目前,很难出现另一个"官"的权益损害也与"民"的行为有因果联系的情况。[1]

所以,在"反向"行政诉讼下,除公民、法人、其他组织的行为所直接针对的行政机关外,由于行政机关的特殊性,几乎不会出现另外一个有"足够利益"且"具备因果关系"的行政机关。换言之,不会出现"民告官"诉讼中经常出现的相对人之外的"利害关系人"。所以,"反向"行政诉讼的原告资格不需要考虑"利害关系"的问题。这一结论也恰好与前述"确定原告资格所应考虑的因素"及"'反向'行政诉讼的受案范围"达成一致。"反向"行政诉讼是新生事物,制度效果如何需要经过实践的检验。所以,原告资格在制度制定之初不宜过大,传统的"民告官"诉讼在刚刚出现时,同样是将原告资格仅限制在相对人。另外,"反向"行政诉讼一方面保护行政机关的利益及其代表的国家利益、公共利益,另一方面也更加严格地监督控制着行政权。"反向"行政诉讼的原告资格意味着,一旦要求行政机关

---

[1] 《行政诉讼法》第27条规定:"当事人一方或者双方为二人以上,因同一行政行为发生的行政案件,或者因同类行政行为发生的行政案件、人民法院认为可以合并审理并经当事人同意的,为共同诉讼。"本条虽然是在"民告官"诉讼下设计的,但完全可以适用到"官告民"诉讼中。因此,在存在共同原告的情况下,这些行政机关都可以提起"反向"行政诉讼,按照共同诉讼审理即可,但这并不是"有利害关系"的情况。

提起"反向"行政诉讼,在大多数情况下就不允许该行政机关私自动用行政权。所以,如果"反向"行政诉讼原告资格规定过宽,也有可能阻碍行政职能的发挥和行政目标的实现,这也是必须考虑在内的。

(四)"反向"行政诉讼原告资格与行政主体理论

在传统的"民告官"诉讼中,真正做被告的不是行政机关,而是"行政主体"。所谓行政主体,依照学界的常用定义,是指以自己的名义行使行政权,进行行政管理活动,并对行政效果承担责任的组织。[①] 按照我国《行政诉讼法》及相关司法解释的规定,行政主体主要包括行政机关和法律、法规、规章授权组织。

关于"行政主体"理论的讨论开始于20世纪80年代末,当时讨论这一问题的直接原因,就是因为行政诉讼立法中需要确定被告。[②] 但是,当时惯用的"行政机关"等概念并不能很好地概括行政诉讼被告的范围:首先,我国行政组织体系内部有各种各样的派出机关、派出机构、内设机构等,它们都属于行政机关,但有的可以被诉,有的却不能被诉;其次,行政机关也有可能从事民事行为而属于民事主体,因而不能盲目地认为,行政机关就是行政诉讼的被告;最后,不仅行政机关可以成为行政诉讼被告,实践中有一些法律法规授权组织,如拥有行政管理职能的事业单位等,它们进行的管理活动,对外发生法律效力的行为同样可以提起诉讼。[③] 这就导致我们需要一个新的法律概念来弥补"行政机关"一词的局限性,能够回答"行政诉讼被告应当是一个什么样的组织"这一问题。在这种背景下,"行政主体"概念应运而生。所以,"行政主体"这一概念在我国生发之始就是为行政诉讼服务的。有学者将我国的行政主体理论称为"诉讼主体模式",与其他国家的"分权主体模式"相对应,显得十分形象而合理。[④]

学界对我国的行政主体理论有许多批评,如认为这一概念"根基浅薄","唯一的作用在于术语简化"。[⑤] 这些批评主要指向的是我国行政主体理论对域外概念的误解,对概念背后"分权"和"自治"理念认识的不足以及在国家赔偿等领域因"名义"主体与"责任"主体不一致而难以自圆其说。批评的目的在于通过澄清学界在行政主体理论上的认识误区,为央地关系调整、未来《行政组织法》的制定以及将更多的行政组织纳入行政主

---

① 参见罗豪才主编:《行政法学》,北京大学出版社1996年版,第58页。
② 参见张树义、方彦主编:《中国行政法学》,中国政法大学出版社1989年版,第48页。
③ 参见张树义:《论行政主体》,载《政法论坛》2000年第4期。
④ 参见章剑生:《反思与超越:中国行政主体理论批判》,载《北方法学》2008年第6期。
⑤ 薛刚凌:《行政主体之再思考》,载《中国法学》2001年第2期。

体范畴进而纳入行政诉讼范围而努力。① 但不可否认,"行政主体"理论毕竟还是为确定"民告官"诉讼的被告提供了一以贯之的标准和相当程度的便利,有效地解决了行政诉讼实践中被告确定的种种问题,进而为行政诉讼的顺利实施打下了基础。这些批评并不影响行政主体理论由于"权责一致"的优势而在行政诉讼被告问题上的决定性作用,②更不妨碍我们以此为视角,去审视"反向"行政诉讼。

在"反向"行政诉讼的构建之中,同样需要考虑"行政主体"理论在行政机关成为"原告"后的适用问题。在确定了公民、法人、其他组织的行为所直接针对的"行政机关"有原告资格的基础上,这里的"行政机关"一词是否恰当,是否需要以"行政主体"来予以适当扩充,需要仔细斟酌。显然,"行政机关"概念在作为"民告官"诉讼中的被告时所遇到的问题,在作为"官告民"诉讼的原告时同样会遇到。例如,行政机关的派出机构能否以自己的名义提起"反向"行政诉讼?法律、法规、规章授权组织能否以自己的名义提起"反向"行政诉讼?甚至随着公共行政的发展,部分非政府组织、行业协会乃至网络平台都会在某些领域和某些时刻拥有部分行政权,它们能否提起"反向"行政诉讼?③

在"反向"行政诉讼的原告问题上,同样需要用到"行政主体"理论。哪怕行政主体理论有各种各样的不完善,但其至少是现行法律规范背后的理论依据,也与实践中的问题相对应。而且,"反向"行政诉讼的特殊性,使行政主体理论应用于"反向"行政诉讼原告资格问题有了更加充分的理由。

关于法律、法规、规章授权组织能否提起"反向"行政诉讼的问题:前文已述,"反向"行政诉讼中的起诉权虽然是行政主体的"权利",但出于监督控制行政权的目的,这项"权利"在许多时候附带着一项义务:在"反向"行政诉讼列举的受案范围内,行政主体无权动用行政权力直接制裁相对人。这一逻辑在适用于法律、法规、规章授权组织时,不仅不会减弱,反而在法理上得到了增强。因为法律、法规、规章授权组织虽然在行政法上与行政机关的地位无异,但不可否认,其在设置的严格性、权威性、行政权授

---

① 参见薛刚凌:《我国行政主体理论之检讨——兼论全面研究行政组织法的必要性》,载《政法论坛》1998年第6期;薛刚凌:《多元化背景下行政主体之建构》,载《浙江学刊》2007年第2期;沈岿:《重构行政主体范式的尝试》,载《法律科学(西北政法学院学报)》2000年第6期。
② 参见余凌云:《行政主体理论之变革》,载《法学杂志》2010年第8期。
③ 有学者曾就公共行政背景下,行政主体理论之变革及"民告官"诉讼被告之改变做过讨论。参见石佑启:《论公共行政之发展与行政主体多元化》,载《法学评论》2003年第4期。

予的精密性等问题上都不如行政机关。授权组织的出现，更多的是为了应对现代社会繁复而又专业的行政事务，其在政治合法性或民意代表性上是低于行政机关的。随着授权组织的授权依据扩张到"规章"，这一点显得越发明显。传统的、被认为代表国家行使权力，因而当然具有权威性的行政机关尚且在"反向"行政诉讼面前受到限制，遑论法律、法规、规章授权组织。因此，法律、法规、规章授权组织一旦涉入"反向"行政诉讼的适用场域和争议中，在法律明确规定的情况下，也只能提起"反向"行政诉讼，不能不经司法审查就动用自己的行政权力。

关于行政机关的内部机构、派出机构等能否提起"反向"行政诉讼的问题：依照行政机关内部机构、派出机构是否可以做"民告官"诉讼被告的原理可以推出，公民、法人、其他组织侵犯了行政机关组建并赋予行政管理职能，但不具有独立承担法律责任能力的机构的合法权益的，组建该机构的行政机关是原告。公民、法人、其他组织侵犯行政机关内部机构、派出机构合法权益的，行政机关的内部机构、派出机构可以独立提起"反向"行政诉讼，因行政机关与其内部机构、派出机构的联系，导致行政争议涉及或必然涉及行政机关的，行政机关也可以提起"反向"行政诉讼。

关于非政府组织、行业协会、网络平台等能否成为"反向"行政诉讼原告的问题：随着公共行政的发展，行政权力出现下移趋势，行政主体的范围开始变得更加广泛。有鉴于此，已有学者建议以"公法人"理论为基础，以"行政任务"标准改革"行政权"标准，从而在不改变行政主体理论基本框架的基础上扩张行政主体范围，将更多的行政主体纳入传统"民告官"诉讼。① 近年来，大学、村民委员会等原本不能进入行政诉讼的组织已逐步开始进入传统的"民告官"诉讼中，"民告官"诉讼的被告范围在不断扩大。应该说，随着立法的完善与实践的探索，更多主体被纳入行政主体范畴，进而进入行政诉讼中乃是大势所趋。"反向"行政诉讼的构建，其理论基础之一即是公共行政的发展之下行政主体与行政相对人之间越发平等的趋势。以此论之，行政主体范围扩张在"官告民"诉讼中的障碍，甚至还要小于这些主体出现在"民告官"诉讼中。虽然这些新兴行政主体与相对人之间一般不会在"行政强制执行"领域产生纠纷，但在行政协议、行政之债范围内，其与相对人的平等性较传统行政主体更胜一筹，"反向"行政诉讼显得更加顺理成章。不过，考虑到这些主体尚未完全进入"民告官"诉讼中，

---

① 参见葛云松：《法人与行政主体理论的再探讨——以公法人概念为重点》，载《中国法学》2007年第3期。

出于与现行《行政诉讼法》相吻合的考虑,也可以暂时限制这些主体提起"反向"行政诉讼的权利。待"民告官"诉讼的被告范围进一步扩张之时,这些主体也就可以纳入"反向"行政诉讼的原告范围中。

本节讨论"反向"行政诉讼的"原告资格"问题,具体逻辑如下:首先,从诉讼法之诉权、行政诉权的原理出发,论证行政机关成为行政诉讼原告的理论合理性,以此得出公民、法人、其他组织的行为所直接针对的行政机关属于"反向"行政诉讼适格原告;其次,通过讨论"民告官"诉讼原告资格的演变,探索行政诉讼原告资格规定背后所考虑的因素,为"反向"行政诉讼原告资格的确定打下基础;再次,类比"民告官"诉讼在原告资格问题上争议,讨论"利害关系人"是否应当出现在"反向"行政诉讼中的问题;最后,借鉴"民告官"诉讼确定被告的策略,以"行政主体"理论完善"行政机关"做原告的不足之处。以上四步环环相扣,共同决定了"反向"行政诉讼的原告资格及相应的原告范围。

三、"反向"行政诉讼的审查对象

从词汇结构来看,行政诉讼"审查对象"中的"对象"一词是"审查"的宾语,行政诉讼的审查对象问题,也即行政诉讼过程中法院应当审查的内容或客体,并没有什么难以理解之处。但是,由于行政诉讼的审查对象从不同层级上看有不同的结果,使学界对行政诉讼审查对象的理解出现了不小的偏差,"审查对象"也与行政诉讼的"审查标准""审查范围"等用语出现了一定程度的混同。讨论"反向"行政诉讼的审查对象,必须先厘清这一概念本身。尤其是,要从"层级"的角度对行政诉讼的审查对象进行归类,避免将不同层级的对象放置在同一层面探讨进而造成混乱的情况。

行政诉讼审查对象,可以细分为诸多层级,在不同层级体现为不同内容。

第一层级是行政争议。换句话说,不属于"行政"争议的,不是行政诉讼的审查对象。如果从这个角度去运用"审查对象"一词,则这一概念的主要目的在于彰显行政诉讼的独立性和独特性,从而与民事诉讼、刑事诉讼相区分。前文已述,行政法学界通常使用"行政案件"或者"行政争议"概念来代替这个层面上的"审查对象"。

第二层级是满足条件的行政行为。换言之,某些不满足条件的行政行为不是行政诉讼的审查对象。例如,行政机关依照刑事诉讼法所做的行为、内部行政行为、未成熟的行政行为等,都不能进入行政诉讼。这一问题在学界通常被称为"受案范围"而非"审查对象"。但早期确实有学者将类似问题纳入行政诉讼"审查对象"的范畴中讨论。①

第三层级指向行政行为的分类。此即通过划分行政行为的种类,区分部分行政行为不属于行政诉讼"审查对象"。例如,在1989年《行政诉讼法》中,立法便将行政行为划分为具体行政行为与抽象行政行为,并认为只有对具体行政行为才能直接提起行政诉讼。学界在讨论抽象行政行为是否可以纳入、如何纳入司法审查的问题时,就有文章认为这是行政诉讼的"审查对象"问题。②

第四层级指向特定诉讼当事人。在这一层面下,行政诉讼"审查对象"讨论的问题是,行政诉讼是审查被告——行政机关的行为,还是原告与被告行为一起审查?虽然《行政诉讼法》明文规定,行政诉讼审查的是行政行为的合法性,但是否意味着完全不需要审查原告的行为?

第五层级是从行为构成要件的角度看待"审查对象"。即行政诉讼审查行政行为,是仅审查其外在的客观表现,还是也需要关注行政机关的主观意图?与第四层级的含义相联系,如果行政诉讼要审查相对人的行为,那么是否需要关注相对人的主观意图?

第六层级是从行为内容的角度看待"审查对象"。即行政诉讼审查的是事实问题还是法律问题?行政诉讼是否需要对行政争议进行"全面审查"?学界对这一问题讨论众多,下文将有详述,不同的观点往往被认为是对行政诉讼"审查对象"认识的不同。

第七层级指向行为的评价标准层面。即行政诉讼是仅审查行政行为的合法性,还是也要审查行政行为的合理性?依照我国《行政诉讼法》的规定,行政诉讼以审查行政行为的合法性为原则,但该规定是否排斥对行政行为的合理性审查,如果不排斥,又能在何种范围内审查行政行为的合理性,这往往被认为是行政诉讼的"审查对象"问题。值得指出的是,学界对行政诉讼审查对象的讨论往往容易与行政诉讼的"审查标准"混同,尤其是将合法性与合理性审查认为是行政诉讼的审查标准。③ 实际上,行政诉讼的审查标准是指法院审查行政争议的深度、程度、标准问题。④ 质言之,审查标准是"人民法院裁判行政行为合法性和合理性所依据的尺

---

① 例如,在早期的文章中,有学者认为,我国行政诉讼"将政治行为、内部行为、抽象行为、行政机关终局裁决行为排除在司法审查对象之外"。这明显是将受案范围纳入审查对象中考虑。参见范德浩:《浅论我国司法审查的对象》,载《法学评论》1993年第4期。
② 参见丁宁杰:《对合法性审查原则的几点思考》,载《行政法学研究》1996年第3期。
③ 参见罗豪才、湛中乐主编:《行政法学》(第2版),北京大学出版社2006年版,第519-523页。
④ 参见杨红:《我国行政诉讼类型化审查标准的构建》,载《海峡法学》2013年第4期。

度",①而不是合法性或合理性审查本身。

以上七个层级,如果仅从词义上理解,都可以被认为是行政诉讼的审查"对象"。但显而易见,前三个层级所指向的问题已经被学界纳入其他概念下讨论。所以,从逻辑协调、概念严谨的角度,行政诉讼的审查对象应当仅限于后四个层级,这也是本节细分小节时所沿用的逻辑。"反向"行政诉讼与传统的"民告官"诉讼相比,两者在审查对象上是否会有所不同,又会有多大的差别,是本节试图讨论的问题。对这一问题的讨论,将更加清晰地展示"反向"行政诉讼的内在逻辑和具体样态。

(一)审查行政行为也审查相对人行为

在传统的"民告官"诉讼中,司法机关主要审查的是行政机关作出的行政行为。我国《行政诉讼法》第6条规定:"人民法院审理行政案件,对行政行为是否合法进行审查。"传统观点认为,行政诉讼审查的核心对象是"行政行为",也即被告的行为。行政相对人作为行政诉讼的原告,其行为是否合法主要由行政机关在行政决定程序中审查,并不是行政诉讼所关注的焦点。况且,原告行为合法与否与被诉行政行为的合法性之间也没有必然的联系,即使原告的行为违法,行政机关的行为也不必然合法。②

"民告官"诉讼主要审查行政机关一方的倾向,抓住了行政诉讼矛盾的主要方面,突出了行政诉讼"监督控制行政权"的立法目的,有效防止了"法院与被告一起审原告"的情况,因而具有相当的合理性和可接受性。但是,随着行政诉讼制度的运行,理论界和实务界越来越发现,即使在传统的"民告官"诉讼中,在某些情况下也需要审查行政相对人的行为。例如,在行政相对人起诉行政机关不作为的案件中,法院必须审查原告是否向行政机关提交了申请,只审查被告的行为根本无法审理案件。③再如,相对人对于行政机关拒绝给予行政许可、行政给付的行为不服的,法院在大多数情况下也要审查相对人向行政机关提交的申请材料在形式上是否符合要求。即使从最一般的意义上讲,由于许多行政行为是行政机关对行政相对人行为的回应,行政诉讼要审查行政行为的合法性,就不可能完全不关注相对人的行为。因此,"民告官"诉讼确实是以审查被告行政机关作出的行政行为为核心,但在必要的情况下需要兼顾原告的行为。

"反向"行政诉讼是行政机关做原告而行政相对人做被告。如果法院审查行政行为的合法性,则是审查了"原告"的行为,传统行政诉讼"审被

---

① 姬亚平:《论行政诉讼审查标准之完善》,载《甘肃政法学院学报》2009年第2期。
② 参见江必新:《论行政诉讼的审查对象》,载《中国法学》1993年第4期。
③ 参见吴偕林:《行政诉讼合法性审查三题》,载《法学》2002年第6期。

207

告"的模式将被颠覆。当然,这种"颠覆"并没有什么值得大书特书的地方,其只是诉讼结构变化带来的直观改变而已。"反向"行政诉讼也是行政诉讼,也以监督控制行政权作为其目的,因而必须审查行政行为的合法性,这并不因为行政机关成了原告就有所改变。我们要防止的,恰恰是司法机关习惯了审被告,因而在"反向"行政诉讼中放松了对行政行为的审查。

真正有所改变的,是"反向"行政诉讼中对相对人行为的审查程度。如果说,传统的"民告官"诉讼只是在部分情况下才兼顾行政相对人的行为,那么"反向"行政诉讼则要同时审查行政机关的行为与相对人的行为。其理由有三点。

其一,行政机关作为原告提起"反向"行政诉讼,其目的在于保护自己的权益或取得法院的某些"许可"。换言之,作为司法审查程序的发起者,行政机关在"反向"行政诉讼中是有诉求的。法院针对这些诉求必须作出裁判,即判断行政机关与相对人各自行为的是非对错,并对两者之间的权利义务进行分配。所以,"反向"行政诉讼不能再仅仅关注行政行为,否则相当于漠视原告的诉讼请求。

其二,传统的"民告官"诉讼之所以不关注相对人行为,是因为对相对人行为的审查和认定,已经由行政机关在行政决定程序中完成了。法院虽然不能完全采纳行政机关的结论,但也要对行政机关的认定予以相当程度的尊重。但"反向"行政诉讼限制的就是行政机关以自己的权力去制裁相对人,至少在行政协议和行政之债两个领域,行政机关根本就没有作出行政决定,没有进行"法律的第一次适用"。行政机关提起"反向"行政诉讼,只是感觉或认为相对人的行为存在问题,并不属于对相对人的行为的审查和认定,也没有什么结论需要法院尊重。所以,在"反向"行政诉讼中,法院没有不审查相对人行为的合理性基础。

其三,"反向"行政诉讼较传统"民告官"诉讼的一大优势,即在于其完美协调了行政诉讼三大目的。传统的"民告官"诉讼十分强调司法权对行政权的监督与控制作用,审查的目光自然要更加集中于被告作出的行政行为。但在"反向"诉讼中,由于行政行为作出者与行政诉讼原告在身份上的重合,使得解决行政争议、保护公民合法权益和监督控制行政权可以并行不悖。此时,司法机关不应当在审查对象上再有明显的偏向,否则反而不利于实现行政诉讼的另外两个目的。

具体而言,在行政协议中相对人违约的情形下,行政机关提起"反向"行政诉讼的目的,是希望法院去制裁相对人的违约行为或督促相对人履行协议义务。法院无论是驳回行政机关的诉讼请求,还是对行政相对人科以一定的义务,都不可能不审查相对人的行为。当然,行政机关一方在行政协议签订、履行过程中的行为同样与判决结果息息相关,法院自然也不能因为其是"原告"就放松对其行为的审查。

在行政强制执行的情形下,行政机关提起"反向"行政诉讼,与之前申请法院强制执行一样,是为了获得法院"准予执行"的裁定。但与非诉执行不同,"反向"行政诉讼是一个诉讼,其目的就是为相对人创造参与程序的机会。所以,除缺席判决外,相对人必然会出现在庭审程序中,提交自己的证据、陈述自己的意见和理由,并与行政机关进行对抗。此时,法院有了很好的机会去审查行政机关和相对人双方的行为,从而更加公正、合理地判断是否允许行政机关强制执行。在这种情况下放弃或轻视对相对人行为的审查,相当于放弃了"反向"行政诉讼应用于行政强制执行的最大优势。

在行政相对人侵权、不当得利或行政机关无因管理求偿的情况下,审查相对人行为就显得更加顺理成章。三者毕竟是债权债务法律关系,有天然的交互属性,这为"反向"行政诉讼审查相对人行为打下了基础。甚至在行政之债中,审查行政相对人行为会成为更加主要的方面。至少在侵权、不当得利案件的审理中,最核心的就是确认公民、法人、其他组织的行为是否符合法定的要件,从而构成侵权或不当得利行为。与之相比,反而是行政机关的行为只需要被"兼顾"。

综上,在"反向"行政诉讼中,原告和被告的位置发生了颠倒。这种颠倒,不会使行政诉讼审查行政机关行为的目标有太多改变,但其对相对人行为的审查无疑是大大加强了。"反向"行政诉讼既需要审查原告行政机关的行政行为,也需要审查被告相对人的行为,二者缺一不可。

(二)审查客观行为也审查主观方面

在传统的"民告官"诉讼中,司法审查的是客观行为还是主观方面,学界讨论得并不多。究其根源,行政诉讼以审查行政行为合法性为原则,而"合法"与"不合法"本身就是一个以法律规定为标准进行的客观判断。行政机关哪怕"初衷"是好的,其违法行为同样不可容忍,所以,审查主观方面就显得没有太大必要。同时,既然"民告官"诉讼不将重心放在相对人行为的审查上,自然也很少有需要去审查相对人主观方面。因此,传统的"民告官"诉讼默认审查的是行为的客观外在表现,而很少顾及行为主体的主观心理状态。

当然,这也不是没有例外。从行政机关一方来看,行政机关出于"恶意"而进行的"合法"行为可能会存在不合理或不合立法目的的问题,如果损害了相对人合法权益,则同样需要予以纠正。解志勇教授指出,司法审查不仅仅要审查行政行为的"合法性",还要以程序正当标准、比例适当标准以及目的正当标准来审查。① 其中,"目的正当"是要求行政机关的行为要追求实质正义,要与立法的目的相吻合,不能只有合法的外表。其对立的反面正是行政行为"合法"但行政机关存在消极、恣意甚至恶意的行为。此时,司法审查虽然仍然是在判断行政行为的合法性问题,但其内在已经隐含了对行政机关主观方面的认定及态度。另外,在英国的司法审查中,对行政行为"越权"的认定标准也有恶意、没有正当理由等,②同样蕴含着审查行政机关主观方面的色彩。我国《行政诉讼法》也有类似规定。例如,行政行为违法的情形中有"滥用职权"一项,学界通说认为,构成滥用职权必须存在主观方面的恣意。③ 对司法实践的分析也表明,法院在裁判中如果认定行政机关"滥用"职权,往往是以行政机关存在恶意为要件。④

从相对人一方来说,传统行政诉讼同样存在考察相对人主观心理状态的例外情况。我国《行政许可法》第78条、第79条分别规定了申请人隐瞒有关情况或提供虚假材料申请行政许可以及被许可人以欺骗、贿赂手段获得许可的法律责任问题。行政机关认定相对人存在这些情形,相对人不服提起诉讼的,法院势必需要对相对人是否真的存在"隐瞒""欺骗"等主观恶意进行审查。另外,有学者在讨论"钓鱼执法"的法律规制问题时,也曾提出考察相对人的主观心理状态,借此将行政机关的行为分为"犯意引诱型"和"机会提供型",从而在维护社会秩序和依法行政之间追求平衡的思路。⑤

在"反向"行政诉讼中,法院审查主观方面的情况则更多一些。从相对人的行为来看,无论是违约、不履行行政决定,还是侵权、不当得利、不履行自身法定义务、因重大过错遇到风险等,都需要关照相对人的主观心理状态。主观上的故意或过失有时会成为认定相对人行为的要件之一(如在

---

① 参见解志勇:《论行政诉讼审查标准:兼论行政诉讼审查前提问题》,中国人民公安大学出版社2004年版,第5页。
② 参见张越编著:《英国行政法》,中国政法大学出版社2004年版,第678页。
③ 参见胡建淼:《有关行政滥用职权的内涵及其表现的学理探讨》,载《法学研究》1992年第3期;关保英:《论行政滥用职权》,载《中国法学》2005年第2期。
④ 参见何海波:《行政行为的合法要件——兼议行政行为司法审查根据的重构》,载《中国法学》2009年第4期;余凌云:《对行政机关滥用职权的司法审查——从若干案看法院审理的偏好与问题》,载《中国法学》2008年第1期;郑春燕:《"隐匿"司法审查下的行政裁量观及其修正——以〈最高人民法院公报〉中的相关案例为样本的分析》,载《法商研究》2013年第1期。
⑤ 参见熊樟林:《"钓鱼执法"司法审查对象的转换——从"程序"到"主观方面"》,载《法学论坛》2010年第4期。

侵权行为的认定中），或至少成为法院进行权利义务分配时的考量因素（如违约的原因，不履行法定义务的原因等）。为了更加公正地裁判，法院在审查相对人行为时，不能仅仅将目光放置于客观方面。从行政机关的行为来看，考察行政机关主观方面也更加有必要。尤其是前述"滥用职权"一项，极有可能是相对人被迫在协议中违约，或消极不履行行政决定的理由。如果存在这种情况，则行政协议双方的过错需要重新考虑，行政决定的合法性也应更仔细地斟酌。在行政之债尤其是行政不当得利之债中，由于涉及相对人的"信赖利益"问题，不能仅仅按照民法上的不当得利要件认定和要求相对人返还不当得利。司法机关在审查判断、平衡拿捏的过程中，难免涉及行政机关和相对人的心理状态，因为这是判断相对人是否有"信赖利益"的一个重要考量。

所以，在"反向"行政诉讼中，法院不仅要审查诉讼双方的客观行为，而且要考察双方的主观心理状态。这是"反向"行政诉讼确定双方权利义务、解决行政争议而不限于行政行为合法性审查的必然结果。

（三）审查法律问题也审查事实问题

行政诉讼是"法律审"还是"全面审查"，历来是行政诉讼法学上的一个有争议的问题。从《行政诉讼法》的具体规定来看，人民法院审理案件一方面要"对行政行为合法性进行审查"，另一方面又要"以事实为依据，以法律为准绳"。所以，学界主流观点认为，我国行政诉讼应当实行"全面审查"，既审查事实问题，又审查法律问题。[1] 但是，由于行政权与司法权的界限、司法体制、事实与法律在实践层面的融合等问题，这一问题远远不像理论这么简单。

在我国行政诉讼法学研究早期，有学者认为，行政诉讼应当是"法律审"，不需要进行"事实审"。[2] 当然，这里的"事实审"和"审行政机关认定的事实结论"是两码事。"事实审"审的是事实本身，而"审行政机关认定的事实结论"审的是行政机关获得的证据是否足以支持其作出事实认定。后者属于行政诉讼范畴，前者不属于行政诉讼审查对象。这一观点紧紧地将行政诉讼审查对象限定在"行政机关"一方，是对传统行政诉讼品格的坚持。在这种观点看来，即使行政诉讼审查过程不可避免地要涉及"事实"，审的也是行政机关一方对事实的认定是否证据充足，而不是相对人具体做了什么。这一观点既尊重了行政主体的独立判断，又与《行政诉讼

---

[1] 参见应松年主编：《行政诉讼法学》，中国政法大学出版社1994年版，第51页。
[2] 参见薛刚凌：《对行政诉讼审查范围的几点思考》，载《行政法学研究》1997年第2期。

法》规定的行政行为违法情形中"主要证据不足"一项相吻合,有相当的合理性。后来,部分学者在论及行政诉讼的事实审查时,也以这种区分作为行政诉讼审查事实问题的前提。[1] 例如,有学者指出,行政诉讼"事实认定的关键是证明标准的问题",[2]还有学者认为,行政诉讼事实审查范围狭小,只需要审查行政决定是否有足够的证据即可。[3] 但这一观点也面临批评:这一观点背后的逻辑,是法院不应当直接审查相对人的行为,而应当将这部分工作交予行政机关。这虽然有利于司法与行政分工协作,提高效率,发挥各自的优势,却忽略了一个问题:事实问题和法律问题往往难以截然分开,无论是行政决定还是司法判决,都是混合考虑事实问题和法律问题的结果。[4] 所谓"纯粹的法律问题不构成案件",[5]说的正是这样一个道理。

实际上,行政诉讼中的事实问题,最终会蜕变成一个判断行政主体事实认定是否合理的问题。[6] 这种合理性判断,既要考虑行政机关的专业性,也要考虑法院的自主性。一方面,如果法院完全无视行政机关对事实的认定而以自己的判断为准,那么行政机关进行"法律的第一次适用"将变得没有意义;另一方面,如果法院遇到事实问题就不予审查,那么考虑到"世界是事实的总体",[7]且所有的法律问题都要以事实为基础,法院对法律问题的审理将完全受制乃至取决于行政机关对事实的形塑,司法审查的意义同样会大减。对此,部分学者建议采取美国的经验,区分不同的事实,设置"重新审理""实质证据标准""任意性标准""严格看待"直至"明显错误"的不同审查标准,法院据此进行不同程度的审查。[8] 也有学者建议吸收德国行政法的经验,根据法律条文"构成要件"和"法律后果"的区分来平衡行政与司法的关系,在后者中确立行政机关的裁量权,将前者界定为"不确定性法律概念",当成法律问题进行严格的司法审查。

所以,传统的"民告官"诉讼只能是"全面审查"。这与其说是出于某

---

[1] 参见江必新:《论行政诉讼的审查对象》,载《中国法学》1993年第4期;陆一平:《行政诉讼中法庭审查的几个问题》,载《山东审判》1999年第2期。
[2] 王锴:《行政诉讼中的事实审查与法律审查——以司法审查强度为中心》,载《行政法学研究》2017年第1期。
[3] 参见宋炉安、李树忠:《行政诉讼的审理对象》,载《行政法学研究》1997年第2期。
[4] 参见周少华、高鸿:《试论行政诉讼对事实审查的标准》,载《法商研究(中南政法学院学报)》2001年第5期。
[5] 江必新:《论行政诉讼的事实审查》,载《西北政法学院学报》1988年第4期。
[6] 潘荣伟:《行政诉讼事实问题及其审查》,载《法学》2005年第4期。
[7] [奥]维特根斯坦:《逻辑哲学论》,贺绍甲译,商务印书馆1996年版,第28页。
[8] 参见刘东亮:《行政诉讼中的法律问题和事实问题》,载《浙江学刊》2006年第2期。

种特定考量,不如说是法律概念或者规范构成天然混淆法律问题与事实问题。在这个层面,行政诉讼的所谓"事实",包含的范围非常广泛。① 有学者认为,行政诉讼中的"事实"既包括原始事实即相对人的行为,也包括行政机关认定的事实,还包括行政机关作出行政行为的事实。在行政诉讼中,至少应当审查后两种事实。② 这里所说"行政机关作出行政行为的事实",就包括了行政机关作出行政行为的权限、程序、法律适用等问题,在本质上还是全面审查。当然,考虑到对行政权的尊让、司法审查的效率等因素,传统的"民告官"诉讼会在全面审查的原则下适度放开一些余地给行政机关。即使严格如德国行政法,法院也不是完全不顾行政机关在"不确定性法律概念"上的认定。当行政机关在某些"构成要件"上的解释有相当的专业性时,法院还是要尊重行政机关的判断。③ 况且,"不确定性法律概念"本身也并不仅仅是法律问题,其更多的是法律问题与事实问题的混合。所以,在全面审查的基础上保持对行政机关的适度尊让,是行政诉讼审查法律问题和事实问题的基本态度。

在"反向"行政诉讼场域,这一问题会变得简单一些。在传统的"民告官"诉讼中,行政机关在司法审查之前便进行了法律的第一次适用,而由于其专业性,法院势必要对这一过程给予一定程度的尊重。但在"反向"行政诉讼的行政协议、行政之债两个领域,恰恰不允许行政机关进行法律的第一次适用。所以,此时行政机关根本没有进行过"事实认定",法院对事实问题的审查不仅是合理的,而且是必要的。在行政强制执行场域,行政机关有一个行政决定在前,即其肯定进行过事实的审查和认定。对此,司法机关仍然要对行政机关予以一定的尊重。但鉴于强制执行关系到公民、法人、其他组织的重大利益,且"反向"行政诉讼相较于行政非诉执行制度,就是要提升对行政决定的审查强度,避免司法机关一直扮演为行政机关背书的角色,因此,对该行政决定及其背后的行政争议进行全面审查并不过分,只是这种审查势必要受到行政机关之前结论的影响,要将行政机关的结论纳入考量之中。

(四)审查合法性也审查合理性

我国《行政诉讼法》明文规定,行政诉讼审查的是行政行为的"合法

---

① 参见朱新力:《论行政诉讼中的事实问题及其审查》,载《中国法学》1999年第4期。
② 参见解志勇、于鹏:《关于选择行政诉讼的审查形式:完全审查的思考》,载《天津行政学院学报》2005年第1期。
③ 参见赵宏:《诉讼权能与审查密度——德国行政诉讼制度的整体关联性》,载《环球法律评论》2012年第6期。

性",而没有提到合理性的问题。行政诉讼是合法性而非合理性审查的观点,也为早期官方所承认。从行政争端解决机制差异化发展的角度,鉴于行政行为合理性由行政复议制度审查,排除行政诉讼对行政行为合理性的审查同样有一定道理。但早在1989年《行政诉讼法》中,立法者便为行政行为合理性审查留下了一个缺口。1989年《行政诉讼法》第54条规定"行政处罚显失公正的,可以判决变更"。"显失公正"一词,显然与"合理"的含义更为贴近。另外,对行政行为"滥用职权"的认定,似乎也存在一定的合理性考量在其中。① 所以,学界一般认为行政诉讼以合法性审查为原则,以合理性审查为例外。后者是前者的补充,一般情况下,行政诉讼并不审查合理性问题。② 还有学者试图重新解释"合法"一词的含义,如认为对《行政诉讼法》中的"合法性审查"的理解不能仅仅局限于形式合法,而且要扩展为实质合法。③ 或认为依法行政不仅仅要依照法律条文行政,还要依照法理和法律目的行政。④ 在这类观点下,明显不合理就等同于不合法。但类似的解释进路,又似乎忽略了我国一直存在"合法"与"合理"二元分立的传统。⑤

2014年《行政诉讼法》修改,在这一问题又有所进步。虽然修改后的法继续秉持合法性审查原则,但在行政行为违法情形中,出现了一条"明显不当"条款。这一修改,不仅将合理性审查从"行政处罚"拓展到范围更加广泛的"行政行为"之中,而且把"显失公正""滥用职权"等情形拓展到更具概括性的"明显不当"概念里。行政诉讼"合法性"审查松动而"合理性"审查范围拓宽的趋势已较为明显。

目前来看,行政诉讼审查行政行为的合理性是大势所趋。首先,从理论上说,随着社会的发展,形式法治越来越不能满足现代国家人权保障的职能,不能适应给付行政等新型行政任务,更不能应对行政裁量范围日益扩大的现实状况。"行政行为应当不仅在形式上要具合法性,实质上亦应合法……仅以外在的、形式上的合法与否,来区分一个行政行为之违法与不当,已经落伍。"⑥其次,行政行为合理性的判断确实存在现实需要。行政决定毕竟是由"人"作出,面对利益诱惑、外部压力甚至是自己的惰性和

---

① 参见朱新力:《行政滥用职权的新定义》,载《法学研究》1994年第3期。
② 参见应松年主编:《行政诉讼法学》,中国政法大学出版社1994年版,第59页。
③ 参见薛刚凌:《对行政诉讼审查范围的几点思考》,载《行政法学研究》1997年第2期。
④ 参见姜明安主编:《行政法与行政诉讼法》(第3版),北京大学出版社、高等教育出版社2007年版,第65页。
⑤ 参见何海波:《论行政行为"明显不当"》,载《法学研究》2016年第3期。
⑥ 陈新民:《中国行政法学原理》,中国政法大学出版社2002年版,第286页。

恣意时,人都有可能做出有害、轻率甚至恶意的行为。将合理性纳入司法审查范畴,至少可以"对行政人员产生一种心理压力,促使他们谨慎行使权力"。① 最后,相对人提起行政诉讼,大多数情况下并不是想要法院去做一个"合法性"判断,而是试图解决争议,维护自身合法权益。在实践中,相对人与行政机关之间的许多争议恰恰发生在"合理"的问题上。比如,相对人认为行政机关的行政决定虽然在法律规定范围内,但有区别对待的情况,或认为行政机关有蓄意"对付"自己以达成其他行政目标(如征地拆迁)的恶意,再或者认为行政机关在作出行政决定过程中忽视了某些应当考虑的因素或考虑了不相关的因素等。面对这些案件,法院如果不审查行政行为的合理性,将无法彻底解决行政争议,也无法真正保护公民的合法权益。

所以,行政诉讼虽然有合法性审查的规定,但合理性审查同样必不可少。这一理念置于"反向"行政诉讼中也同样适用。一方面,在"反向"行政诉讼适用的场域中,双方的法律地位更加平等,行政机关较少存在单方运用行政权的机会,因而相对人的利益保护与行政合法性之间的联系正在减弱,而与行政合理性、合目的性之间的联系却在不断加强。质言之,传统"民告官"诉讼审查的是"权力",因而偏重其合法性,但"反向"行政诉讼审查的是"关系"或"权利义务",偏重合法性的基础已经大大动摇了。另一方面,行政机关的地位和在人财物方面的优势,使其有足够的条件做出合法但不合理的行为,影响相对人的利益,而这往往是相对人"侵犯"行政机关的诱因。例如,相对人违约、不履行行政决定、侵害行政机关名誉、安宁等,本身的确是错误乃至违法的,但相对人行为的背后,行政机关是否有不合法或合法但显然不合理的行为,同样不可被"反向"行政诉讼的审查忽视。此时,行政机关行为的合理性,对法院如何认定双方责任并最终进行权利义务分配有显著的影响。因而,哪怕出于审判本身的原因,法院也需要审查行政行为的合理性。

因此,在"反向"行政诉讼中,法院既需要审查行政行为的合法性,也需要审查行政行为的合理性。其中既有行政法治、现实需要、实现行政诉讼目的等一般原因,也有双方地位平等、行政机关利益相关、相对人行为诱因等特殊考虑。但要特别强调的是,"反向"行政诉讼在审查相对人的行为之时,只能审查相对人行为的合法性,而不能审查其合理性。除非需要以相对人行为的合理与否来推断其主观方面,否则,法院不能仅仅因为相

---

① 王名扬:《美国行政法》,中国法制出版社1995年版,第566页。

对人行为"不合理"就对相对人进行制裁。这种法律逻辑，绝不可因为"反向"行政诉讼中相对人地位变为被告就被掩盖。

本节讨论的是"反向"行政诉讼的"审查对象"问题。"审查对象"的概念本身包含多个层级的内容，以往的研究中有混淆不清之处。在分清层级的基础上，综合考虑行政诉讼的共有理论和"反向"行政诉讼的特殊之处，笔者认为，"反向"行政诉讼既要审查原告行政机关也要审查原告相对人，既要审查客观行为也要审查主观方面，既要审查法律问题也要审查事实问题，既要审查合法性也要审查（行政行为的）合理性。以上各个层级之间联系紧密、相互映照，构成一个环环相扣、协调统一的审查对象体系。

四、"反向"行政诉讼的举证责任分配

举证责任最早起源于罗马法，因其极端重要性而被称为"民事诉讼的脊梁"。实际上，不仅仅在民事诉讼领域，在三大诉讼法上，举证责任都能够起到串联整个诉讼进程的作用。没有举证责任制度，法院很难仅依靠自己就完成诉讼的审查。"法律制度常常对它必须解决的法律纠纷的是非曲直没有任何线索，但是，通过运用举证责任，以它来作为缺乏这种知识的代位者，法律制度就避开了这种耻辱。"[①]举证责任作为一种"责任"，无论从"应尽的义务"还是从"应当受到的惩罚"的含义上，都是在给诉讼当事人增加某种"负担"。通常，承担这一责任的当事人会比对方当事人更加容易败诉，所以，举证责任如何安排受到广泛关注。不合理的举证责任，如要求一方证明另一方未做某事，往往会被认为"强人所难"，因而与人类社会最朴素的公平正义观念相抵触，势必为法律所不容。所以，举证责任直接关系到诉讼的顺利进行，关系到当事人权利的保护和公平正义的实现，如何设计举证责任，在三大诉讼法中都是重中之重。

"反向"行政诉讼原被告地位的转换带来了显著的诉讼结构变化，使我们不得不思考其举证责任是否会相应发生改变的问题。与前述制度设计的逻辑相似，理解诉讼法学上的关于举证责任的基本理论，进而考察行政诉讼中举证责任分配的考量因素，再结合"反向"行政诉讼的特殊性将这些因素予以适用，是为"反向"行政诉讼设计出合理、公平的举证责任制度的必由之路。

（一）举证责任的概念及其分配理论

举证责任，是指"当事人请求依其主张为裁判，须就其主张待证之事

---

① [美]理查德·波斯纳：《法理学问题》，苏力译，中国政法大学出版社2002年版，第272-273页。

实,有举证证明之负担"。① 英美法系和大陆法系举证责任的构成各有特点。在英美法系,举证责任分为"提供证据责任"和"说服责任"。② 前者又称为"推进责任",是指当事人提出证据向法官证明某个争议点确实存在的责任;后者则是指当事人提出的证据达到案件所要求的标准,使陪审团相信其主张为真实的责任。在大陆法系,举证责任分为"主观证明责任"和"客观证明责任"。前者又称"行为意义上的举证责任",是指当事人有就自己的主张向法院提供证据的义务,而后者又称"结果意义上的举证责任",是指在事实真伪不明的情况下,由哪一方当事人承担败诉结果的问题。通说认为,虽然英美法系的举证责任理论建立在其特殊的"陪审团"制度之上,大陆法系的举证责任理论则是建立在"辩论主义"或"当事人主义"基础之上,两者建立的制度背景不同,但两者在制度理念上并无太大区别:英美法系的推进责任本质上就是大陆法系的主观证明责任(行为意义上的证明责任),而其说服责任就是大陆法系的客观证明责任(结果意义上的证明责任)。为表述方便,本节统一采用"主观证明责任"和"客观证明责任"称之。

主观证明责任与客观证明责任相比较,后者无疑是举证责任中更加本质和更加主要的方面。虽然仅仅研究客观证明责任尚不足以解决诉讼实践中出现的某些复杂问题,因而德、日证据法学有开始关注与主观证明责任相联系的"具体证明责任"的倾向。③ 但举证责任设置的主要目的,就是要在事实真伪不明时,通过由法律规定某一方当事人承担败诉的结果,防止法院无法审理却又不得不给出判断的尴尬。④ 通过理论研究找到一定的内在规律,使在特定情况下由某一主体承担败诉后果显得更有道理、更加正义因而也更容易为人接受,在很大程度上成为"举证责任"研究的意义。因此,学界有学者直接以"证明责任"一词来指代"客观证明责任",⑤或者在"举证责任"的概念下仅仅研究客观证明责任,就显得不足为奇了。

本节所言"举证责任分配"也秉持这样的思维。虽然举证责任分配既

---

① 李学灯:《证据法比较研究》,台北,五南图书出版公司1981年版,第356页。
② 参见[美]约翰·W. 斯特龙主编:《麦考密克论证据》(第5版),汤维建等译,中国政法大学出版社2004年版,第648-649页。
③ "抽象证明责任"与"具体证明责任"是举证责任的另一种分类。鉴于客观证明责任一定是抽象的,因而具体证明责任只能从主观证明责任中找寻,是主观证明责任中那些具体的部分。参见胡学军:《从"抽象证明责任"到"具体举证责任"——德、日民事证据法研究的实践转向及其对我国的启示》,载《法学家》2012年第2期。
④ 参见江伟主编:《民事诉讼法学原理》,中国人民大学出版社1999年版,第493-494页。
⑤ 参见陈刚:《证明责任法的意义》,载《现代法学》1999年第2期。

包括主观证明责任的分配,也包括客观证明责任的分配,但是,主观证明责任的分配是由法官根据诉讼的推进程度以及双方提出证据的具体情况进行的,很难提前预设,因而也很难进行理论上的研究。客观证明责任则不同,客观证明责任是由法律规范提前设定好的,在诉讼开始之前就存在,且并不会因为当事人的活动而受到影响或发生改变。① 所以,主观证明责任是有可能转移的,但客观证明责任不可能转移。② 在诉讼实践中,所谓客观证明责任的"转移",只是客观证明责任的一种"动态分配"而已。③ 质言之,客观证明责任的分配标准是一种"抽象的公式",一方当事人在自己处于某种位置,或对方满足某些条件时自然需要承担举证责任,这不是对方当事人"转移"的,而是由举证责任理论和实体法规范提前"分配"的。本节研究的"反向"行政诉讼的"举证责任分配"指的也是"客观证明责任"的分配,即由《行政诉讼法》直接规定的,何人在何种情况下需要承担客观证明责任的抽象法则。

举证责任应当如何分配,历来是诉讼法学的研究热点,时至今日已有众多学说产生。在古罗马法上,举证责任分配的总原则是"举证责任由肯定者承担而不由否定者承担"。这条总原则直至今日仍然在发生作用,甚至被认为在一定现代法治理念的加工和完善之下,仍然可以统摄三大诉讼法。④ 以这一原则为基础,诉讼法学上分配举证责任的学说主要有以下几个。

第一,事实分类说。这一学说是将举证责任根据拟证明事实的性质进行划分。在将待证事实分为"积极事实"和"消极事实"的基础上,主张积极事实即认为某个事实存在的当事人对该主张负举证责任;主张消极事实即认为某一事实不存在的当事人对自己的主张不承担举证责任。这一举证责任分配理论有相当的道理,毕竟,证明自己或他人未做某事,或证明某一事实并不存在,通常来说难度很高,甚至无从证明。相反,证明某人做了某事或某一事实真实存在,相对而言则是可能的。但是,这一举证责任分配理论太过笼统,积极事实和消极事实不像看起来那么容易区分,甚至在有些时候,两类事实可以通过语言表达的技巧加以模糊甚至改变。况且,这种举证责任分配方式施加给原告过重的举证责任,因而受到了一些批评。

---

① 参见[德]汉斯·普维庭:《现代证明责任问题》,吴越译,法律出版社2006年版,第26页。
② 参见叶自强:《举证责任的确定性》,载《法学研究》2001年第3期。
③ 参见刘巍:《行政诉讼举证责任转移的学理分析》,载《政治与法律》2008年第5期。
④ 参见李汉昌、刘田玉:《统一的诉讼举证责任》,载《法学研究》2005年第2期。

第二,法规分类说。这一理论将实体法分为原则性规定和例外规定,主张适用原则性规定的当事人,就某一事实符合该规定的适用条件进行举证,对例外规定无须举证。主张适用例外规定的当事人,则就某一事实符合例外规定的条件进行举证。法规分类说将目光转向实体法律规范,在相当程度上避免了举证责任分配的恣意性,提高了法律的可预测性。但是,由于法律规范不全都可以按照"原则"和"例外"进行完美区分,该学说在实践中的运用受到较大限制。

第三,法律要件分类说,也即法律规范说。这是在诉讼法学界最有影响力的举证责任分配学说,由罗森贝克所创立。在对实体法规范的构成要件进行分类的基础上,该学说的核心含义是,每一方当事人均必须对对其有利的法律规范的前提条件或要件特征加以证明。① 如果对方主张适用对其不利的规范,或主张适用有利规范的前提要件已经变更或消灭,则自然对对方当事人有利,就由对方当事人就事实符合自己所拟适用的规范的前提要件加以证明,或就适用有利规范的前提要件已经变更或灭失的事实进行证明。罗森贝克的学说将举证责任分配与法律适用的具体逻辑巧妙结合,显得清晰而自洽,且简明而便于操作,因此成为时至如今在举证责任分配上的通说。但是,该说限于时代,没有关注到某些特殊情况(如举证责任倒置的情况),没有将当事人的举证难度和因此而带来的公平问题考量在内,所以虽然是基础性学说,也不能独立成为举证责任分配的抽象法则。后来,德国学者汉斯·普维庭等人又对法律规范说进行了某些修正,要求举证责任的分配不能仅仅限制在法律规范的构造上,也要考虑其他的相关因素。②

在英美法系,由于其特殊的审判体制和判例法传统,成文法律规范的数量较大陆法系要少很多,成文法的严谨性、系统性也不似大陆法系一般。因此,英美法系"说服责任"的分配,往往不会与法律规范的分类或规范的构成要件联系起来,而是由法官根据具体的案件进程,考虑相关的因素,遵循更加容易查清事实的原则秉承正义理念进行,这里不作进一步展开。

综上,"举证责任"包括主观证明责任和客观证明责任,能够提前"分配"的是客观证明责任。关于举证责任(客观证明责任)分配的学说有许多,但目前仍然以罗森贝克的"法律规范说"为基础,辅以其他特殊的考量因素,共同构成一般的举证责任分配理论。

---

① 参见[德]莱奥·罗森贝克:《证明责任论》,庄敬华译,中国法制出版社2002年版,第173页。
② 参见叶自强:《我国举证责任概念的模糊性问题》,载《证据科学》2010年第6期。

（二）"民告官"诉讼的举证责任及考量因素

1989年《行政诉讼法》第32条规定"被告对作出的具体行政行为负有举证责任"。2014年《行政诉讼法》修改，除将本条中的"具体行政行为"改为"行政行为"外，对其他内容未作改动，相应的举证责任分配规则被完整地保留下来，这也是三大诉讼法第一次在法律条文中直接使用"举证责任"概念。该条款的出现，在一段时间内使行政法学界达成了行政诉讼由被告承担举证责任的共识。其也在相当程度上成为行政诉讼的"特色"之一，彰显了行政法特殊的立法目的和运行逻辑。

但随着行政诉讼实践的丰富，人们越来越发现，行政诉讼不能仅仅由被告承担举证责任。任何事实都由被告承担举证责任对行政机关是不公平的。被告能够且应当承担举证责任的，是其作出行政行为的合法性问题，对于其他事实不能一律由被告负举证责任。[①] 一时间，学界出现了各种观点，试图调整行政诉讼的举证责任分配。[②] 在这些理论影响下，2000年最高人民法院《关于执行〈中华人民共和国行政诉讼法〉若干问题的解释》和2002年最高人民法院《关于行政诉讼证据若干问题的规定》等都列举了几个条款，要求原告在诸如自己符合起诉条件（过诉讼时效除外）、自己已经向行政机关提出申请（起诉不作为）、自己实际上受到了损害（行政赔偿）等事项上承担举证责任。

对于最高人民法院的上述司法解释，不少学者出于不让相对人承担败诉后果的考虑，提出以上所谓的"举证责任"是指"主观证明责任"而非"客观证明责任"。[③] 这种观点的初衷是好的，却存在错误。首先，主观证明责任不能够提前分配，能够由立法或司法解释以规范形式加以固定的，只能是客观证明责任。其次，如果认为相对人只承担主观证明责任，那么相关研究和规定就几乎没有实践指导意义了：因为无论立法是否规定，相对人只要参与了行政诉讼，就不可能不承担主观证明责任。再次，至少在字面上，"举证责任"这一概念在立法和司法解释中进行了统一的使用，认为其适用于行政机关时就是"客观证明责任"，适用于相对人时就是"主观证明责任"是没有依据的。最后，从行政诉讼实践来看，在前述相对人应当证明

[①] 参见董皞：《行政诉讼证据问题新探》，载《法学研究》1993年第1期；林莉红：《论行政诉讼模式与举证责任原则的运用》，载《法学评论》1995年第5期。

[②] 参见许崇德、皮纯协主编：《新中国行政法学研究综述》，法律出版社1991年版，第688－689页。

[③] 参见湛中乐、李凤英：《行政诉讼中的证明责任》，载《行政法学研究》2000年第4期；许东劲：《论行政诉讼的举证责任》，载《行政法学研究》2002年第2期。

的事实处于"真伪不明"的状态时,法院会判决相对人一方败诉,此时,原告方承担的显然是客观证明责任。

所以,在传统的"民告官"诉讼中,被告对行政行为的合法性承担举证责任,原告在部分情况下对某些事项承担举证责任。这一举证责任分配方式的背后考量因素有以下几点。

一是诉讼法上举证责任分配的一般理论。行政诉讼的举证责任虽然有特殊性,但其内在的一般性无疑是更加主要的方面。遵循诉讼法上的某种举证责任分配原理,是进行行政诉讼举证责任分配的基础。我国的行政诉讼举证责任分配秉持着一种怎样的逻辑,学界还有争议。有的学者认为,现行行政诉讼举证责任是"举证责任倒置"。也有学者认为,当前行政诉讼的举证责任只是"谁主张,谁举证"的一般举证原则在行政诉讼中的特殊体现,本质仍然是"谁主张,谁举证"。[1] 但无论如何,这两种主张都承认我国行政诉讼举证责任以罗森贝克的"法律规范说"作为基础——谁主张、谁举证自不待言,即使我国行政诉讼举证责任真的是"倒置"的,这种倒置也是对"法律规范说"的倒置。[2]

二是行政诉讼与行政决定的关系。相较于民事诉讼、刑事诉讼,行政诉讼有一个非常明显的特点即其"复审性",与之对应的"初审"则是行政机关的行政决定程序。所以,在确定行政诉讼的举证责任如何分配时,考虑之前的行政程序是有必要的。余凌云教授就曾建议,行政诉讼举证责任应当根据双方当事人在行政程序中主张的权利成立要件抑或是权利妨碍要件来进行分配。[3] 我国《行政诉讼法》在被告负举证责任的条款中,明确要求行政机关提供据以作出行政行为的事实证据和法律依据,并且设计了诸如不允许行政机关在诉讼过程中再自行收集证据等规定,这都彰显出一个统一的逻辑,即认为行政机关在作出行政决定之时就需要达到事实清楚、证据确实充分的标准。换言之,正是由于前端行政决定程序的要求,在后端的行政诉讼中,行政机关才要对行政行为的合法性负举证责任。

三是行政诉讼的目的。早期的行政诉讼十分强调其"监督控制行政权"的目的。在行政诉讼建立之初,理论界和实务界将行政诉讼举证责任的规定偏执地理解为要求行政机关承担全部举证责任,与这种"目的观"是分不开的。当然,在当时行政法制初步恢复的背景下,采用更加严格的

---

[1] 参见刘飞:《行政诉讼举证责任分析》,载《行政法学研究》1998年第2期。
[2] 参见朱新力:《行政诉讼客观证明责任的分配研究》,载《中国法学》2005年第2期。
[3] 参见余凌云、周云川:《对行政诉讼举证责任分配理论的再思考》,载《中国人民大学学报》2001年第4期。

理解,以彰显对行政机关"依法行政"的要求,确实有助于提高行政机关的守法意识。但是,随着行政诉讼逐渐"中性化"而成为一种纠纷解决机制,原告完全不承担举证责任的观点相应地开始动摇,并通过司法解释和后续立法发生了改变。

四是当事人距离证据的远近,即举证能力的强弱。举证能力的强弱,既可以说是对罗森贝克法律规范说的完善,也可以说是自始至终隐含在所有举证责任分配理论中的一个"自然正义"般的要素。让距离证据更远的人,或几乎不可能证明某个事实的人强行去证明某种事实,是违背正义和公理的。我国《行政诉讼法》要求行政机关承担举证责任,在很大程度上也是出于行政机关举证能力更强的考虑。① 此后,最高人民法院的司法解释之所以要求在某些情况下由相对人承担举证责任,同样是因为那些情况下相对人距离证据更近,让行政机关去证明那些事项(如相对人未提起申请或未受到损害)是强人所难的。

五是特殊情境下的公平考量或利益衡量。任何一个举证责任分配学说,哪怕是占统治地位的"法律规范说",都不能独自完成举证责任分配的任务,其必须进行其他方面的考量,从而使自己更加完整和科学。随着越来越多专业事务出现,在民事诉讼上率先出现了"一方主张,另一方举证"的情况。这种情况虽然与传统举证责任理念不合,却迅速地得到了社会的认同和接受。在诸如环境污染、医疗事故等专业领域,提出主张的一方在某些问题上没有足够的专业知识,因而无法举证。本着社会公平的考虑,在衡量了双方利益的前提下,立法规定由对方进行举证。在行政诉讼中,由被告行政机关对行政行为的合法性负举证责任,本身就是一方主张,对方举证的表现。其中的考量是行政机关具有依法行政的职责,且拥有更高的地位和更加强大的能力。

综上,我国目前的行政诉讼举证责任分配还是比较合理的。它综合考虑了举证责任分配的基本理论、行政诉讼与前端行政决定程序的关系、行政诉讼的目的、当事人距离证据的远近及公平正义的观念。但是,这种举证责任分配制度仅仅是在"民告官"诉讼中比较合理,在"官告民"诉讼中是否需要有所改变,还有待进一步的讨论。

(三)"反向"行政诉讼的特殊性及其举证责任分配

"反向"行政诉讼举证责任分配制度的设计,仍然要以上文所述因素作为考量,同时结合"反向"行政诉讼的特殊性进行适当调整。

---

① 参见沈福俊:《论行政诉讼被告举证规则的优化》,载《法商研究》2006年第5期。

关于举证责任分配的基本理论：由于"举证责任"相关理论是以整个诉讼活动作为分析对象的，所以，无论是"民告官"的诉讼还是"官告民"的诉讼，都应当遵循其中的基本原理，从而彰显举证责任分配的一般性。因此，在"反向"行政诉讼中，以"法律规范说"为通说的举证责任分配理论仍然适用。

关于行政诉讼与行政决定程序的关系：这一点有很大变化。在"反向"行政诉讼适用于行政协议、行政之债两个场域时，行政机关并没有作出直接针对行政争议的行政决定，也不允许行政机关单方作出行政决定，因而没有所谓要求行政机关在作出行为时就保证行为合法性的说法。考虑到行政协议、行政之债都是建立在双方几乎平等的基础上，双方都有一定的主张和诉求，都做出了一定的行为，都有可能侵犯对方的合法权益，仅要求行政机关单方承担举证责任也不符合这类法律关系的基本特征。

关于行政诉讼的目的：2014年《行政诉讼法》修改之后，我国行政诉讼的三大目的更加均衡，解决行政争议成为行政诉讼的直接目的。有鉴于此，已有学者提出建议，认为应当"建立以原告诉讼请求为起点，以主观权利救济与客观法秩序维护为路径，以诉讼类型为分析框架的举证责任分配体系"。① "反向"行政诉讼对"解决行政争议"提出了更高的要求。"官告民"的许多争议，已经不能仅仅在行政行为合法性的框架内解决。传统的举证责任分配制度势必要有所调整。

关于当事人距离证据的远近：传统的"民告官"诉讼针对的是"行政行为"，这决定了在大部分情况下，行政机关与证据的距离会更近。但是，"反向"行政诉讼针对的是"双方之间的法律关系"，至少在行政协议、行政之债的情况下如此。此时，行政机关和相对人都仅在证明自己的主张时距离证据更近，在面对对方的主张时距离证据更远。因此，除行政强制执行外，"反向"行政诉讼几乎不会出现传统"民告官"诉讼中那种在距离证据的远近问题上近乎一边倒的情况。

关于公平因素的考量："反向"行政诉讼的举证责任分配同样要看重公平，所以，行政机关在人财物和专业性方面的优势仍然要在举证责任分配时予以考量。不过，在"反向"行政诉讼中，也有可能出现行政机关主张、相对人举证的看似吊诡的情况。例如，在行政强制执行领域，行政机关提起"反向"行政诉讼，意味着其主张相对人没有执行行政决定，也没有提起复议或诉讼。但这一否定性事实由行政机关举证未免强人所难。所以，

---

① 邓刚宏：《行政诉讼举证责任分配的逻辑及其制度构建》，载《政治与法律》2017年第3期。

出于公平考虑,应当由相对人举证证明自己已经执行了行政决定,或提起过复议或诉讼的事实。

在综合考虑以上因素及"反向"行政诉讼特殊性的情况下,笔者认为,"反向"行政诉讼举证责任分配的大原则是,涉及行政行为合法性问题的一律由行政机关举证,涉及其他问题的"谁主张,谁举证",在特殊情况下举证责任倒置。具体如下。

在行政协议中相对人违约的情境下,行政协议签订、履行过程中的狭义合法性问题如行政机关权限合法、行政行为程序合法、行使单方解除权变更权合法等,由行政机关一方承担举证责任。对于行政协议双方的行为是否符合约定的问题,由认为应当适用有利于己的法律规范的一方就规范的事实要件承担举证责任,即"谁主张,谁举证"。最高人民法院《关于审理行政协议案件若干问题的规定》第10条规定:"被告对于自己具有法定职权、履行法定程序、履行相应法定职责以及订立、履行、变更、解除行政协议等行为的合法性承担举证责任。原告主张撤销、解除行政协议的,对撤销、解除行政协议的事由承担举证责任。对行政协议是否履行发生争议的,由负有履行义务的当事人承担举证责任。"本条虽然是在"民告官"诉讼之下的规定,但其对举证责任进行分配的逻辑与前述原则是一致的。

在行政机关起诉,要求法院准予强制执行其行政决定的案件中,首先举证责任倒置,由相对人就自己履行了行政决定,或曾经提起过行政复议或行政诉讼的事实承担举证责任。相对人可以证明这一事实的,行政机关一方败诉,法院直接裁定不准予强制执行。相对人不能证明上述事实的,行政机关再就自己行政决定的合法性承担举证责任。相对人可以提出自己认为行政行为违法的证据,当然,相对人提不出证据或证据被否定的,不代表行政行为合法。相对人认为自己不履行行政决定是由于行政机关的原因或其他原因(如不可抗力)造成的,则由相对人就自己的主张承担举证责任。

在行政之债领域,行政机关认为相对人的行为构成侵权的,应当就行为人的主观过错、行为、损害后果、因果关系等承担举证责任。认为相对人构成不当得利的,应当就自己的主张承担举证责任。认为自己的行为构成无因管理的,应当就自己的行为符合无因管理要件承担举证责任。相应地,相对人提出适用有利于己的法律规范的,也要就规范的事实要件承担举证责任。可见,在行政之债领域,基本等同于民事审判中同类情况的举证责任分配方式,是一种一般性的"谁主张,谁举证"。

五、"反向"行政诉讼的判决类型

行政诉讼判决又称行政判决,是指人民法院审理行政案件终结时,根据事实和法律,就行政案件的实体问题所做的处理决定。① "判决"代表了国家审判机关对案件所涉问题的结论,是争议处理结果的承载形式之一。虽然行政诉讼脱胎于民事诉讼,但行政诉讼判决与民事诉讼判决存在诸多不同。第一,民事诉讼判决指向民事法律关系,而行政诉讼判决则多指向行政行为。所以,民事诉讼判决往往会指明双方当事人的具体权利义务关系,而行政诉讼判决却不一定直接判断当事人的权利义务,撤销判决就是一例。第二,民事诉讼判决解决的都是案件的实体问题,但行政诉讼判决却有可能是在判断行政行为的"程序"是否合法,虽然这里的"程序"与案件审理的"程序"是两个概念,但这确实是行政诉讼判决的特色。第三,民事诉讼判决是对法律第一次适用的结果,而行政诉讼判决是对法律第二次适用的结果,带有"复审"的性质。第四,也是与本节最为相关的,由于法院对行政行为合法性的判断只有限的几种可能,行政诉讼判决是可以类型化的,这与民事诉讼判决的丰富多彩相比显得十分不同。

讨论行政诉讼的判决类型,还需要明晰其与"行政诉讼类型化"的关系。判决类型针对的是行政诉讼最后的"判决结果",是根据判决结果内容的不同而进行的一种分类和归纳。我国现行《行政诉讼法》规定了驳回诉讼请求判决、撤销(重做)判决、履行判决、给付判决、确认(违法和无效)判决、变更判决等判决类型,另有单独的行政协议判决。与之相比,"行政诉讼类型化"则是指公民、法人或者其他组织可以行政诉讼请求救济且法院仅在法定的裁判方法范围内裁判的诉讼形态。所以,行政诉讼类型化的对象是整个行政诉讼过程,从起诉阶段开始,起诉者就要选择一种诉讼类型开启行政诉讼过程,法院也会按照这种诉讼类型的要求进行审理。② 不同的行政诉讼类型在起诉资格、诉讼期限、审理方式、举证责任等方面都有所不同,判决类型的不同只是不同诉讼类型的表现之一。③

但是,判决类型与行政诉讼类型化之间也有紧密的联系。在许多时候,诉讼类型与判决类型是相对应的,④不同的诉讼类型决定了不同的裁

---

① 参见应松年主编:《行政诉讼法学》(第2版),中国政法大学出版社2002年版,第202页。
② 参见蔡志方:《行政救济法新论》,台北,元照出版公司2001年版,第225页。
③ 参见吴华:《行政诉讼类型研究》,中国人民公安大学出版社2006年版,第12-13页;章志远:《行政诉讼类型构造研究》,法律出版社2007年版,第32页。
④ 参见马怀德、吴华:《对我国行政诉讼类型的反思与重构》,载《政法论坛》2001年第5期。

判形式。① 域外发达国家,尤其是大陆法系国家都对行政诉讼进行了类型化处理,虽然它们的立法没有明文规定判决类型与诉讼类型之间的关系,但两者之间的密切程度是显而易见的。② 老一辈法学家在讨论我国行政诉讼类型化的问题时,甚至直接以行政诉讼判决类型来反向推导,也是看到了两者之间的联系。③ 这一点在我国尤其不可忽视:考虑到行政诉讼类型化将极大地改变我国《行政诉讼法》的立法结构和现行的行政诉讼体制,立法者一直没有采纳学界关于行政诉讼类型化的建议。但鉴于行政诉讼类型化是行政诉讼制度发展的大趋势,立法者选择通过调整判决类型的方式来回应制度改革的需求。换言之,我国行政诉讼类型化的目标是通过不断精细和完善"判决类型"来展现的,2014年修法增加"给付判决"便是一个明证。④ 随着行政诉讼"解决行政争议"目的的确立,行政诉讼开始更加关注原告的诉讼请求而非仅仅盯着行政行为的合法性,开始由单向度的"行为诉讼"转向多向度的"关系诉讼"。⑤ 2014年《行政诉讼法》在这样的思维下,增加了"给付判决"这一新的判决类型,有效回应了公民、法人、其他组织的诉求,可以说是我国行政诉讼的一大进步。在尚未实现行政诉讼类型化的我国,判决类型体系生动地体现了立法者对行政诉讼的定位与态度。判决类型是否丰富和健全,在很大程度上决定了行政诉讼的目的能否实现,决定了诉讼双方,尤其是原告是否可以得到有效、充分的裁判和救济。

"反向"行政诉讼也有"判决类型"问题。面对行政机关提起的"官告民"诉讼,法院可以做出哪些种类的判决是一个十分重要因而要仔细讨论的问题。判决类型也会彰显出"反向"行政诉讼的基本逻辑和价值追求,进而帮助读者进一步理解"反向"行政诉讼。

(一)准许判决——撤销、变更判决

与民事诉讼主要是"给付之诉"不同,行政诉讼,至少是传统高权行政下的行政诉讼往往以"形成之诉"为主要诉讼类型。相应地,形成判决也

---

① 参见刘东亮:《行政诉讼类型问题研究》,载《上海师范大学学报(哲学社会科学版)》2005年第5期。
② 例如,在法国行政诉讼中,行政法院可以作出何种判决取决于行政诉讼的类型,因为其行政诉讼类型就是根据法官权限划分的。德国行政诉讼判决类型包括撤销判决、确认判决、履行判决、给付判决、变更判决,与其形成之诉、确认之诉、给付之诉的诉讼类型划分的联系一目了然。参见薛刚凌:《行政判决制度研究》,载《河南省政法管理干部学院学报》2003年第2期。
③ 参见罗豪才、应松年主编:《行政诉讼法学》,中国政法大学出版社1990年版,第84—87页。
④ 参见唐杰英:《新〈行政诉讼法〉对法院审理裁判的影响——以诉讼类型化为视角》,载《上海政法学院学报(法治论丛)》2015年第3期。
⑤ 参见梁凤云:《不断迈向类型化的行政诉讼判决》,载《中国法律评论》2014年第4期。

是行政诉讼中最为核心的判决类型。在我国现行《行政诉讼法》中，形成判决主要指撤销判决和变更判决。

撤销判决，是指法院对被诉行政行为进行审查后，认为该行政行为存在较为严重的违法情形，因而直接对其效力进行否认的一种判决类型。由于传统行政模式以高权行政为主，体现为对公民生活的干预，主要的危险在于对公民合法权益的侵犯，所以，传统的"民告官"诉讼更加关注行政行为合法性的问题。撤销违法行政行为，祛除违法行为对公民的侵害，自然成为法院表明态度并救济公民的主要方式，"撤销诉讼中心主义"应运而生。[1] 在目前的"民告官"诉讼中，大部分原告提起行政诉讼的诉求都是撤销违法行政行为。我国《行政诉讼法》规定的所有的判决类型中，也以撤销判决最为详尽，其与行政行为合法性之间的天然联系，使其始终处于行政诉讼判决的核心地位。当然，随着行政法的发展，给付之诉开始逐渐增多，并大有取代撤销之诉中心地位的趋势。相应地，给付判决的重要性也开始越来越高，撤销诉讼中心主义有所缓和。[2] 但就目前而言，我国"民告官"诉讼仍然以撤销诉讼为基础。

与撤销判决相比，变更判决虽然也属于形成判决，但其适用范围要窄得多。这一点很容易理解，毕竟，法院直接变更行政行为，相当于代替行政机关行使行政职权。所以，在大陆法系行政法中，变更判决往往只在行政行为存在明显的合理性问题或行政裁量缩限至零的情况下才能使用。我国行政诉讼对变更判决的适用则更加狭窄，仅限于行政处罚明显不当，或在其他行政行为中存在数额认定和计算问题的情况。

与"民告官"诉讼中的"形成之诉"及其判决类型相对应，"反向"行政诉讼中也势必存在一种"反向"的形成之诉及相应判决类型。但是，将"民告官"诉讼的撤销判决和变更判决直接类比到"反向"行政诉讼中会有许多不同之处。首先，"反向"行政诉讼的内在逻辑，在于不允许行政机关不经法院同意直接动用行政权，所以在行政协议和行政之债纠纷中，行政机关有可能对争议事项没有作出任何的行政行为，或至少对其中的争议点没有作出行政决定。此时，如果简单类比"民告官"诉讼中的"撤销、变更诉讼"，将没有撤销和变更对象。其次，在行政强制执行程序中，行政机关作出了原行政行为。但由于此时行政机关已经成为原告，如果这一行政行为违法，法院也不会作出"撤销判决"，而只需要驳回原告要求强制执行的请

---

[1] 参见蔡志方：《行政救济与行政法学（一）》，台北，三民书局1993年版，第149页。
[2] 参见熊勇先：《论行政撤销诉讼中心主义及其缓和》，载《政治与法律》2013年第6期。

求即可。因此,撤销、变更判决在"反向"行政诉讼中没有适用余地。

在"反向"行政诉讼的理念和逻辑之下,真正与"民告官"诉讼中撤销、变更判决相对应的,乃是新设计的判决类型——"准许判决"。准许判决,顾名思义,是指法院对行政争议双方的行为进行审查后,认为行政机关拟采取的行政行为合法,因而准许其作出该行为的判决。与"撤销诉讼中心主义"相对应,准许判决似乎应当适用于"反向"行政诉讼的所有场域。但实际上,这是没有必要且不经济的。在行政协议、行政之债场域中,如果法院经过审查,认为行政相对人行为违法或其应当承担一定的责任,做出一定的行为,那么法院可以直接对其科以具体义务,而不必再"绕远路"去"准许"行政机关作出某个行政行为。尤其是在相对人侵犯行政机关的名誉权、安宁权的案件中,恰恰只有司法机关可以通过判决要求相对人为行政机关赔礼道歉、恢复名誉、消除影响等。司法机关如果此时"准许"行政机关作出行为,行政机关反而不知道应该作出何种行政行为。出现这种情况,归根结底是由于,"反向"行政诉讼并不是只关注行政机关一方的诉讼,其审查对象也不限于行政行为,因而并不会出现"撤销诉讼中心主义"。"准许判决"虽然会存在,但不至于成为核心。

"反向"行政诉讼的准许判决,主要适用于行政强制执行场域之中。行政机关作出行政决定后,相对人在法定期限内不履行该行政决定,也不提起行政复议或行政诉讼,行政机关可以提起"反向"行政诉讼。法院对双方行为,尤其是行政行为的合法性进行审查后,认为原行政决定合法的,可以作出"准许判决",准许行政机关依法强制执行该行政决定。

(二)给付判决——履行、给付判决

"给付"是大陆法系债法之中的概念,是债权债务所共同指向的对象。作为一个法学词汇,"给付"既可以指给付行为本身,也可以指给付行为的结果,但通常与某些具体的义务相对应。这种义务既可以以一定的金钱或其他财产为内容,也可以以做或不做一定行为为内容。所以,"给付之诉",是指原告向法院提起的,请求法院判决被告给付一定金钱或其他财产,或为(不为)一定行为的诉讼。相应地,"给付判决"是指以要求当事人给付一定财产或做出一定行为为内容的判决。

最早将"给付"概念纳入行政法学的是德国法学家福斯多夫。他提出的"生存照顾"理念颠覆了传统高权行政以"维护秩序"为主要行政任务的观念,转而要求国家在行政中承担一定的照顾义务,包括共用设施行政、社会保障行政及补贴行政等。[①] 相应地,传统行政法以"消极不侵犯"为追求

---

① 参见陈新民:《公法学札记》,中国政法大学出版社2001年版,第79-81页。

的理念和行为模式发生改变,行政机关被要求在依法行政原则下承担更加积极和主动的责任。以此为契机,行政诉讼上开始出现要求行政机关给予一定财产,或要求行政机关做(不做)一定行为的诉讼,即给付诉讼。显然,传统的"撤销判决"是无法满足这种诉讼的需求的。所以,以当事人具体权利义务为内容的"给付判决"应运而生。

给付诉讼和相应的给付判决在世界各发达国家都存在。在德国,行政诉讼本身就存在"一般给付之诉"这一诉讼类型。① 在法国,完全管辖之诉也具备给付之诉的色彩。在这种诉讼类型中,法院拥有全部的权力,可以就双方间的实体权利义务进行直接的裁判,可判决行政机关承担赔偿责任。② 在日本,某些法定外抗告诉讼如预防性不作为诉讼,也有部分属于给付之诉。③ 在英国,虽然不划分诉讼类型,但从内容看,"禁令""强制令"都是实质意义上的给付诉讼。

我国的行政诉讼中,给付诉讼并不发达。在很长一段时间内,给付诉讼(给付判决)是被"边缘化的、被遮盖的,甚至是'不存在的'"。④ 这可能是由于,我国行政机关行为的"管理"色彩更为浓重,影响了《行政诉讼法》中关于给付判决的比重。1989年《行政诉讼法》中涉及给付判决的只有简单规定的"履行判决",适用于行政机关不作为的情况。但实际上,给付诉讼的范围十分广泛。学界通说,采德国行政法的理论,将给付诉讼区分为"科以义务诉讼"和"一般给付之诉",前者指公民要求行政机关作出一定的行政行为的诉讼,后者指公民要求行政机关作出行政行为之外的其他行为(包括财产给付行为)的诉讼。⑤ 两相对照,"履行判决"所针对的"不作为"情况更类似于"科以义务诉讼",最多可以扩张解释到覆盖"一般给付之诉"中因行政机关有法定的行政给付义务(如发放抚恤金、养老金等)而产生的金钱给付义务。⑥ 其不包括更为常见的,要求行政机关因行政给付义务之外的原因给付财产(如因合同之债而给付财产)、要求行政机关作出事实行为、要求行政机关不作为或停止作为等情况。有鉴于此,学界早已提出将履行判决适用范围扩大,或将一般给付之诉纳入行政诉讼之中的

---

① 参见刘飞:《行政诉讼类型制度探析——德国法的视角》,载《法学》2004年第3期。
② 参见王名扬:《法国行政法》,北京大学出版社2016年版,第519页。
③ 参见[日]盐野宏:《行政法》,杨建顺译,法律出版社1999年版,第413页。
④ 章剑生主编:《行政诉讼判决研究》,浙江大学出版社2010年版,第294页。
⑤ 参见刘飞:《行政诉讼类型制度探析——德国法的视角》,载《法学》2004年第3期。
⑥ 参见刘峰:《论行政诉讼判决形式的重构——从司法权与行政权关系的角度分析》,载《行政法学研究》2007年第4期。

建议。①

2014年《行政诉讼法》修改,加入了"给付判决"这一判决类型。《行政诉讼法》第73条规定:"人民法院经过审理,查明被告依法负有给付义务的,判决被告履行给付义务。"对于该条中"负有给付义务"的范围,学界有许多争议。立法者曾撰文明确指出:"本条规定的给付判决,要比给付诉讼窄很多,是专门针对行政给付行为设置的相应判决。"②但这一论述似乎难以成立。首先,如前所述,"履行判决"所针对的"不作为"行为,本身就可以扩张解释,使其包含行政机关负有行政给付义务但不作为的情况。③ 其次,从修法后法院对"给付判决"的运用来看,法院在实践中也并非将其适用于狭义的行政给付行为。④ 最后,也是最重要的,"给付判决"这一判决类型蕴含了行政无因管理、行政不当得利、预防性行政诉讼等多种诉讼进入《行政诉讼法》的契机,与现代行政法主体平权化、行政法与民法的结合及行政监督提前化的趋势都十分吻合,是最有进步潜力的一种判决类型,不可轻易扼杀。所以,有学者建议,可以将《行政诉讼法》中的"履行判决"对应德国行政法上"科以义务诉讼"作出的判决,将"给付判决"对应基于"一般给付之诉"作出的判决,从而在我国建立完整的"给付诉讼"。⑤

依此理解,将我国现行《行政诉讼法》中的"给付判决"直接适用于"反向"行政诉讼,可说是没有任何障碍。早在20世纪90年代就有学者指出:"给付行政的法律关系是受公法原则精神制约的契约关系。"⑥这一论述虽在今天看来不完全正确,却精准点到了给付诉讼或给付判决的核心。首先,在一般给付之诉下,法院会直接对双方当事人的权利义务作出安排,因而这种诉讼类型适用于行政协议、行政无因管理、行政不当得利等行政法与民法相结合的争议。⑦ 这与"反向"行政诉讼的适用场域完美匹配。其

---

① 参见熊勇先:《行政履行判决之反思与重构》,载《学术探索》2010年第3期;吴红宇、肖帮华:《试析给付判决应当成为我国行政判决的种类》,载《行政法学研究》2009年第4期。
② 信春鹰主编:《中华人民共和国行政诉讼法释义》,法律出版社2014年版,第194页。
③ 参见姚斌:《"不依法给付行为"之判决适用研究——基于〈行政诉讼法〉第11条第1款第6项的展开》,载《时代法学》2013年第3期。
④ 参见黄锴:《论给付判决的适用范围——以〈行政诉讼法〉第73条为分析对象》,载《浙江学刊》2017年第4期。
⑤ 参见江必新主编:《新行政诉讼法专题讲座》,中国法制出版社2015年版,第277页;江必新、梁凤云:《最高人民法院新行政诉讼法司法解释理解与适用》,中国法制出版社2015年版,第230页。
⑥ 郭润生、张小平:《论给付行政法》,载《行政法学研究》1994年第3期。
⑦ 参见杨东升:《论一般给付诉讼之适用范围——〈行政诉讼法〉第73条评释》,载《行政法学研究》2015年第6期。

次,给付判决还可以适用于"预防性行政诉讼",法院借此可以要求行政机关停止已经开始尚未结束或即将开始的行为,与司法监督的提前化趋势相吻合,而这也是"反向"行政诉讼的内在逻辑。最后,在德国等存在一般给付之诉的国家,一般给付之诉本身就不限于"民告官",而且可以拓展至"官告民",①有学者称为"诉讼两造的变动性"。② 法院此时不仅可以通过给付判决要求行政机关做出某些行为,也可以根据行政机关的起诉要求公民履行一定的义务。所以,与其说是将"民告官"诉讼中的给付诉讼和给付判决"适用"于"反向"行政诉讼,不如说给付诉讼和给付判决本身就与"反向"行政诉讼"同宗同源",两者源于同样的背景、理念和逻辑。

所以,"反向"行政诉讼的第二个判决类型是"给付判决",该判决类型在"民告官"诉讼和"官告民"诉讼中适用的内在逻辑是一致的。在适度扩张解释的情况下,给付判决可以直接适用于"反向"行政诉讼的行政协议和行政之债两个场域。法院可以在这两类案件中直接对双方的实体权利义务关系进行裁判,要求原告、被告双方承担各自的义务。

(三)确认判决——确认判决

"确认判决",是指法院根据原告的诉讼请求,判定某种行政法律关系是否存在,或某种行政行为是否合法、是否有效的一种判决形式。确认判决是一种基础性判决。从宽泛意义上讲,无论是"形成判决"还是"给付判决",都要以"确认判决"作为前提。法院在作出其他两类判决时,一定会对行政法律关系是否存在、行政行为是否合法或有效进行判断,进而才能向下延伸。

确认判决的这一属性,使其在行政诉讼判决中的地位呈现两极分化的趋势。一方面,确认判决的前提性,决定了法院如果能够作出其他判决,就没有必要再单独作出一个确认判决。确认判决于是成为"补充性"的判决类型,只有在其他判决类型都不适用之时,法院才考虑作出一个确认判决,这便是行政诉讼法上的"形成判决、给付判决优先"原则。在实践中,确认判决的意义往往在于为原告下一步申请国家赔偿提供依据,如果行政行为违法无法与国家赔偿相联系,确认判决的救济性就会显得很弱,大多只能满足原告"讨个说法"的心理。③ 但另一方面,确认判决的基础性和广泛适用性,又使得确认判决成为法院面对疑难问题而缺乏相应判决类型时"不

---

① 参见刘飞:《行政诉讼类型制度探析——德国法的视角》,载《法学》2004年第3期。
② 参见章志远:《给付行政与行政诉讼法的新发展——以行政给付诉讼为例》,载《法商研究》2008年第4期。
③ 参见张旭勇:《民事、行政确认判决辨析》,载《行政法学研究》2006年第2期。

犯错"的选择。在这个层面上,确认判决成为一种"兜底性判决",成为法院不能拒绝裁判公理之下要抓住的"稻草"。在《行政诉讼法》修改之前,由于没有给付判决和行政协议判决,面对行政事实行为和行政协议纠纷时,法院往往只能作出确认行政行为违法(合法)的判决。①

我国"民告官"诉讼中的确认判决,经历了从"既能确认行政行为合法(有效)又能确认行政行为违法"到"仅能确认行政行为违法(无效)"的转变。根据2000年最高人民法院《关于执行〈中华人民共和国行政诉讼法〉若干问题的解释》的规定,法院可以判决确认行政行为合法(有效)。这在当时引发了相当的争议,因为在世界发达国家的行政诉讼确认判决中,都没有判决行政行为合法的情况。但当时的立法者认为:"采取其他判决形式无法解决确认被诉具体行政行为合法的情况确实非常少见,但是并不是没有。"②后来在实践中,人们发现确认合法(有效)的判决不仅与维持判决、驳回诉讼请求判决难以区分,且与行政行为效力理论存在矛盾,更显得司法太过主动。③ 随着行政诉讼立法目的条款中"维持"行政机关依法行使职权的目的被删除,加之行政事实行为、行政协议争议有了更加合适的判决类型,确认合法(有效)判决也最终消失在2014年的《行政诉讼法》中。

在"反向"行政诉讼中,虽然行政机关成了原告,但我们同样不能否认确认判决的基础性、前提性。一方面,"反向"行政诉讼也应当采取其他判决类型优先的原则,能够作出准许判决和给付判决的,法院没有必要作出确认判决;另一方面,确认判决似乎同样可以作为"反向"行政诉讼的兜底性判决,在法院面临疑难情况时加以适用。但问题在于,随着行政机关成为原告,行政机关败诉,法院完全可以通过驳回诉讼请求,或判决行政机关向对方当事人承担一定义务来实现诉讼目的。公民、法人、其他组织作为被告,若其行为违法,法院也可以直接通过给付判决要求其承担相应法律后果,或通过准许判决准许行政机关对其强制执行,似乎也没有必要作出"确认"判决。以此论之,"反向"行政诉讼中将没有"确认判决"的适用余地。

但笔者认为,在"反向"行政诉讼中也是有可能用到确认违法判决的。在行政侵权之债中,存在公民侵犯行政机关"安宁权"的情况,即公民通过信访、无休止地提起信息公开申请或滥用诉权等方式,骚扰行政机关。面

---

① 参见张静:《行政确认判决和驳回诉求的适用》,载《人民司法》2006年第4期。
② 蔡小雪:《行政确认判决的适用》,载《人民司法》2011年第11期。
③ 参见苏峰:《行政行为效力理论与确认判决制度》,载《行政法学研究》2007年第2期。

对这样的行为,法院除了可以通过给付判决要求公民赔偿损失、赔礼道歉、消除影响外,还可以通过确认判决确认公民行为违法。其意义在于,该判决将免除行政机关(哪怕是一段时间)的"后续"义务。行政机关在法院对被告作出确认违法判决后,至少在一段时间内,将没有义务在同类法律关系中继续提供政府信息,或出庭应诉,或处理信访事项等。由于在现实中,滥诉、缠访者往往并不惧怕行政机关的处罚,也没有赔偿能力,更不会向行政机关赔礼道歉、消除影响。因此,仅以给付判决应对这种情况很有可能效果不佳,或使制度陷入"处罚—信访—滥诉—处罚"的矛盾层层累加与恶性循环之中。若能够通过司法审查确认公民行为违法,并相应免除一定时间内行政机关的后续义务,则可以消除违法行为的权利根源,对违法行为造成一定的制裁后果,破灭其向行政机关施加压力的企图,在一定程度上减轻行政机关负担,进而对这种情况产生遏制。

本节讨论了"反向"行政诉讼的判决类型问题。可以看出,"反向"行政诉讼与传统"高权行政"下的"民告官"诉讼的判决类型有所不同,却与行政诉讼判决类型的发展趋势十分吻合。在"反向"行政诉讼下,传统"民告官"诉讼的"撤销判决"很难适用,"确认判决"在一定限度内可以适用,"给付判决"则可以完全适用。根据"反向"行政诉讼的构造、理念和基本逻辑,其判决类型可以分为"准许判决""给付判决""确认判决",三者分别适用于"反向"行政诉讼的不同场域和不同类型的争议中。

六、"反向"行政诉讼的其他制度建构

"反向"行政诉讼的建立,不可避免地会给行政诉讼的其他制度带来一些变化。虽然这些变化只是随着诉讼结构改变而产生的必然结果,因而颇具"表面性",但也应稍加笔墨。考虑这些变化终归不大,本书合为一节讨论。

(一)管辖制度

所谓"管辖",是从纵向的法院级别和横向的地域划分上,对法院可以进行一审的案件进行分工的制度。行政诉讼管辖归根结底是要划分法院之间受理第一审行政案件的职权范围,明确法院间审理案件的具体分工。[1]

"管辖通常是司法首先要讨论的问题。"[2]从实践来说,这一论断有相当的合理性。我国《民事诉讼法》《行政诉讼法》都将"属于受诉人民法院

---

[1] 参见杨建顺、李元起主编:《行政法与行政诉讼法教学参考书》,中国人民大学出版社2003年版,第566页。
[2] 苏力:《制度是如何形成的》,北京大学出版社2007年版,第51页。

管辖"作为起诉条件之一,法院在进行立案审查时,势必要对是否属于本院管辖进行判断。何况,与其他几个起诉条件相比,管辖与法院的受案量、面临的压力等息息相关,因而更加受到法院的重视。另外,无论在民事诉讼还是行政诉讼领域,我国都存在较为严重的司法地方化问题。选择一个有利于己的法院管辖自己的案件,即使不能起到影响法院审判结果的效果,也至少可以为自己减少时间和金钱成本。所以,管辖制度是诉讼中的重要制度之一。

行政诉讼的管辖制度更为关键。由于立法赋予了行政诉讼过于理想化的监督功能,使行政诉讼一开始就站在了政府的"对立面",加之行政诉讼与后续的行政责任直接相关,往往逼迫行政主体一方在管辖问题上"做足功课"。[1] 我国法院人、财、物受制于地方政府的现实,也为行政机关影响法院创造了条件,管辖于是成为行政诉讼各方博弈的关键点,这是1989年《行政诉讼法》立法之初未曾考虑到的。[2] 学界普遍认为,我国行政诉讼管辖问题的症结在于法院的设置与行政区划相重叠,大部分案件在基层法院一审,而基层法院又是法院系统中抗压能力最弱的一环。[3] 有鉴于此,从21世纪初开始,最高人民法院便开展了包括"提级管辖"在内的一系列行政诉讼管辖制度改革探索。浙江台州、丽水等地也进行了大胆的尝试,在实践中进行"交叉异地管辖""相对集中管辖"等制度试点,在一段时间内取得了相当不错的成效。[4] 在理论和实践的双重推动下,2014年《行政诉讼法》修改,在立法中固定下了相对集中管辖的条款。[5]

"反向"行政诉讼的构建,更加需要考虑法院的自主性和公正性问题。在"官告民"的诉讼模式下,行政机关拥有提起行政诉讼的主动权。若法院能够保持自身的自主和公正,则以司法程序对行政争议进行审查的优势非常明显。但若法院被压力影响,行政机关滥用权力的行为不仅没有被限制,反而会因为免除了后续当被告的风险而变得更加方便,这对法院的权威和相对人合法权益的保护,对"反向"行政诉讼制度本身,都将造成毁灭性打击。所以,科学合理地设置"反向"行政诉讼的管辖,显得尤为重要。

"反向"行政诉讼又与现行"民告官"诉讼不同,不能完全适用"民告

---

[1] 参见黄学贤、杨红:《论行政诉讼管辖困境之形成及其突破》,载《法学评论》2013年第6期。
[2] 参见甘文:《行政诉讼法司法解释之评论》,中国法制出版社2000年版,第54-55页。
[3] 参见王振宇:《行政诉讼制度研究》,中国人民大学出版社2012年版,第94页。
[4] 参见叶赞平、刘家库:《行政诉讼集中管辖制度的实证研究》,载《浙江大学学报(人文社会科学版)》2011年第2期。
[5] 《行政诉讼法》第18条第2款规定:"经最高人民法院批准,高级人民法院可以根据审判工作的实际情况,确定若干人民法院跨行政区域管辖行政案件。"

官"诉讼的管辖制度。首先,在现行的"相对集中管辖"制度之下,不负责审理行政案件的基层法院行政庭也被保留下来,它们主要负责的工作之一就是本地区的非诉执行工作。[1] 但是,"反向"行政诉讼囊括了行政强制执行事项,如果完全套用相对集中管辖制度,将使集中管辖法院受案量爆发性增长,非集中管辖法院瞬间陷入无案可办的窘境。其次,在行政协议、行政之债的诉讼中,确定管辖除了与行政机关的级别相关外,按照诉讼法的基本原理,也应与案件标的额挂钩。这在现行的"民告官"诉讼中是没有明确规定的(也许可以从"本辖区内重大复杂案件"的条款中导出)。考虑到以上问题,笔者建议,"反向"行政诉讼的管辖制度应当设置如下。

第一,在"反向"行政诉讼确定管辖的过程中,首先要考虑的因素当然是原告行政机关的级别。要根据行政机关的级别决定一审法院的级别,一审法院的级别可以高于行政机关的级别(如由中级人民法院管辖县级政府作原告的案件),但要防止出现下级人民法院审理上级行政机关作原告的案件的情况。某些特殊情况如国务院各部门作原告,或海关作原告的,至少应由中级人民法院管辖。

第二,在实行相对集中管辖制度的地区,对于因行政协议中相对人违约和行政之债的争议而引发的"反向"行政诉讼,应当由有相对集中管辖权的人民法院进行审理。对于行政强制执行案件,在基层法院负责一审的前提下,执行事项涉及利益较小的,由各地基层人民法院审判庭审理,执行事项涉及利益比较重大的,由有相对集中管辖权的人民法院进行审理。

第三,对于"反向"行政诉讼中行政协议、行政之债纠纷,可以由各省高级人民法院出台具体规定,在行政机关级别之外加入"案件标的额"的标准,案件标的额巨大的,直接由中级人民法院一审。

当然,正如学者们指出的一样,当前对行政诉讼管辖制度的改革和完善,注定只是行政诉讼严峻现状下的一种运动化、功利化的调整,[2]而并非治本之策。[3] 包括相对集中管辖改革,其在带来一定效果的同时也产生了一系列的问题,[4]甚至要面临宪法学上的诘难。[5] 行政诉讼的未来,仍然在

---

[1] 参见郭修江:《行政诉讼集中管辖问题研究——〈关于开展行政案件相对集中管辖试点工作的通知〉的理解与实践》,载《法律适用》2014年第5期。
[2] 参见章志远:《行政案件相对集中管辖制度之省思》,载《法治研究》2013年第10期。
[3] 参见梁凤云:《〈行政诉讼法〉修改八论》,载《华东政法大学学报》2012年第2期。
[4] 参见沈福俊:《基层法院行政诉讼管辖制度改革论析——〈行政诉讼法修正案(草案)〉相关内容分析》,载《东方法学》2014年第2期。
[5] 参见底高扬:《目标、限度与进路:跨行政区划司法管辖制度的宪法学思考》,载《法商研究》2017年第1期。

于从根本上突破现有的体制障碍,从行政体制改革和司法体制改革层面着手,建立尊重法院裁判的责任体系和诸如行政法院之类的审判机关。① 如果这些目标可以实现,对"官告民"的"反向"行政诉讼而言无疑也是极大的保障。

(二)调解制度

调解作为一种纠纷解决方式,在我国有悠久的历史。早在西周时期,在青铜器的铭文上就有"调处"的记载。② 在有"息讼""贱讼"传统的我国社会中,调解因与我国传统义化及国人性格相匹配而备受青睐。在现实效用上,调解也有别的纠纷解决机制难以达到的效果:效率高、成本低,最关键的是有助于彻底解决问题,避免因诉讼而结仇于对方,这对于熟人社会人际关系的维系显得至关重要。当然,熟人社会的稳定社会结构也使调解制度变得更加有效。③ 因此,调解在西方国家眼里有独特的魅力,被称为"东方之花"。

行政诉讼调解是一个老生常谈的话题。在1989年《行政诉讼法》立法之时,立法者就对行政诉讼是否可以适用调解产生了争论。出于公权力不得处分的原理,当时的《行政诉讼法》规定了行政诉讼不适用调解原则。从行政权作为一种"权力"同时是行政机关的"职责",与依法行政和公共利益息息相关的角度,不允许调解是有相当的道理的。但行政诉讼并不只涉及公权力问题,还涉及裁量问题,而行政裁量问题并非完全不能调解。有鉴于此,行政诉讼审判实践中早已出现了各种协调、和解等变相调解的方式。这些方式避开调解程序和相应的调解文书,转而采取原告撤诉的方式来解决纠纷。学界也开始呼唤在行政诉讼中更大范围地适用调解制度,其中既有从调解制度本身进行理论基础和制度建构的,④也有从纠纷解决机制的层面论证调解合理性的,⑤甚至有通过实证研究,证明调解不仅不违背法治,反而与法治的含义契合的。⑥ 为响应学界号召和现实需求,2014年《行政诉讼法》修改,先通过"解决行政争议"的目的为调解范围的拓展

---

① 参见杨建顺:《行政诉讼集中管辖的悖论及其克服》,载《行政法学研究》2014年第4期;郭修江:《行政诉讼集中管辖问题研究——〈关于开展行政案件相对集中管辖试点工作的通知〉的理解与实践》,载《法律适用》2014年第5期。
② 参见张晋藩:《中国法律的传统与近代转型》,法律出版社1997年版,第283页。
③ 参见苏力:《关于司法能动与大调解》,载《中国法学》2010年第1期。
④ 参见罗礼平:《行政诉讼调解制度论纲》,载《当代法学》2011年第1期;喻文光:《行政诉讼调解的理论基础与制度建构》,载《华东政法大学学报》2013年第1期;邹容、贾茵:《论我国行政诉讼调解的正当性构建》,载《行政法学研究》2012年第2期。
⑤ 参见刘莘、刘红星:《行政纠纷解决机制研究》,载《行政法学研究》2016年第4期。
⑥ 参见梁平:《实证视角下契合民意与法治的诉讼调解》,载《法学杂志》2016年第7期。

打下基础,进而通过"自由裁量权案件"可以调解的规定在一定程度上放宽了行政诉讼调解的适用。

"反向"行政诉讼是否可以适用调解的问题,需要区分讨论。在行政强制执行领域,需要区分对执行行为的调解和对原行政决定的调解。对于前者,由于法院只可以作出准许判决或驳回诉讼请求判决,并没有可调解项,因而并不适用调解。即使相对人在意识到可能败诉后,有自行执行行政决定的想法,也没有必要在"反向"行政诉讼程序中调解,而可以在法院作出准许执行的判决后,单独和行政机关协商,请求行政机关给予一定时间自行执行,一般而言,行政机关没有否定这一建议的道理。对于后者,法院为了彻底解决纠纷,在原行政决定中有行政补偿、赔偿及涉及裁量权运用的内容时,可以适用《行政诉讼法》的规定进行调解。此时,虽然行政诉讼的原告、被告已经颠倒,但对调解并不影响。

对于行政协议纠纷和行政之债的纠纷,由于其本身就是行政法律关系与民事法律关系相结合的产物,诉讼双方平权色彩浓厚,除法定权限、程序等不可调解的事项外,适用调解并无障碍。早在2014年《行政诉讼法》修改之前,学界就有将行政协议纳入行政诉讼调解范畴的讨论和建议。[1] 最高人民法院《关于审理行政协议案件若干问题的规定》第23条第1款同样规定:"人民法院审理行政协议案件,可以依法进行调解。"当然,在这两类纠纷中,完全属于行政权运用或法律适用的问题,如行政协议的签订主体是否有法定权限、相对人是否符合法定给付条件等,因其中不包含裁量因素,不可以适用调解。换言之,仍要考虑行政权的不可处分性,防止过度适用调解带来的法律虚无主义倾向。[2]

总之,"反向"行政诉讼中一般可以适用调解,但调解也要有限度。尤其在遇到涉及权力合法性的问题时,不能由当事人自由处分。从这个意义上讲,"反向"行政诉讼对调解的适用与传统的"民告官"诉讼并无本质不同。

(三)反诉制度

反诉,是指"在已经开始的诉讼程序中,本诉的被告向本诉的原告提出的一种独立的特殊之诉"。[3] 按照民事诉讼法学界通说,反诉一般有以下几个要求:第一,反诉的原告和被告必须是本诉原告、被告地位的互换,我

---

[1] 参见方世荣:《我国行政诉讼调解的范围、模式及方法》,载《法学评论》2012年第2期。
[2] 参见张峰振:《法律虚无主义:过度调解对中国行政诉讼的危害》,载《江苏行政学院学报》2013年第3期。
[3] 房保国:《论反诉》,载《比较法研究》2002年第4期。

国目前不承认反诉之时可以增加被告的情况;第二,反诉必须在本诉的诉讼程序内提起,并依托本诉的诉讼程序进行,两者不能适用两个诉讼程序;第三,反诉与本诉应当具有关联性,能起到对抗本诉的效果;第四,反诉是一个独立的诉,反诉提起后,本诉被撤回也不影响反诉的继续审理。①

在我国,反诉仅存在于民事诉讼之中,刑事诉讼、行政诉讼都不存在反诉的问题。其中的原因是显而易见的:刑事诉讼和行政诉讼都是"单向构造",只能由特定主体做原告而另一方主体做被告,一旦诉讼提起,原告、被告双方的地位就恒定不变,反诉制度自然没有适用的空间。②

但是,"反向"行政诉讼的出现,使行政诉讼中有了"反诉"的可能。这一点在大陆法系国家并不鲜见。在德国行政法上,如果相对人提起一般给付之诉,由于该诉讼类型原本就不限于行政相对人单方提起,因而行政机关当然可以提出反诉。在国际投资法领域,国家在面对投资者的起诉时,以自己的名义向投资者提出反诉也正日渐成为一种趋势。③ 从效果上看,反诉保证了诉讼当事人之间的公平,使法院有机会将两个相互联系的诉放在一起考虑,避免了裁判的自相矛盾,在一定程度上还可以提高诉讼效率。④ 这都与诉讼制度的价值追求相吻合。换言之,一旦挣脱特定诉讼结构的限制,反诉对更好地实现诉讼目的是有帮助的。

因此,随着"反向"行政诉讼的出现,反诉制度理应出现在行政诉讼中。从制度构建上看,在行政诉讼中加入反诉制度,有以下几个问题需要相应明确。

首先是行政诉讼反诉制度的法律依据。虽然我国《行政诉讼法》第101条(行政诉讼准用民事诉讼法规定的条款)中,没有明确将"反诉"列举在准用范围。但那是因为,我们之前认为在传统的"民告官"诉讼中没有提起反诉的可能。鉴于该条款的表述中有"等"字,只要《行政诉讼法》修改后承认"反向"行政诉讼,便可以将本条的"等"理解为"等外等",行政诉讼因而可适用《民事诉讼法》有关反诉的相关规定。

其次是行政诉讼反诉的适用范围。反诉要区分"民告官"的反诉和"官告民"的反诉。在"民告官"诉讼中,提起反诉的是行政机关,此时相当

---

① 参见毕玉谦:《试论反诉制度的基本议题与调整思路》,载《法律科学(西北政法学院学报)》2006年第2期。
② 在学界,的确有学者提出过行政诉讼中的"反诉"问题,但仅限于学术讨论。参见马立群:《行政诉讼反诉制度的诉讼构造及创设路径》,载《交大法学》2020年第4期。
③ 参见陈正健:《投资者与国家争端解决中的国家反诉》,载《法商研究》2017年第1期。
④ 参见张晋红:《反诉制度适用之反思——兼论民事诉讼公正与效率的最大化融合之途径》,载《法律科学(西北政法学院学报)》2002年第5期。

于提起了一个"反向"行政诉讼。所以,"民告官"的反诉只能在"反向"行政诉讼的受案范围内提起,且不可包括行政强制执行问题(因为强制执行的前提是相对人不起诉)。换句话说,行政机关在被诉时,只能就行政协议、行政之债的问题提起反诉,从而构成一个"反向"行政诉讼。需要指出的是,虽然此时反诉的范围被限制在行政协议和行政之债的领域,但不代表行政机关只能在本诉是行政协议和行政之债的纠纷时才能提起。例如,相对人因行政给付纠纷提起"民告官"诉讼,行政机关有可能在这一诉讼中提起关于相对人不当得利的反诉。此外,在行政协议的"民告官"诉讼中提起反诉,还需要修改现行司法解释的规定。

在"官告民"诉讼中,情况又有不同。此时,提起反诉的是相对人,其相当于提起了一个"民告官"的行政诉讼,这在制度上是没有任何障碍的。所以,行政相对人在"官告民"诉讼中提起反诉的范围,与行政诉讼的受案范围一致。只是,行政相对人提起的既然是"反诉",就应当与行政机关提起的本诉之间有所联系,从而达到将争议合并处理且彻底解决的效果,否则,法院应当要求相对人提起单独的"民告官"诉讼。

最后是行政诉讼的反诉是否可以添加被告的问题。提起反诉时,除以本诉的原告为被告外是否可以再添加被告,在民事诉讼理论中向来有争议。这一问题在行政诉讼中同样可能遇到。笔者认为,在"反向"行政诉讼的初创阶段,反诉制度也须谨慎前行。允许在反诉中增加被告,会使整个诉讼的结构异常复杂,反而不利于纠纷解决,法院也不一定做好了应对如此复杂的行政诉讼的准备。因此,行政诉讼的反诉暂时不应允许添加被告。另外,在民事诉讼法学界,反诉涉及的问题还有很多,如强制反诉问题、反诉之反诉问题等。对于这些制度是否要纳入行政诉讼中,还需要有更多的理论研究和实践样本。

总而言之,在"反向"行政诉讼中,传统"民告官"诉讼的管辖制度、调解制度都应进行些许调整以适应行政诉讼构造上的变化,而原本无法存在的反诉制度,则由于行政机关能够成为原告而新生出来。

本章所谓"'反向'行政诉讼的具体制度建构",本质上是以"民告官"诉讼的现行制度为参照,结合"反向"行政诉讼的理念、逻辑和价值追求进行的制度调整和创新。本章内容庞杂,所含甚多,极易给人以"反向"行政诉讼将彻底颠覆目前行政诉讼制度的错觉。但实际上,"反向"行政诉讼的制度建构虽然较传统的"民告官"诉讼有所变化,但这些变化并不会从内部解构"民告官"诉讼,而只是"民告官"诉讼的例外情况和有效补充而已。无论是受案范围、原告资格、审查对象、举证责任、判决类型还是其他制度，虽然都会因为行政机关成为原告而发生改变，但制度内部的理念与"民告官"诉讼是完全一致的。从本章的行文逻辑也可以看出，"反向"行政诉讼在进行制度设计时所考虑的因素，都是从"民告官"诉讼的相应制度中归纳出来的，即使有所创新，这种创新也早已在"民告官"诉讼中显现端倪。真正完全与"民告官"诉讼不同的，可能仅限于判决类型中的"准许判决"和"反诉"等个别制度，但哪怕是这些内容，在行政诉讼单向构造之下也已经被学界所讨论。所以，本书一再说明，"反向"行政诉讼归根结底就是行政诉讼，其只是对传统"民告官"诉讼的补充，会使行政诉讼更加完整，这在"反向"行政诉讼的制度建构中再次得到了印证。

余 论

"反向"行政诉讼是否真的会出现？与行政诉讼单向构造成因相同的视角观察，可说路途必然艰辛，但应是大势所趋。当下行政诉讼所处的时代和背景与其建立及恢复之初早已不同。如今的行政诉讼制度，早已脱去初生时的青涩和迷茫，有了更加稳定的社会环境、更加成熟的理论支撑和更为丰富的实践样本。在《法治政府建设实施纲要(2021—2025年)》"社会矛盾纠纷依法及时有效化解,行政争议预防化解机制更加完善"的目标指引下，在"坚持改革创新,积极探索具有中国特色的法治政府建设模式和路径"的要求下，"反向"行政诉讼已非无稽之谈。此外，随着中国特色社会主义法治建设进程不断加快，行政诉讼正逐步回归其最基本的功能——解决行政争议。这内在地要求行政诉讼尽可能地将各种行政争议纳入司法审查范围，确保实现司法的全覆盖。如今行政诉讼需要的，已不是当年"单兵突进"的悲壮和孤勇，而是与国家立法、执法、司法、监察乃至党内法规体系的协调配合、各司其职。从理论基础来看，行政法治观念的革新、行政任务的改变及传统行政模式的变革正越来越形塑出各类新型行政法治样态，传统行政法学框架的不适宜性逐渐显现，包括行政行为单方性、公定力等在内的许多传统行政法学理论与现实发生龃龉。从现实需求看，"官告民"在诸如行政协议、行政非诉执行、行政法上的不当得利、无因管理等领域越来越彰显出自己的优势，固守"民告官"的单向构造成为这些领域纠纷无法实质性化解的症结。有鉴于此，有学者甚至建议，在整个行政执法领域建立"官告民"执法模式。① 以上种种，预示着"反向"行政诉讼在理论和实践上那些不可逾越的障碍正渐渐消弭。"官告民"进入行政诉讼体系之中虽仍需大量的研究和探索，但已不是如以往那样毫无可能。

在可能性之外，"反向"行政诉讼在何时、以何种方式入法，是一个必须思考的问题。一方面，"官告民"对行政诉讼结构的改变，决定了其进入行政诉讼法是一件大事，难免要耗费大量立法资源。但距《行政诉讼法》

---

① 参见肖金明：《政府执法方式变革：建立和完善"官告民"制度》，载《中国行政管理》2008年第1期。

上次大修刚刚超10年,单独进行这一动作似乎时机未到。另一方面,"官告民"进入行政诉讼体系很难"独善其身",其必然波及前端的行政组织、行政活动等法律系统,这就要求在"大行政法"体系之下对"反向"行政诉讼进行综合的考量和设计。所幸,如此苛刻的条件却因行政法法典化的大势而获得了难得的契机。法典编纂作为最高级的立法形式,本身就要求将整个行政法部门的理论与规范体系化。① 这是一个系统检视和修订现行法的机会,②可以有效弥补当前法律体系的漏洞和空白,③为行政法体系的整合提供机会和助力。④ 当下,学界虽对行政法法典化的模式与路径持不同观点,但所设想的行政法典中皆有"救济编"的专门位置。⑤ "官告民"在这种条件下入法,不仅符合行政法法典的"纲领性"定位,且对行政法典的体系完整性至关重要,还可以借助法典的巨大立法资源实现与整个行政法的协调。

当然,现阶段的"反向"行政诉讼应以补充行政诉讼制度为自身定位,缓步前行,避免对当前的行政诉讼体制造成颠覆性影响。为此,宜以例外方式在特定领域的个别条款——如在行政协议条款中,以"但书"方式加以规定。至于"官告民"诉讼适用的程序,则可考虑通过设置"特别程序"集中规定。

---

① 参见周佑勇:《中国行政基本法典的精神气质》,载《政法论坛》2022年第3期。
② 参见马怀德:《中国行政法典的时代需求与制度供给》,载《中外法学》2022年第4期。
③ 参见章志远:《中国特色行政法法典化的模式选择》,载《法学》2018年第9期。
④ 参见关宝英:《论行政法典总则的制定及其对行政法体系的整合》,载《东方法学》2021年第6期。
⑤ 参见马怀德:《行政基本法典模式、内容与框架》,载《政法论坛》2022年第3期;王万华:《我国行政法法典编纂的程序主义进路选择》,载《中国法学》2021年第4期;应松年:《关于行政法总则的期望与构想》,载《行政法学研究》2021年第1期;杨伟东:《基本行政法典的确立、定位与架构》,载《法学研究》2021年第6期;王敬波:《行政基本法典的中国道路》,载《当代法学》2022年第4期;薛刚凌:《行政法法典化之基本问题研究——以行政法体系建构为视角》,载《现代法学》2020年第6期。

后　　记

　　这篇后记,脱胎于我博士学位论文的"致谢"部分。

　　博士学位论文"致谢"写于2018年5月28日,那天是提交论文最终稿的截止日。在我看来,致谢只能留到那一天——最后一天,才能动笔。

　　我是导师的第三个博士,大师兄因出国交流延期一年,所以和二师兄同时毕业。我清楚地知道,他们的"致谢"是在同一天写出来的。因为那天,他们忽然找我喝酒,说没有酒,致谢不太好弄。

　　当时的我,是无法理解写致谢的心情的,但知道要尽力把他们灌到"微醺"——少了不尽兴,致谢还是不好弄;多了,致谢就弄不来了。唉,中国人啊,心里话只有喝了酒才愿意说,而且说了,还要担心别人是什么感觉:会不会觉得我很傻? 会不会很丢人? 人家会不会压根不在意甚至笑话我? 于是一定要把对方也灌醉,和对方"交交心"——实则是互换秘密,内心才安定些。第二天一觉醒来,免不了还要后悔,并暗下决心:"下次不喝这么多了,有事情自己憋着。"可是刚过几天,就又忍不住了。于是再喝多,再说话,再担心,周而复始。

　　我的"致谢"写在一个上午。您可能要纳闷:"上午到哪里喝酒去?"不过您若这么问,我们便知您是"外行"了——哪个博士(至少男博士)的宿舍里,没有存着酒呢? 为学业、为前途、为家庭、为感情……都少不得酒的。如果都没有,那为自己什么都没有,就更要喝点了。

　　我是个格局很小的人,没见过大世面。所以,我首先感谢我的博士生涯,让我有机会尽力拓展我的视野和见闻。我特别庆幸自己放弃了一个在周围人看来十分难得的公务员岗位,毅然决然地读博士。因为攻读博士,我可以面对面听"传说中"的教授讲课,体会他们散发的人格魅力;我可以亲身进入国务院、司法部等"高大上"的地方进行立法研讨,亲历国家法律法规的出台;我可以每年参与数十场的论坛、讲座、会议,和这个领域的精英们交流思想。当我见到江平教授、徐显明教授、马怀德教授等学者的时候,我亲眼看到优秀的人是怎样的从容、大气、优雅、睿智——这比书上写的人物真切得多。当我能够和政治精英、学术大家们讨论问题的时候,我深切地了解到他们有多么聪慧、深刻、有情怀又洞察世情——这和我作为一般百姓的想象大不一样。我庆幸,"皇帝家一年要用好几千斤猪肉"的想法虽然在我脑海里无数次出现,我却没有不经验证就把它们说出来。

我是个乖戾的人,时而忧郁,时而暴躁。所以,我感谢我的博士研究生导师解志勇教授对我的容忍、关心和指导。无论是我的读书写作还是做人做事,我的导师都投入了大量的时间和精力,不遗余力地教授我。我的导师是个骄傲的学者,面对工作或生活的无端骚扰时,总是一身正气又达观豁然。但面对我的焦躁怪异,他却愿意俯下身子,不断自审自己的说话方式、语气和内容,"谨小慎微"地防止伤害到我脆弱的心灵。我能真切地感受到,老师在和我相处时考虑的东西远比他面对达官显贵、亲朋好友或者其他学生时要多得多。我庆幸,我遇到这样肯照顾我的导师。

我是个不孝顺的人,离了家就不想回。所以,我感激我的父母,我能感受到他们对我的爱。虽然他们这一代人,可能由于时代的原因不太懂怎么爱孩子,也犯了很多错。但他们老了,也变得小心翼翼起来。这种惴惴不安与无处安放,恰恰是那一代人的爱吧——很不容易。

我是个敏感、极端的人,时而对人很好,时而对人很差。有时想想,与我相处确实很难。所以,我感谢我身边与我亲近的人。我的童年好友,每次在我回家时都一定要请我喝上两顿酒,一顿接风,一顿送行;我的同学,总是忍受着我的强势,愿意在许多活动中带着我;一直照顾我的几位老师,在我遇到困难的时候,总是竭尽所能为我提供帮助;我身边的女孩子们,在我陷入低谷,无人陪伴的时候愿意和我说说话,走一走,待我以真心,在我的人生留下美丽的剪影……我总是想着,我也要尽全力为他们做点什么才好,希望到时候,我不会让他们失望吧。

我是个过得很苦的人,四分之一生碌碌,一事无成。所以,我感谢上天和命运,将我的妻子送到我的身旁。我的妻子,是一个拥有完整的人格、完善的认知、完美的性格、有趣的灵魂、高尚的品质、令人惊奇的爱与被爱能力,以及她非要加上的,出众的样貌的人。我知道,她是来拯救我的人生的,她就是那个可以治愈我,给我希望,令我心安,让我快乐,使我在生命尽头回味一生的时候,可以会心一笑、心满意足的人。另外,在不久之前,我们拥有了自己的第一个孩子,一个可爱的女儿。对我这样喜欢《红楼梦》的人而言,这是一件多么幸运和快乐的事情啊!不知道以后她看到这本书会有什么感觉,又会和我谈论些什么。

最后,回过头说说本书吧。博士毕业7年了,这是我的第一本书,不知道会不会是最后一本。对博士学位论文,对这本书,我倾注了大量的精力和感情,但我知道这本书仍有许多问题。在本书出版前的修改过程中,我蓦然地发现,本书所使用的资料在写作当时(2017年)也许还过得去,在现在看来无疑有些过于老旧了。但由于我博士毕业后就渐渐远离了行政法学,转而研究党内法规、纪检监察,如今已无力再续读那诸多与本书相关的新文献,造成了本书在资料收集上缺漏。此外,由于各种原因,从写作的一开始,我关于本书的所思、所想、所言、所语便遭到了周围人,包括许多权威学者的强烈质疑。随着本书的面世,未来可能还会有更多批评到来。当然,大部分的批评都是有道理的,而我也确实因为能力不足,对许多问题无法作出解答。所能为者,只好是敝帚自珍,同时等待着后来人了。

有时候我在想,我实在是一个没什么可取之处的人,可还是有不少人爱我,这是多么的幸运啊!写到这句的时候,我环顾四周,映入眼帘的是几个零落的酒瓶、整齐的红楼梦本子、记不住的几架书、灼灼的陈晓旭刺绣、已经放下的古琴,以及天真烂漫、眼神清澈的学生。我忽然觉得,自己还有很多事要做……

此为后记。

2025年5月修改于上海